MW01634832

历史是个什么玩意儿

袁腾飞说中国史上

袁腾飞……著

上海文艺出版集团
上海锦绣文章出版社

自 序

呈现在您面前的这本书，是由精华学校网络课程的授课视频整理而成的。它的出版，首先要感谢磨铁文化的沈浩波先生和苏静先生，是他们在网上看到了我的课程，并决定把我这些贻笑大方的一家之言整理出版，给了我一个谬种流传的机会。感谢精华教育的李峰学总裁和范开基校长，是他们的包容与开放，使我有一个大放厥词的场所。还要感谢我的课程策划刘娟小姐，我每一节课的成功都离不开她的辛勤付出。还有出版社和精华学校无数为我服务的编辑和工作人员们，他们一次次感动着我。当然，最应该感谢的还是成百上千选修我课程的学生们，以及支持、鼓励，包括批评我的网友们。

我只是一名普通的中学历史老师，从小因为喜欢历史而读历史，因为爱历史而在大学选择历史专业，最后顺理成章地教历史。不经意间，我的教学视频片段被放到网络上，点击率竟然超过了2500万。在国外的学生告诉我，说我的视频出现在优酷首页、百度视频首页，我才知道自己“一夜成名”了，一切都已不可“挽回”……

我个人认为，中学的课堂应该是相对封闭的，不应该暴露在大庭广众之下，不像娱乐圈的明星，需要炒作，需要曝光自己，老师是需要把自己遮盖起来的，而现在这种“非正常”出名，令我感觉比较尴尬。

岂能尽如人意，但求无愧我心。我只能是这么来安慰一下自己，如果有解释的机会，就尽量去解释。我想跟大家说我绝对不是史上最牛的历史老师，希望大家不要误会。

对于我的课，有人说是哗众取宠。我感觉对于学生来讲，兴趣永远是第一位的，牛不吃草不能强按头。把学生讲笑了，总比把他们讲睡了要强些。现在的孩子有多少人喜欢看历史书？尤其是那种干巴巴的严肃的历史书？让他们自己去看书，不见得有效果，所以我喜欢用引人入胜的故事带出知识点，并加上一些我个人对历史事件的评价，以成一家之言。

历史什么人学了有用？大人物学了有大用，比如国家领导人学有用，吸取历朝历代治乱兴衰的教训，定国安邦。而现在的大部分高中生学习历史目的是很明确的，就是考上一个好大学，毕业之后找一个好工作，奔一个锦绣前程。所以我觉得历史这个学科应该是普及性质的教育，提高人文素养。我讲历史，就是培养学生对历史学科兴趣。听我的课，记住了什么是次要的，对历史产生兴趣，就是我最大的成功。

我们的历史教育，虽然情况是越来越好了，但是也没有完全达到无任何界限地研究历史。国学大师钱穆先生他在《国史大纲》前面有一段话，“当信任何一国之国民，尤其是自称知识在水平线以上之国民，对其本国已往历史，应该略有所知。”“所谓对其本国已往历史略有所知者，尤必附随一种对其本国已往历史之温情与敬意。”“所谓对其本国已往历史有一种温情与敬意者”，“至少不会感到现在我们是站在已往历史最高之顶点”。

比如说研究中国的明清时期，我们自己写的历史书把明清时期写得一塌糊涂的，封建社会到了末世了，衰落了，怎么都不行了。反过来去看西方历史书，比如剑桥历史，是高度赞扬中国的明清时期的。中国那时的白银占世界的一半；中国的农民是当时世界上最富裕的农民。为什么我们自己这么妄自菲薄？因为那是封建统治者，所谓的封建地主，我们不能歌颂他。

历史应该是论从史出，得出的每个结论应该有史实做依托的。不能先拿出一个结论，然后把对我有利的史实拿来，有选择性地遗忘，这样是很可怕的。这种东西如果不彻底改变的话，历史学的研究是很难有大的突破。我在讲课的时候，也尝试着能在这些方面尽自己的一份绵薄之力，至少让学生不要相信没有史实根据的事情。有的人说我颠覆了历史，那么想请问，你了解的那个我颠覆之前的历史，是不是被颠覆过的？如果是，那我只不过是把颠覆的东西，又颠倒过来了。

我还是踏踏实实想做一名老师，就是普普通通的，本本分分的，混同于芸芸众生的老师。我不是历史学家，我大学学的是怎么教历史，严格意义上讲并不是历史本身，所以才疏学浅，讲课难免有谬误之处，欢迎各位读者批评指正！

以上是我想说的话，权当本书的序言吧。

袁腾飞

2009-7-18

目录

第三章 三足鼎立 南北对峙（三国、两晋、南北朝） 73

第四章 忆昔开元全盛日（隋唐） 93

第六章 最后的汉王朝（明） ———— 195

第七章 异族终结者（清） 217

第一章 青铜时代的中国人

先秦

1 “禅”始不能“禅”终

唐尧的“禅”始

咱们中国人一说到古圣贤王，就是尧、舜、禹、汤、文、武这六位。其实那个时候他们也谈不上什么国王，都属于部落联盟酋长的级别，只不过特别文明，不穿孔不吃人肉，统治者之间也和平共处，大公无私，采用禅让制的方式，交接权力。形式上，禅让是在位领导自愿进行的，通过多方综合考评，谁有能力，就选择谁带领全国人民奔小康，现任者和继任者之间往往没有血缘关系，尧跟舜没什么关系，充其量也就是同事兼上下级的关系。

尧看中的是舜在处理家庭矛盾方面的本事，在暴戾的“顽父”、后妈“嚣母”和用心歹毒的弟弟“傲象”三人联合起来通过纵火焚屋、掘井填埋这些挖空心思的方法要害死他的环境下，舜第一是屡屡逃脱，证明了他智商突出；第二是既往不咎，仿佛事情没发生过一样孝悌两全，从而证明了他情商超卓。再加上政务功绩斐然，名声大好，尧觉得他是块好料，就把他给提升了。于是唐尧和虞舜成了禅让制的第一实践者。

其后的虞舜跟夏禹也是这样，当舜年老的时候，就把一把手的位置让位给了治水有功众望所归的禹。

夏启的“禅”终

不过这种友好的制度并没有维持多久，因为当时禹正处在由部落联盟的首长在向国君过渡的这么一个阶段。

禹本来想继续禅让制，把位子传给舜的儿子伯益。但伯益是个有自知之明的人，没有金刚钻别揽瓷器活，伯益主动放弃了，建议禹的儿子启来继承。加上启也是个强势的人，特别想当老大，禹就借坡下驴，顺水推舟把王位传给了启。约公元前2070年，启在老爸的基业上建立了夏朝，这是中国历史上第一个奴隶制王朝，部落联盟首领也正式升级成了君王。启上位之后，当领导当上瘾了，爱岗敬业，以家为天下，以天下为家，等到他该禅让王位的时候，他一想我这王位是我爸爸传给我的，我凭什么传给外人，于是就不传了，禅让制到了他这一代就没有继续下去，从此演变成了王位世袭制。[见图1-1, p66]

后来的列祖列宗们的思想觉悟和启差不多，所以这个制度在中国一直就延续了四千多年，直到1912年2月12日，宣统皇帝下诏退位，王位世袭制才算终结，可见肥水不流外人田的觉悟是有悠久历史的。

这个王位世袭制的特点，简单说就是家天下，具体来说就是王位更替的方式采用父死子继或者兄终弟及的方式，前者比如朝鲜，后者比如古巴，这两个国家都很明显地体现出了王位世袭制的特点。

传说的王朝

夏朝建立后，传说中都城在阳城，就是今天河南的登封少林寺那个地方。它的疆域就是晋南豫西，山西南部、河南西部，其实还是部落，巴掌大的一块地方。

为什么叫传说中呢，因为夏朝这段历史不是信史，只有以前留下的诗集上有记载，没有出土文物能够证实。我们了解历史有两个途径：一种是通过文字了解，比如历史典籍。另一种是通过文物，也就是考古发现来印证。相比之下，自然考古发现更有说服力，因为口说无凭。怎么能证明夏朝存在呢？有没有出土文物来证明？像商朝，我们挖出了甲骨文，周朝也有不少文物可以鉴定，唯独夏朝在考古学上至今没有找到过确凿证据。所以像港台的历史书，一般写中国的历史从商朝开始写，不写夏朝，因为夏朝还没有最后被确定真正存在，在严谨的学术观点上只能是个传说，和大西洲亚特兰蒂斯差不多。

2 换汤不换药

习惯性搬家

据记载，夏朝最后的一个王叫桀，是传说中的著名暴君，荒淫无度，暴虐无道，估计比萨达姆有过之而无不及，老百姓们被折腾得死去活来，于是约公元前1600年，商汤起兵，就把桀给了结了。传说中历时五百年的夏王朝宣告灭亡。

商朝随后建立，开国君主叫汤，商汤。不知道他名字是怎么起的，因为商朝国君的名字，一般都是跟天干有关，甲乙丙丁戊己庚辛壬癸，都用这个起名，比如戊丁，中丁之类。所以商朝的这个开国君主，名字起得比较奇怪。（周朝作谥法，其中有一条“除残去虐曰汤”，看商汤的作为，倒是符合，不知是不是谥号。）

商朝取代夏朝成为新的中原王朝，它以河南北部、河北南部、山东西部为统治中心，起初以亳为都城。商朝中期的时候盘庚把都城迁到了殷，就是今天的河南安阳，因此商朝又叫殷朝。[见图1-2, p66]好端端的干吗要迁都呢？有一种说法是躲避水患。当时黄河经常泛滥，黄河不是咱们的母亲河嘛，咱们的母亲河脾气不太好，当时咱们驾驭母亲河的能力又很低，所以它老发大小姐脾气，都城老得避让迁徙。这种说法现在看来比较牵强。如果母亲河老泛滥的话，你为什么迁到那里它就不泛滥了，两百年都没发过大水？显然这种往客观上找原因，避重就轻的说法不是特别可靠。

比较靠谱的一种说法是，迁都的真正原因是因为商朝的王位争夺比较厉害。这个时候的商朝也是采取王位世袭制的办法来交接权力，形式上有两种：一种是父死子继，另一种是兄终弟及，交给谁都是自己家里人，但哪种形式更好呢？明显父死子继矛盾少，兄终弟及的矛盾多。比如说我挂了，传给我弟弟，我弟弟挂了传给他儿子还是我儿子？他肯定想传给他儿子，那我儿子不干了，凭什么，我爸给你的椅子你应该还给我，然后我坐完了再给你儿子坐，你儿子再给我孙子，应该是这么轮。

谁占着王位不想往下传了，另一方肯定不能罢手，管它是椅子还是沙发，就开始明争暗抢。所以王室之间的内斗就很厉害，造成迁都频繁，因为这个王把那个王杀了，都城就得换个地方。刚换了地方，他又被别的王干掉了，都城还得再换个地方，所以频繁迁都，养成了一个为了抢家具而搬家的好习惯。

据说汤建立商朝之前以部落的形式就迁徙过8次，都城则至少迁了5次，那时候也没有专业搬家公司，自然是每次都大动干戈，估计也累得够戗，所以最后迁到殷就不再迁了。

头号大坏蛋

殷朝历经几代发展之后也走向衰落，和夏朝一样，商朝的最后一任君王纣王，也是出了名的暴君，这个纣王比起夏朝的桀王更有干坏事的天赋，所以历朝历代但凡提及古圣贤王，大家就自然想到尧、舜、禹、汤，一说到暴君混账，就会想到桀纣。实际上比桀纣坏的帝王有的是，只不过桀纣干坏事起家起得早，历史一悠久就成了坏蛋的代名词了，一块儿稳坐头号坏蛋的金交椅。通常评价帝王时候，如果这个帝王无道的话，就可以说他犹如桀纣；要是贤明的话，就说他可比尧舜。如果出填空题，尧舜跟桀纣可以当反义词用的。

纣王的名字叫帝辛，“纣”是周朝给他上的谥号。当时是周公制造了谥：国君死后，后人用一个字或者两个字来概括出他一生的功过是非，这个东西就叫谥号。除了秦始皇觉得子议父，臣议君，这种做法不能取，从而废弃谥法之外，从周朝开始一直到清朝，都在用这个谥号制度。所以几乎哪个朝代都有文帝、武帝。文，经天纬地曰文。武，克定祸乱曰武、刚强直理曰武。

谥号一共就五十几个字，帝王的评价不能出了这个圈，就得在这五十个字里找，所以纣是周朝给他上的谥号：杀戮无辜曰纣。

谥号一般分成这么三类：表扬型、批评型、同情型。多半都是表扬型，文、武、德、景，这都是表扬型。批评型就像纣、炀，如隋炀帝。同情型的谥号一般就是给那种两岁继位，三岁退位，或者三岁继位，四岁被杀的皇帝，这种情况一般叫殇：短折不成曰殇。或者像晋怀帝那种：慈仁短折曰怀。刚一继位，还没有什么作为，结果他爸爸一缺德，把外族给引进来了，小皇帝身死国灭，这种情况就比较令人同情，但是为数不多。

3 一锅粥喝了二百七十年

大国的兴起

公元前1046年，周武王伐纣，牧野激战之后，武王民心所向一路披靡地打到都城朝歌。纣王一看没戏唱了，连戏台子一起烧了吧，于是在鹿台一把火，自封为中国历史上第一个自焚的人。他这个不环保的举动也宣告经过将近600年发展的商朝彻底灭亡。同年，周朝建立，定都镐京，历史上叫做西周。

其实周武王之前还有个周文王，文王在位的时候，为周日后的强大奠定了基础。但是文王没有赶上好时光就死了，他儿子武王把商朝推翻得这么容易，除了商纣自己不要好的内因之外，也受益于文王对武王的悉心栽培。

周朝地域广袤，150万平方公里，人口据说上千万，[见图1-3, p67] 当时最厉害的欧洲国家大城市雅典能有多大，能有北京大？肯定没有。那时的欧洲国家叫城邦，一个城就是一个邦，人口没多少。斯巴达据说有九千户。大家都知道斯巴达300勇士，等于是他们国王领着300个人打仗，这事放在咱们周朝相当于连长干的事儿，咱们周朝，王宫里太监也不止300个。［见图1-4, p67］

不过当时欧洲国王能领300个人打仗，那就不少了，虽然有可能这是国王卫队，主力军没出动。甭管怎么说，反正他那九千户，按十口之家算，才九万人。相比之下，周朝就是西方人无法想象的超级大国，他们想象不出150万平方公里，上千万人口是什么概念，就像吃惯了肉丝炒饼的不知道满汉全席的概念一样，而当时的周朝就已经是个满汉全席。

城里人暴动

公元前九世纪，周厉王的时候，国人暴动。厉王，很明显是属于批评型谥号，杀戮无辜曰厉，反正就是不怎么样的一个谥号。内城叫城，外城叫郭。文天祥《过金陵驿》：“山河风景原无异， 城郭人民半已非。”说明城郭是一回事。在郭里面有一个最大的就是首都。古时候首都叫做中国，除了首都就都不是中国了，后来才泛指中原地区、中华文明。古文里面讲中国，跟我们今天中国的概念绝对不一样。中国作为中华民族的代指，那是民国以后的事儿了。所以住在城里的人就是国人，国人暴动就是镐京城里人暴动了，是首都市民暴动，不是全国人民都暴动。

厉王世界观有毛病，觉得天下的东西都是他的，这倒算了，关键是他不让百姓摘采捕猎，说山里的浣熊、河里的鱼虾你们都不能动，都是“孤”的。更荒唐的是谁敢私下议论他说他坏话，一旦被举报就处死，导致城里人有怨声而不敢载道，只能道路以目。最后城里人就暴动把国王给赶走了，导致周厉王死在“外国”了。没国王之后周公、召公两位大臣联合执政，周召共和，就是公元前841年的共和元年。两个大臣执政了若干年，周厉王的太子继位，就是宣王，他是条好汉。

犬戎灭西周

周宣王在位的时候，国家一度富强，所以这是周朝历史上有名的宣王中兴，可惜宣王一死，儿子幽王继位，完蛋了。幽王，你听这名就郁闷，动祭乱常曰幽，幽王一继位西周就灭亡。这个幽王是个“颇喜欢看戏”的人，宠幸美女。美女有心理障碍不会乐，幽王为了取悦她，就说一起看戏吧，来个烽火戏诸侯，给国家造点难。

宠幸美女还罢了，关键是他想立美女生的那个孩子为王，也不怕心理障碍的遗传问题，把原太子给废了，太子姥爷一急，来个好吧你初一我十五，就把犬戎给领来了。犬戎是野人。太野蛮了这帮人。我们中原这个民族叫华夏，名字特别好听，华是美丽的意思，夏就是大的意思，是个又大又美丽的民族。第一个又大又美丽的国家就叫夏朝，周围是蛮夷戎狄。蛮夷戎狄已经是不怎么样的词儿，已经让你说得够惨的了，还不够惨？犬戎！

结果就这帮很惨很惨的犬戎把周朝给灭了，这是第一个被少数民族灭掉的华夏政权。后面当然还有，北宋、南宋都是，但第一个起表率作用的就是西周，谁也不能和它抢。公元前771年，犬戎攻破西周的都城镐京，在今天陕西西安附近。镐京沦陷，周幽王身死国灭，西周灭亡。〔见图1-5, p68〕平王迁都洛邑，史称东周。那也就是说，周朝的起止时间，公元前1046年到公元前771年，前后历经275年，终告结束。

4 普天之下莫非王土

各扫门前雪

周朝时候流行两句话叫“普天之下，莫非王土；率土之滨，莫非王臣”。流行的程度跟今天我们的一些房地产口号类似，这两句易学好记的流行语，毫无疑问是自上而下流落民间，因为它强调国家的土地归属问题，普天之下，土地都是周天子的，个人无权拥有，有钱想买也没有（这个是真没有）。除非是天子分封给你，获得分封之后，世代享用（这个可以有），但是不能转让买卖。

另外这个分封得来的土地，咱们拿的还是小产权，只有使用权，没有所有权。而且还不能白拿，得有一帮人给你种地，交纳供赋，这种制度叫做井田制。

跟井田制相适应的是分封制。周王把土地和人民授予王族、功臣和先代贵族。据荀子讲，周武王分封了71个诸侯国，其中姬姓诸侯53国，也有人考证是40国，姬姓就是与天子同姓，天子的兄弟、叔伯、子侄被分封，封完亲戚再封功臣，这个顺序是不能乱的。

建立周朝功劳最大者当推姜子牙，所以姜子牙的后代被封为齐国国君。再往后是先代贵族，比如说商纣王的叔叔，微子。这个哥们儿很识时务，归顺了周朝，所以微子被封为宋国的国君。而且微子的地位非常高，微子是公爵，姜子牙才不过是侯爵。先代的贵族包括尧舜禹后代，也不知道是真的假的都被封为国君，封了这么多国。

当然土地分给你之后你要服从命令，贡献财物，随从作战。周朝搞分封归根到底是要跟它的生产力水平相适应。那时候如果从镐京（西安）走到咱们这，估计得走上一年，因为它生产力水平低，交通不发达，距离远又没有路。从镐京驾着马车，走一百里，遇到一片沼泽，得抽干了沼泽再过去，要是遇到原始森林，得砍光了树再往前去，一没有路了就得砍树，结果树砍完了，车也散了。所以当时欧洲都是小城邦，也是为了适应生产力水平低的事实。

周朝普天之下一百五十万平方公里这么辽阔的面积都是王土，但是王管不过来这些个王土，要是不靠分封制管理，单枪匹马一个人去干俩月就得累死。结果王决定只管“中国”，就是首都周围的那些地方，其他土地就分封给诸侯，你们只要自扫门前雪，管好自己的土地。

木头棒子秀

不过你还得记得土地所有权是王的，不是你的，所以你要听命令，要贡献财物，天子打仗就派兵跟着打，这是义务。最关键的义务当然是服从命令，需要经常到镐京来给天子请安，朝觐。该你来，你不来，这个事儿就大了：一不朝，削其爵，公侯伯子男五等爵位次第往下降，公爵降侯爵，侯爵降伯爵。二不朝，夺其地，又该你来，你还不来，一般人也没这么干的，胆儿肥的600里封地给你砍300里，三不朝。六师移职，第三次不来，你就别混了，天子就派兵来打你了。

周朝的制度是：天子的部队有14个师，宗周八师，成周六师。宗周就是镐京，一个师2500人，总共是20000人。洛邑6个师，一个师2500人，总数是15000人。天子一共有35000名士兵。然后大国三师、中国两师、下国一师。就是大国你可以养三个师的部队，7500人，才养那么点儿兵。那会儿能养得起这么多兵的国家太少了。估计这7500人平时也不能脱离生产，主要任务还是种田。然后打起仗来临时凑，跟民兵差不多，挥着木头棒子就上去了。

我们中国古代的五种兵器，排第一位叫“殳”，很好听的名字，其实就是木头棒子，比棒球棍做工还差点。还有另一些美词来形容它：梃。什么叫梃？木头棒子。还有杵，武王伐纣，血流漂杵，还是血河里漂木头棒子，金属就漂不起来了。一直到春秋的时候，军队的主要装备依然是木头棒子，一开战就是一帮子老百姓拿着大木头棒子冲上去了。那个时候一说起武装力量，夸耀自己的时候，总拿兵车千乘来说事，兵车千乘就是一辆车上3个人，每辆车后面跟着72个拿木头棒子的人，外加25个后勤人员，这100人算一乘。千乘就是3000甲士，外加97000拿棒子的和后勤的哥们儿，当时是这么计算的。

其实打仗的时候没那么多人，这个十万是算上全国人口，能打的不能打的全算，没钱的拿普通棒子，有钱的在棒子上钉个钉子，更有钱的镀个金，不论贵贱都来凑数，才能到十万。不能按照今天的人口来算，所以周天子三万多人的部队在当时已经很了不得，况且估计都是镀金棒子。

分封制、井田制的存在，使得每个诸侯国所拥有的人数、武装力量和木头棒子跟它的生产力水平相适应，相当程度上巩固了周王朝的统治。［见图1-6, p68］

拜玉的国家

夏商周的时候，咱们中国人种地就懂得用水利技术，耕地使用的农具以木、石、骨、蚌为主，青铜器是不能做农具的，因为它太珍贵，主要是用来做礼器和武器，祭祀和打仗的时候用，青铜是铜、锡、铅三种金属按比例炼成的合金，这种合金浇铸的工艺水平要求相当高，因为这三种东西的熔点不一样。锡很容易就化了，铅、铜熔点也都不一样。这一点很不好把握，而且出土的青铜器，没有任何两件是一模一样的。因为它是做一件用一个模子，完全手工制造，不可能机器生产。不像今天外面卖的假货，全是批量制造的复制品。青铜器的颜色真正做出来的时候是非常漂亮的，应该是那种黄金般的土黄色，埋在土里一生锈才变成绿色。所以严谨的电视剧里面，那个青铜器、铜瓦，都是金黄色的。粗制滥造拍的电视剧，都是绿色的或者是上锈了的，把上锈了的东西给国王用，国王很生气，后果很严重。

除了青铜之外，中国人还很喜欢陶瓷，而喜欢陶瓷的原因是因为崇拜玉。中国是世界上最崇拜玉的国家。英国马戛尔尼公爵访华，乾隆皇帝赏赐给他很多玉如意。但马戛尔尼不识货，以为是几块破石头。他在日记里写道，中国皇上真吝啬，我们给皇上的礼物价值1.6万英镑，结果皇帝给我一堆破石头，把我给打发了。由此可见，洋人不懂玉，不知道玉的价值。咱们中国人讲究君子玉不下身，小人连佩戴资格都没有。

但是玉不是任何人都玩得起的，化土为玉，这就是瓷。所以最早的瓷器是青瓷、白瓷。好的瓷器肯定得具备这么几个品质：光如镜、薄如纸、温如玉、声如磬。光如镜就是说平滑度得跟镜子似的，可以用来化妆。薄如纸就是薄得跟纸似的，跟今天的手机一个道理，越薄越贵。温如玉，玉的温度得是恒温，无论什么情况下，不管是搁雪里刨出来，还是搁冰箱里拿出来都是温的。即使把玉搁火里烧完了之后，你夹出来拿手攥没事儿，搁微波炉里转一圈再拿出来也不能烫手。如果手烫掉皮了，那烧的肯定是玻璃。声如磬，就是说真正像玉的瓷，你用手敲击它，能听到类似金属的声音，铛铛响的瓷，不是噗噗响的塑料。

因为对玉的崇拜，导致对瓷的偏爱，也使中国成为世界上用漆历史最悠久的国家，史前时代就出土过用漆制造的碗。商周漆器已达到较高的水平。周朝漆工艺大量用于车的制造，车身、车篷都用漆来装饰，这个还是很厉害的。

5 五个想当老大的男人 [见图1-7, p69]

管夷吾相齐

周王室东迁之后，势力一落千丈，诸侯不再听从天子的命令，不再朝觐和纳贡。到了周平王的孙子周桓王继位的时候，郑国的郑庄公不服，不去朝觐，于是周桓王带领周军及陈国、蔡国、虢国、卫国四国部队讨伐郑国，结果郑国部队力挫联军，周桓王战败，最惨的是他还被郑国大将一箭射中肩膀。小弟造反不能惩治，反而被修理了一顿，老大的威信自然一落千丈。从此周天子只是名义上的天下共主，各诸侯不再把他当回事了。稍后，各路诸侯纷纷崛起，为了夺得更多的土地和人口，拉开了春秋争霸的序幕。

第一个起来称霸的是齐桓公。公元七世纪前期，齐桓公任用管仲为相，进行改革。管仲又名夷吾，这个家伙从小品德不太好，打仗的时候人家都是往前冲，只有他往后跑，他总是以家有老母自己又是独生子为借口，对自己的逃兵行为进行解释。就连跟朋友一起做买卖，他也老算计人家。这个人是一个特别务实的人，为了达成自己的目的，没有什么思想包袱可以限制他。

管仲尤其反感漫无边际的高谈阔论，他在相齐的时候，有一句特别精彩的论断："仓廪实而知礼节，衣食足而知荣辱"。这段话对于今天的中国很有现实意义。用我们的话讲，你得先抓物质文明，然后再抓精神文明。穷山恶水，泼妇刁民，必然是相辅相成的。相反物质越富裕的地方，精神文明程度也就越高。齐国秉承着管仲的务实精神，加上地理位置良好，背靠大海，尽享渔盐之利，齐国很快就做大，成为诸侯各国中实力最强的国家。

齐桓公甚至建立起一支多达30000人的常备军，按照以前的规定，诸侯国的军队规模不能超过7500人，而周天子自己的部队规模也不过才有35000人。所以可想而知，其他国家哪里是齐国的对手，但是齐国要想对外扩张，也不能师出无名，所以就提出了一个口号："尊王攘夷"。

当时中原各国处在混战状况，觊觎中原已久的少数民族政权蛮、夷、狄、戎勾结起来，对华夏文明构成严重威胁。史书记载当时是"蛮夷与戎狄交，中国不绝若线"，华夏文明，命悬一线！当时的华夏文明应该说是比较先进的，汉族的定居方式已经确立下来，农耕文明达到一定水平，同时我们还有自己的文字语言，这些都是蛮、夷、狄、戎所不具备的，如果这个时候华夏文明遭到灭绝，那么对于整个人类文明来说都是不可估量的损失。所以这个时候谁能够站出来保卫华夏文明，谁就是保卫了先进生产力的发展要求，保卫了先进文化的前进方向，保卫了当时中原最广大人民的根本利益。

民族的发型

管仲高举尊王攘夷的大旗，使得齐国一下子占据了道义上的制高点，齐桓公出动大军先是打退了山戎对邢、卫两国的侵扰，救邢存卫，在诸侯中威望大增。其后，面对楚国南蛮的北向扩张，齐国再度出兵会合中原国家的军队共同伐楚，解除了少数民族政权对中原地区的威胁。公元前651年，齐桓公葵丘会盟，周天子都派人来参加这个会盟，承认他的地位，使他成为春秋时期诸侯各国公认的第一个霸主，齐国也正式成为第一个称霸的国家。

后来的孔子孔圣人，充满深情地讲："管子相齐，九合诸侯，一匡天下，民至于今受其赐。微管仲，吾其被发左衽矣。"意思是我们老百姓到今天都受到管仲的恩赐，如果没有管仲的话，我们就要被少数民族、游牧民族同化了。披发左衽是少数民族的服饰发式特点，披发就是披着头发，重环垂耳；左衽就是他们穿的衣服是左边压右边。中原汉族人穿衣服是右边压左边，其实哪边压哪边都无所谓，但在中国古代，这个服装发型要一变，就意味礼制的崩坏，意味着国家要灭亡，道统要灭绝。这就是头可断，发型不能乱的原因。

比如明末满人入关之后，发了一道剃发令，让汉族人改学满族人发型，一律削发留辫子，很多人不愿意，于是就遭到清兵的强迫镇压。留头不留发，留发不留头，虾和熊掌不能兼得。即使这样，江阴城为了抵制剃发令，为了留发，抵抗了八十多天，全城被清军杀得尸横遍野。有对联为证："八十日带发效忠，表太祖十七朝人物；六万人同声赴死，存大明三百里江山。"今天看来这件事有点过于荒诞，六万人同声赴死，就为了这个发型。

以前的中国人一向把这个事看得特别重要，身体发肤，受之父母，轻易不能乱动。年纪小的时候还可以剃头，冠礼成年之后头发就不能剃了，要蓄发蓄须，直到临终。所以崇祯皇帝在煤山殉国的时候，无颜见列祖列宗于九泉之下，以发覆面，头发散开才能拖到腰部那么长。

如果没有管仲尊王攘夷，力保中原的话，当时的中原就被少数民族给同化了，发型一换，就轮不到后面这些事了。

周昭王喂鱼

继齐桓公称霸之后，晋文公和楚庄王陆续崛起。齐桓、晋文称公，因为齐国和晋国都是侯爵国，这个公不是它的封爵，而是尊称。楚庄称王是因为楚国乃子爵国，是南蛮少数民族政权，西周中期才被天子册封的。楚国国君嫌地位低，所以干脆自称为王，跟天子平起平坐。当时的天子周昭王不高兴了，亲自去楚国讨个说法。楚国人听说天子要来，准备了一艘船迎接他，周昭王特别高兴，以为楚国人害怕了，知道自己做错了。谁想到是因为楚国蛮人嫌周人扰民，设计用胶水粘的船身，昭王一上船才开了没多久就散架了，周天子一众人全部落水葬身鱼腹。可见这个楚国的南蛮是一个比较有个性的民族。

周天子的南征失败导致整个东周的神话破灭，王朝由盛转衰。到了春秋晚期的时候，吴王阖闾和越王勾践竞相称霸。吴越两国在长江流域，吴国的都城，就是今天的苏州，越国的都城就在今天的绍兴。那个时候，江南就已经开始得到了初步的开发。

陆续称霸的齐桓公、晋文公、楚庄王、吴王阖闾和越王勾践在历史上被统称为春秋五霸，个个牛叉。［见图1-8, p69］

6 七匹狼轮番登场

三晋乱周礼

据《资治通鉴》记载，公元前403年，即周威烈王23年这个时候发生了一件大事，周威烈王册封晋国大夫韩虔、赵籍、魏斯为韩侯、赵侯、魏侯，俗称三家分晋。无独有偶，齐国的大夫田氏，与此同时也废掉了姜氏取而代之成为诸侯，三家分晋和田氏代齐，使得中原地区逐渐形成了战国七雄争霸的格局。

从这一变局中可以看出，这其中分封制起到了很大作用。周王朝实施分封制的方法是：天子把土地分封给诸侯，诸侯分封给大夫，大夫分封给卿，卿分封给士，它的每一层都是往下分封的。所以天子后来能够被诸侯架空，诸侯就能够被自己国内的大夫给架空。因为这是由它的生产力水平决定的，基本上，上一级只管都城周围，底下全给分封出去，随着地方势力的逐渐庞大，等于就是中央集权走向衰落。所以以晋国为例，晋国当时有六家大夫具有相当的权力，除了韩、赵、魏三家外，还有智氏、中行氏和范氏，中行氏和范氏很快就覆灭了，韩、赵、魏联合起来又把智氏给灭了，最后这三家，索性把晋国的国君给废了，自己做了诸侯。周天子一看好家伙太无法无天了，不过我也没办法，被迫承认册封这三家为诸侯吧，晋国于是一分为三，韩国、赵国、魏国横空出世。

小时候拿板儿砖砸缸的司马光说："天子之职莫大于礼，礼莫大于分，分莫大于名。"周封三晋这个窝囊事儿让天子之职彻底崩坏，礼制是国家赖以存续的纲纪，三晋居然威胁周天子封他们为诸侯，周天子还不得不承认，这纪纲大乱，就标示着周朝末日已经临近。

战国七匹狼

齐国原来的国君应该姓姜，例如齐桓公，名字叫姜小白，那会儿起名还不太讲究。结果大夫田氏强大起来把姜氏废掉之后，自己当了诸侯，齐国改姓田了。所以三家分晋，加上田氏代齐，形成了战国七雄的局面。［见图1-9, p69］

这个战国七雄一开始还不是就这7个国家，当时一共20多个国家都觊觎霸主地位，历经战火洗礼，这前20强大浪淘沙的一番海选PK之后，基本上就剩下燕、齐、楚、秦、赵、魏、韩，7位选手继续死磕了。

从春秋五霸升级衍化到战国七雄，可以看出春秋的时候，中原的主要矛盾是南北矛盾，体现在晋楚两国的争霸当中，晋在北边，楚在南边，一直是南北对峙。到了战国的时候，主要矛盾就是东西矛盾了，具体表现就是秦国跟关东六国的矛盾。因为关东六国位居崤山函谷关以东，对秦国形成一定威胁。尤其到了战国末期，秦朝想统一六国，进一步激化了他们之间的矛盾。

7 蛮夷狄戎VS中原王朝

瘦身款服饰

春秋战国时期，神州大地中原地区除了华夏儿女之外，四方还有诸多强敌如豺狼虎豹般环伺，例如匈奴、戎、越等这些彪悍的少数民族政权。有道是不打不相识，打架也是算一种主动的交流方式，总比谁都不理谁强，夫妻天天吵架没准还越吵越恩爱。于是通过频繁的战争和经济文化交流，迎来了中国历史上的第一次民族融合的高潮。

中国人先秦时代是这么认为的："诸侯用夷礼则夷之，夷狄而进于中国则中国之"。你是天子册封的诸侯，你用夷礼，学习少数民族，大家就把你看成蛮夷。比如赵武灵王胡服骑射，当时就被看成蛮夷之人。但是客观上来说，以前汉人的服装是最笨拙的，宽袍大袖，那个大袖子能钻进一个人去，穿上那个衣服一上街，勤劳的清洁工都得下岗。上衣下裳，成年男女也是穿开裆裤的。裤，胫衣也，护腿的，相当于长筒袜。这种服装设计既不便于生产，又不便于战斗。人家少数民族窄衣小袖，死裆裤，生产战斗能力都是汉族人所不能及的。

最后汉族人还是把自己的传统服装放弃了，从唐朝开始，皇帝的服饰已不再是汉代皇帝冕服的样式， 皇帝上朝已经不再头戴沉重的冕冠，而是改戴乌纱，领子也变成了圆

领，腰部系一条腰带，袖口也由宽变窄，相当时尚。〔见图1-10, p70〕

同化不见血

除了穿着之外，饮食方面，中原人的口味也一直在向少数民族方向调整，就像大盘鸡、拉条子这些新疆维族美食如今已成为某些人的最爱一样。行为方式方面，以前中原地区的人们进门以后习惯席地而坐，像韩国、日本至今保持这样的习惯。后来中原采用西北少数民族那种高桌大椅，据说中国人比日韩两国人民身高占优势，这是最主要原因。由此而见，中原人民其实一直在向少数民族学习，但是当时的汉族人认为，中原文明才是正统，谁要是学习少数民族，就把谁当做蛮夷对待，而少数民族学习中原文明，就把它当成中国的一部分对待。

那也就是说，当时的汉族人看待这种民族融合现象，主要看重的是文化认同，而不是血缘联系。在中国古代，朝鲜、日本和越南，从来不被当成外国看待，因为那时候它们跟中国完全一样，用汉字，遵汉礼。甚至至今，韩国和日本的祭孔日都比中国要隆重，中国的儒生也从来都把它们当做中国的两个省，只不过不太听话而已。

但是欧洲国家对待民族融合现象的看法就和我们不一样。他们是看重血缘而不是看重文化认同，比如一个中国人跟德国人住一辈子，德语说得比德国人还流利，都休想加入德国国籍，除非1750年的时候，你的祖先是德国人，这样的话你一句德语不会说，都可以入籍德国。

中国历史上汉族政权不止一次被少数民族政权侵扰甚至终结。但是每一次都是少数民族政权最后被汉族同化，所以汉族这个民族非常顽强，五千年没有灭绝。快马弯刀打仗容易，但征服人心何其困难，而汉民族文化发达是民心所向，所以最后，就这样被你征服，每次都是别人在唱。

8　名正言顺地变公为私

锄头向外刨

春秋战国时期，铁器牛耕得到推广，生产力水平往前进一步发展，荒地开垦的数量前所未有地增多，与井田制产生了一定程度的冲突。井田制规定土地是国有土地，耕种的土地是分封来的。而且由于生产力水平低下，分封的土地尚且耕种不过来，无暇顾及其他荒地。但是随着铁器牛耕的普及，人们生产效率大幅度提高，干完分内的这块土地之后，看着其他富饶的荒地，萌生了一个大胆的想法：不种白不种，种了不白种。这些荒地可不是天子分封的，不归国家所有，我自己种了就是我自己的地，还不用交税。于是乎，大伙儿挥起锄头，多快好省地干起私活来。

这样一来，私田开垦越来越多，国家分封的土地就逐渐荒芜了，结果大家都这么干就影响到了国家的收入。所谓道高一尺，魔高一丈，国家一想既然大家都这样的话，索性无论公田、私田，一概按照规定交税，等于就是变相地承认了土地的私有状态。

土地所有制就这样由国有制向私有制进行了转变。同时为了适应这样的转变，各国相继变法，如春秋时期，齐国管仲的相地而衰征，鲁国的初税亩。然后到了战国时期，李悝在魏国，吴起在楚国，商鞅在秦国，三家相继变法，新的制度确立。但是，李悝在魏国的变法和吴起在楚国的变法均告失败，尤其是吴起在楚国的变法失败得最惨。支持吴起变法的楚王一死，当时的守旧派贵族们就要干掉吴起。最后逼得吴起趴在楚王的尸体上，以楚王的尸体做掩护，威胁贵族们，谁要是刺杀他的话就必然会犯下冒犯王尸的大忌。但是这帮贵族太恨吴起了，以至于视威胁为无物，不由分说就把吴起给射死了，楚王的尸体也给射成了刺猬。这对于楚国而言，失去了一次走向强大的机会。

木头推新法

三个改革家里唯一成功的是商鞅，正是他的改革措施最终促使秦国走向了强盛。有个成语叫徙木立信，说的就是商鞅变法成功的原因之一。当时商鞅为了让百姓信服听从自己的新法，在城南门立了一根木头，贴告示说谁把木头扛到北门就赏五十金。还真有人出来扛了，轻轻松松拿到了五十金。商鞅并不是拿五十金来教导各位天上可以掉馅饼，而是为了建立自己在百姓心中的信誉。于是秦孝公时，商鞅变法顺利实施。

具体措施如下:

第一，令民为什伍，实行连坐法。把老百姓给组织了起来。十家一什，五家一伍，一家犯罪，五家十家都受到牵连，这就叫做连坐。比如隔壁家的小三吸毒，你知情不报，被发现后一样办了你，可见当时对老百姓控制得有多严厉。

第二，重农抑商，奖励耕织。中国古代人分四等，士农工商，商居四民之末。当时重农抑商，奖励耕织的关键原因还是生产力水平太低了。有道是“一夫不耕，或受之饥；一女不织，或受之寒”。农者，天下之大本也，黄金珠玉，饥不可食，寒不可衣。不像我们今天中国多少夫不耕，多少女不织，也不会有人受饥受寒，当时可没有袁隆平这些人，如果老百姓弃农经商的话，国家就完了。所以一开始搞重农抑商是跟当时生产力水平相适应的，政策上必须得重农。另一个原因就是当时的商品主要是奢侈品，与百姓的生活无关，要来也没用，搜罗一打翡翠玛瑙都不一定能换几串麻辣烫。直到中唐以后，民生用品才逐渐多起来，但再往后，比如到了清朝，随着国家经济水平的发展，还采取重农抑商的政策，那就阻碍经济的发展了。

第三，奖励军功，按功受爵。高官授爵在此之前是世袭世禄制，生下来就有俸禄，从商鞅变法开始改变了这种情况，奖励军功，按功受爵。秦国把爵分了二十等，其中最高的关内侯是第二十级，第一级到第八级是民爵。这一级别的晋升就靠战场上立功。砍敌人脑袋一个，爵位上升一级，所以敌人的脑袋就叫首级。秦国的这种激励制度使得秦军在战场上非常的骁勇善战，割头不倦，一般被人称做虎狼之师就是这个原因。

第四，燔诗书而明法令。这就是后来的焚书坑儒，可见商鞅是典型的法家代表，强调法制，要求大家服从命令听指挥。

第五，统一度量衡。度是长度，量是容积，衡是重量。度量衡不一样的话，会给各地的交流带来很多麻烦。比如美国人开车去加拿大绝对是会超速的，因为美国是用英制单位，汽车里程表上显示的是英里，1英里等于1.65公里。如果加拿大的交通指示牌上显示限速80，美国人一脚油门下去，准超速！再比如，咱们大陆1斤等于500克，台湾是600克。如果台湾游客来大陆买水果，就会觉得大陆人杀猪了。

第六，废分封，行县制。以前的分封制留下太多隐患，严重削弱了中央集权的力量。造成天子和诸侯的脱节。商鞅为了解决这个问题，全国设31个县，由国君委任县令。后来县上又设郡，郡守和县令都由国家来任命，从根本上加强了中央集权的作用。

第七，为田开阡陌封疆，废井田。商鞅以法律形式确立了土地私有。改变了之前大家心照不宣，国家变相默认土地私有的状态。

商鞅的一系列措施，促进了秦国政治、经济、军事的发展，使秦国成为战国七雄中实力最强的国家，为统一六国创造了条件。

9 公元前21世纪什么最贵

无为无不为

春秋战国时期，是中国历史上第一个文化高峰时期，正在经历社会大变革的各诸侯国，各阶层都对社会变革提出自己的看法和主张，一时间形成了百家争鸣的文化现象。

春秋时期，两位著名的代表人物是老子和孔子。首先看老子，道家创始人，这个道家跟道教不一样，道教是中国古代神仙方术、原始巫术的集合体，吸收了道家思想之后，形成了道教。道教形成之后，神话老子，把它捧为太上老君，就是在炉子里炼孙悟空的那个白胡子老头。实际上历史确有其人，但是生平事迹不详，只知道他是道家的创始人，有人说他叫老聃，也有人说叫李耳。

他的学说有两个特点，第一，朴素辩证法。第二，无为。政治上主张无为。无为好不好？老子为什么主张无为？有为什么样？谁有为？齐桓公、宋襄公、晋文公、秦穆王、楚庄王，春秋五霸这些人有为，战国七雄、商鞅变法这帮人有为，有为的结果是生灵涂炭，烽火连年。所以老子看到这种情况，提出咱们应该无为。小国寡民，鸡犬之声相闻，民至老死不相往来。这样的状态最佳，人与人之间就没有战争了。老子希望退回到原始社会，他认识不到未来有共产主义社会，所以他只能认识到我们怎么样才能够避免这种悲剧战争，所以就提倡无为，同时他认为人一定要顺应自然，自然就是天道。老子的《道德经》，上来第一句就是“道可道，非常道”。我说不清到底是什么东西，我只能强名之曰道，按我们的道理讲，道就是自然。道生一，一生二，二生三，三生万物，强调的就是天人合一。他认为国家有四大：道大、天大、地大、王亦大，而道最大。道才有天，天才有王，王是万人之主，还远不如道，那么普通百姓更加要顺应自然规律。

顺其自然的衍生状态叫以柔克刚，最简单的道理是水滴石穿。天下之至柔，驰骋天下之至坚。比如你嘴里最硬的是牙，最软的是舌头，你老了，掉牙不掉舌头；大树比小草高大强硬吧！七级风一来，大树连根拔，没见过草满天飞的。

杯满则溢，只有空杯才能倒进水，所以无可以生有，有就不能再生了。中国现代哲学家冯友兰先生，把人分成四种境界，天地境界，道德境界，功利境界和自然境界。咱们是在功利境界，杀人犯、强奸犯这都是自然境界。道德境界就是圣人们，他认为中国古代人达到天地境界的只有一个人，就是老子，孔子都只在道德境界。

一般我们在功利境界的人，是贵有不贵无，我们有什么比什么，比有钱，比有房子，比有车，比我爸爸比你爸爸官大。而老子是贵无，看破放下，四大皆空，六根清净，你才能成就，无为才能无不为就是这个意思。

处在道德境界的孔子跟他见解主张就出现了分歧。孔圣人提倡有为，所以孔子这一生很辛苦。

孔子是儒家学派创始人，思想家、教育家。他在中国古代尤其元朝以后，被称为大成至圣先师。集万般礼法道统学术之大成的万世师表，老师的祖师爷，所以台湾把9月28日孔圣人的诞辰，定为他们的教师节。好多政协委员建议我们的9月10日也改到9月28日去，孔圣人诞辰做教师节，这个多好。

有爱有礼貌

“君为臣纲”、“父为子纲”、“夫为妻纲”的三纲和“仁、义、礼、智、信”的五常，这些观念一开始都是源自孔子的思想，其后才被董仲舒等人整理出来的。

孔子的中心思想是个仁，仁者爱人，己所不欲，勿施于人。这个歌都有人唱过。《大学》的第一句话“大学之道，在明明德，在亲民，在止于至善。”就让我们要亲民，也就是孔子仁者爱人的意思。人指的是别人，爱跟你不相干的人，统治者爱被统治者，被统治者要爱统治者，让世界充满爱，这不就是和谐社会嘛！这种仁爱比耶稣的观点早了五百多年，所以中国的圣诞节应该和教师节同一天，也改成9月28日。

孔子还强调礼，强调贵贱有序，尊卑有位，恪守本分。他认为春秋战国的时候下面人不把周王室放在眼里，属于礼崩乐坏，对此很不满。他认为让世界充满爱的最好办法就是每个人都遵守自己的本分，心里别存非分之想，是哪个阶层的人就要对自己的生活知足。诸侯老老实实做诸侯，大夫老老实实做大夫，别大夫想做诸侯，诸侯想做天子，那就乱套了。为了国家稳定社会和谐，势必要克己复礼。

但是孔夫子这个主张是非常天真的，中国古代的礼制森严，所有的东西都能体现出等级来。天子头戴的冕旒冠，看着好像脑袋顶一个搓板，垂着算盘珠子。这珠子都有讲究，天子要垂12串珠子，诸侯垂9串。韩国的历史剧里面韩王一出来戴的那个就是9串，我特意趴电视上数，韩国这回还真没吹牛，这个韩剧还比较真实，他们的9串是戴对的，因为他不是天子，中国皇帝才可以戴12串。再比如故宫的大门上，九九八十一颗铜钉，屋脊上九个走兽。你说我们家屋脊上也弄九个，找死呐！我们家盖房子也用黄瓦，找死呐！这全都有等级的，皇宫九九八十一，王府八八六十四，七七四十九，你不能随便来。皇宫的大门可以开几间，王府开几间，也是有规定的。孔子就特别强调要维护这个礼。

大家知道孔子有一句特有名的话，叫“是可忍，孰不可忍”。什么事儿把老爷子给气成这样了？鲁国大夫季氏开宴会跳舞，天子跳舞可以动用64个人，诸侯48个人，大夫32个人，结果季氏居然动用了64个人，孔子气坏了，你大夫怎么能摆出天子的架势来呢，这如果都可以忍受的话，还有啥不能忍的。我们今天有些人可能会觉得孔夫子有病，人家有钱，愿意用128个人你管得着吗？但是那个时候礼制森严，不但管得着，而且必须管。所以他的思想核心，一个仁，一个礼。

推素质教育

除了思想外，孔子在教育上也功绩斐然，打破了学在官府的情况，使平民有受教育的机会。咱们现在讲素质教育，没有教不会的学生，只有不会教的老师，你不能用一种方法教学，不能千篇一律。最早孔圣人就是这种主张，孔子一生三千弟子，72贤人，它这个三千弟子里面，年龄最大的跟他差个五六岁，最小的比他孙子都小。他从爷爷教到孙子，不能用一种方法，所以当然是因材施教。那会儿没有应试，孔圣人绝对是搞素质教育的。好多教育思想对今天都很有借鉴意义，咱们现在一写教育论文，动辄苏霍姆林斯基说，或者杜威说，其实孔圣人说就已经足够了。

为了推广素质教育，孔子编订整理了《诗》、《书》、《礼》、《易》、《春秋》，这就是后来儒家的五经，本来还有一个《乐》，隋朝的时候还有六经，后来《乐》这部经失传了。孔子他的标准像就是两手这么一搭，佩剑。然后一般的情况下，这幅画上边有一个题款，写的是大成至圣先师，或者万世师表，两边是一副对联：“德配天地道冠古今，删述六经垂宪万世”。这个对联说明了孔子述而不作，《论语》虽是他说的，但不是他写的，是他弟子整理的。看来大人物都是这样，释迦牟尼只讲，也不会自己写，穆罕默德也是这样，述而不作。

老子和孔子是春秋时期的两位著名的思想家。尤其孔子的儒家思想成为后来历朝历代的指导思想。

展百家歌喉

战国时候，儒墨道法百家争鸣。

首先看墨家，墨子提倡兼爱、非攻、尚贤。兼爱就是爱一切人，这个有点儿跟仁者爱人相似。非攻就是不要战争，不要打仗，保家卫国还可以。尚贤，任用贤人，进行选举，最好国君都选举产生。这个不太现实，那是美国总统的选举方法，万一选出的国君是个犬戎，肯定不让上。所以墨家思想在中国古代是最不受重视的，就因为统治者不接受。

这个时候儒家代表是孟子，主张仁政、民贵君轻，政在得民。给农民土地，不侵犯劳动时间，宽刑薄税。国之根本是百姓，孟子的思想就是民本，是最闪耀人文主义光辉的。他在儒家当中被尊为亚圣，仅次于孔子。

儒家的另一位代表是荀子。主张制天命而用之。就是说古代畏天，因为当时自然科学知识有限。人们把山崩、海啸、地震、日食、月食都看做是上天的惩罚，所以荀子那会儿就提出来，制天命而用之，你可以利用自然来改造自然。后来有人把这种思想发展到极致，叫人定胜天。这个是不可能的，你胜不了天，地震它就得地震，地震完了这个地方就废了，得迁走。你说你能战胜自然，还在那盖个城市，还震，服了吧。千万少说人定胜天，要不然霸王也不会别姬，但可以利用自然规律来为人民服务。

今天更不应该强调人定胜天的思想，因为这个是非常可怕的，你如果过度开发，就会遭到自然的惩罚。举一个最简单的例子，长城是中国农牧业的天然分界线，我们老祖宗很明智的，长城以北的地是不能耕种的，只能放牧，风吹草低见牛羊，现在呢，风不吹都能看见黄鼠狼。哪还有草原，就因为耕地，我就不信我就种，种的结果是粮食不长，草也不长，变成荒漠了。北京干吗老刮沙尘暴，就是长城那边变成荒漠了。孟子说过，不以规矩，不能成方圆。人都要有规矩，何况自然。

战国时期庄子继承了老子的道家学说。他有一句非常有名的话："巧者劳，智者忧，无能者，无所求。蔬食者遨游，泛若不系之舟。"能者多劳，智者多忧，蔬食者就是平头百姓，当官的是肉食者。古诗说："铁甲将军夜渡关，朝臣待漏五更寒。山寺日高僧未起，算来名利不如闲。”大概跟庄子的话是一个意思吧。

吓唬老百姓

战国时期，法家的集大成者是韩非子。法家咱们讲过，商鞅就是法家，法家跟儒家的区别有三点：

第一，法家认为历史向前发展，当代胜过古代，要进行改革，不能以先王之道，治当今之世，就是说别拿前年的内存条来跑今年的新游戏。从统治思想上看，儒家强调的是法先王，干什么事儿得学古代。所以中国古代最牛的帝王是尧、舜、禹、汤、文、武，没有一个皇帝，敢说我比这哥六个还牛。你唐太宗也好，康熙大帝也好，他绝对不敢说，我比尧、舜、禹、汤、文、武牛，敢这么说的，那就是疯了。当然现在无所谓了，“唐宗宋祖，稍逊风骚，数风流人物，还看今朝”，那是现在。所以儒家是法先王，法家则是法后王的典型，它认为以后比现在要强，所以咱要经常不断地进行改革。可是中国古代改革总是困难重重，凡是进行改革的人最后一般都是迹近“奸臣”，商鞅还被五马分尸呢，五马分尸然后才一统六国呢，就是因为法家违背了主流儒家思想。得尊重祖宗，尊重祖宗的法度，所以天坛斋宫，很多地方皇帝宝座后面一块大匾，四个大字——敬天法祖。我们前面还提过一个提倡改革的人，管仲。管仲也是法家，法家一般不是很看重道德的作用，所以管仲说的话特别好：“仓廪实而知礼节，衣食足而知荣辱”。别在那唱高调，吃饱了什么都明白，以此看来法家的源起可以追溯到管仲那个时候。

第二，主张以法为本。人类近代资产阶级提倡法治是制度的“制”，强调制度的完善和不可触犯。法家强调的法治则是以法治国，治国的老百姓，国君不受。那法律本来就是皇帝制定的，比如说明太祖颁布圣旨：“朕有天下，明礼以导民，定律以绳顽。”我拥有天下之后，让老百姓都遵守礼法，光有礼法不行，他不听话就定律以绳顽。冥顽不灵的，绳之以法。皇帝冥顽不灵没关系，因为皇帝不会不听自己的话。贵族呢，贵族有免死金牌，凭什么有金牌呢（奥运会上你又没拿第一），因为我祖先有功啊！像清朝的法律里面，贵族犯罪有八议，你如果是贵族，你犯罪，你跟八议沾边的，就可以往下减刑。比如说议功，我们家祖先有功，所以应该死刑改无期了，议功、议贵、议亲……八议议完，走好吧您，无罪释放。这个在今天看来很荒唐，法律面前人人平等，你爸爸有功关你什么事儿？比如我爸爸志愿军烈士，我犯死罪了，该枪毙照样枪毙，不能因为我爸爸是烈士，我杀人就白杀。所以法律面前人人平等跟韩非子的法治还不一样，那时候的法治就是用来治老百姓的。法家和儒家最大的区别就体现出来了，法家强调的是怎么治理老百姓怎么治国，法治。儒家强调德治，为政以德，强调仁政。法家强调轻罪重刑，不杀不刑无以树威，为了吓唬老百姓，让平民不敢作乱。

第三，法家还有一个观点是要加强中央集权。韩非子主张建立君主专制中央集权的封建国家。他主张“事在四方，要在中央；圣人执要，四方来效”，明显加强了中央集权。法家思想能够被秦王嬴政接受，能成为指导思想，就因为这几点：法后王主张变革，不拘泥于古代；主张法治；主张加强中央集权。统治者当然喜欢它了，它这个东西好，对统治者有用，秦朝当然待见它。

要坚持研究

还有些厉害的事需要说一下。

第一个，《春秋》记载，鲁文公十四年（公元前613年）“秋七月，有星孛（彗星）入于北斗”。世界上首次关于哈雷彗星的确切记录，比西方早670多年，这是一个世界之最。但是你最早记载了哈雷彗星，它为啥叫哈雷彗星，不叫鲁国彗星，显然就是你记载之后，你没有研究。

第二个，19年七闰，比西方早那么多年，这又是一个世界之最。19年七闰。世界各国的历法分为三种，阴历、阳历和阴阳历，咱中国传统农历属于阴阳历，不是阴历，阿拉伯历法是阴历，也即是回历。回历以公元622年穆罕默德创教为元年，这么算来回历的今年应该是13××年才对，但他都到14××年了，过得那么快是因为回历一年354天，它以月亮绕地球一圈为一个月，大月30天，小月29天，叫做阴历。阳历就是地球绕太阳一圈为一年，然后一年12个月，每个月理论上应该是31天或30天，但是没谱。比如七月大，八月应该小，结果奥古斯都皇帝过生日，加一天，八月就大了。那这一天从二月拿吧，因为那个月杀人，快点过去，所以二月就少一天了，很随意的。中国古代为了指导农业生产，就尽量都照顾到，按照月亮绕一圈是一个月，地球绕一圈是一年，这样的话，我们一年也是354天，但是我们又要照顾到地球公转的周期，19年里增加七个闰年，平均就是每两年多一点就要插一个闰年，闰年有13个月，所谓的闰二月，就是这一闰年有两个二月，闰七月，就有两个七月。因为咱们现在都用公历，你不会在乎这个，要用农历的话，就经常会提到闰月。咱们中国历法属于阴阳历，不是纯粹的阴历，这个原则的确立是很早的。另外，就是世界上最早的天文著作《甘石星经》，甘德、石申这两个人写的，五大行星都有记载。如果从那时候坚持研究，说不定今天已经可以住火星了。

物理学方面，就是《墨经》，光学八条。墨子是劳动人民出身，所以他比较注意自然科学、生产经验这些东西。这个直到牛顿发现光谱的时候，中间已经过去了2000多年，如果从那时候坚持研究，说不定时光机器已经出来了。

古代医学首推扁鹊。名医扁鹊，脉学之宗；望闻问切，建立了中医传统诊病法。现在中医争论得挺激烈的，民国时就有人主张废除中医。有人讲其实“中医”这个词儿不准确，应该叫传统医学，与西医现代医学相区分。中国古代没有西医，老百姓看病找中医，传统医学能一直延续到现在，自然有它合理的生存空间。

第二章 江山一统不是梦

秦汉

1 多米诺骨牌效应

秦王扫六合

秦的统一，第一个条件，生产力提高，联系加强；第二个条件，人民渴望；台湾什么人最愿意跟大陆好？台商。联系加强，我跟你这挣钱，打仗我钱挣不着了，就是这个意思。第三个条件，秦国实力强，国富兵强；第四个条件，秦王嬴政的战略策略。秦始皇本人雄才大略，远交近攻。离他近的先灭掉，远的交好。

灭六国是这么一个顺序：韩、赵、魏、楚、燕、齐。[见图2-11, p70]先灭掉韩国，韩国国小力弱，一下就灭，就像拿杯水泼蜡烛似的。然后是赵国，再是魏国。楚国虽然庞大，但事先已经被打过一回了，首都都给攻克了，屈原都投河了，很虚弱的，所以也拿下。燕太远，多活了几年，不过也是望风披靡的。最后灭齐，因为齐最远，实力又很强。所以他跟齐王田建说，我灭那几国你别管，你看着，等灭完了之后，咱俩平分天下，我是西帝，你是东帝。田建很高兴，后果很凄惨。各国求援他都不救，就等着做东帝，结果那五国一完，他就成了最后一块多米诺骨牌。没什么东帝，关山洞扫地去！最后饿死了。山东六国十年的工夫就被挨个儿灭了，秦国的国力确实是超强，人口500万，军队100万，赶上匈奴了，打一次仗动用60万大军，倾国而出的感觉。

一起来砌墙

公元前221年灭掉了六国，统一越族地区，击退匈奴，取得河套。河套就是黄河大拐弯的那个地方，水草丰美的鄂尔多斯草原。所谓黄河九曲，唯富一套，说的就是这个地方。河南叫内套，河北叫外套。夺之，修长城。

为什么修长城？不是把匈奴打败了吗？干脆一口气把它灭了。可是灭得了吗？人家是骑兵，一下子跑没影了。咱们汉族跟少数民族打仗，花钱太多，一场仗下来，粮食供应都跟不上，国力基本上就耗尽了。少数民族没有这个负担，所以汉族跟他们打仗打不起。于是就修一个长城把你拦住，我不过去，你也别来，况且我也没理由过去，那边的地不能种，要搁那建一个城，从内地给运粮食，运物资，费用太大了，所以修个长城就完了。唐朝人说，“但使将军能百战，不须天子筑长城”。可是将军百战也没用，因为“将军百战死”，所以还得靠长城，世界八大奇迹就是这么来的。

统一越族地区，击退匈奴，取得河套，修筑长城。这些都做完之后，秦朝的疆域已经北起长城（今天的内蒙、辽宁），东至大海，南达南海，西到陇西（今天的甘肃），据说达到400万平方公里，加上2100万人口，相当于400年后极盛时期的罗马帝国，人口比罗马帝国还多一百万。

秦统一六国的意义：

第一，结束了春秋战国以来，诸侯割据称雄的局面，成为一个统一的多民族国家。办公室乱了很久，终于打扫好了。

第二，社会经济恢复与发展，结束长期战乱，人民生活安定，经济向前发展。房间理好了，终于可以工作了。

2 老子天下第一

老子说了算

公元前221年，秦王嬴政，也就是后来的秦始皇，以咸阳为都城，建立起中国历史上第一个统一的专制主义中央集权的封建国家。他采取了一系列类似360安全卫士的措施来巩固自己的国家系统。

政治方面：

第一，他建立了皇帝制度。皇权至高无上。夏商周三代统治者，天子称什么？称王，文王，武王。王是最古老的一个汉字，甲骨文里就这么写。三横一竖，用于沟通天地人的天子。等秦王嬴政完成统一之后，他说三代统治者都称王，我要还称王，无以称成功传后世，所以你们给我琢磨琢磨，我应该叫什么？大臣一想，您德兼三皇，功过五帝，就从“三皇五帝”里取两个字吧。三五显然很二，更像是闹钟或者香烟的品牌，所以就叫皇帝，三皇五帝都沾边。

从此，秦朝开始有了大权独揽，拥有至高无上皇权的皇帝。自称曰“朕”，诏旨称制，或者称诏。值得一提的是，在秦朝统一以前，谁都可以称朕，屈原就老称朕。秦统一后，你要朕，那就把你给震了，只能皇帝可以朕。其实这个制度实在不怎么样，因为皇帝大权独揽的结果就是你这个国家的治乱兴衰就完全看皇上一人了。如果是名君圣主，国家就能够强盛，但是名君圣主是比较少的，中国历史上名君比较集中的朝代就是清朝，除了同治皇帝差点儿，都还可以。像明朝一个赛着一个混蛋，皇帝开国的都不错，到二世没准还能凑合点儿，守成还行，到三世这帮人，生于深宫之内，长于妇人之手，整天与阉竖为伍，你想想他除了“下面没有了”的笑话还能了解什么东西。一代不如一代，王朝总是逃不脱兴衰的怪圈，所以大权独揽的皇帝制度是有缺陷的。

秦始皇一开始还是很勤政的，他每天早起洗脸刷牙之后看600斤奏章。别怕，当时奏章是写在竹简上，要是看纸的，600斤能看死他。他让在寝宫里搁一个秤，每天称约600斤，不看完不休息，累得手都翻不动竹简了，拿绸布条挂到脖子上吊着翻，太累了！这种体力活远大于脑力活的工作，让他后来终于腻味，于是开始追求长生不老，转向炼丹了。

工资都是米

第二，他建立了一整套从中央到地方的官制。这套制度可以概括成为三公诸卿郡县制度。皇帝至高无上，其下设立三公，太尉主管军事，大概相当于中央军委，但是在秦朝太尉一般不设，是个虚衔儿。然后是丞相，相当于国务院，主管行政，总领百官。史籍上解释这个丞相的记载是“掌丞天子，助理万机”，国家大事基本上都归丞相处理。然后是御史大夫，御史大夫相当于副丞相管监察，同时负责监察百官，还要掌管百官的奏章，相当于今天的副总理兼反贪局兼检察院兼人民来访办公室主任，就类似这么一个职务。这三位称为三公。三公相当于中央一级的大官。三公之下是诸卿，相当于各部部长。诸卿在史书上叫九卿，但是一般可能不止九个。其中一些常见的比如郎中令，相当于宫廷警卫；典客，相当于外交部礼宾司；宗正，掌管皇族内部事务；少府，处理山河湖海税收和手工业制造；廷尉，是管司法的。诸卿之下，地方设立郡，再往下是县，再往下是乡，乡下面是里。乡、里的领头人，不是朝廷任命的，而是当地自己选出来的，就是村民自治委员会，跟居委会的性质差不多。这种制度就叫中央集权。从皇帝往下，一直到县，一杆子插到底。这个让后来的班主任、班长、课代表、小组长都受益，从学生会到包工队一直在效仿。

秦汉时期还没有品级，要区别一个官的大小主要看他的工资。太尉和丞相是万石，就是一年的工资是一万石粮食（好像是小米），一石是150斤，一年给150万斤粮食，你爱干吗干吗去，什么东西都可以拿粮食换。那个时候货币不是很发达，所以万石粮食很多是拿来当钱用，买机票啊什么的都用米买。所以网上说，你MP3买来多少米就是花了多少钱的意思，比Money首字母的说法更有依据。

此外区别官员大小的方法是看官服上佩戴的绶带，系在腰间一直垂到下面的大绶带。还有就看你佩戴的官印，那会儿因为官印都很小，是可以佩戴在身上的。万石的丞相和太尉是金印紫绶，印是金的，绶带是紫的；五千石的御史大夫是银印青绶（以至于到后来明清时期的很多朝代，官员加衔叫什么金紫光禄大夫、银青光禄大夫，出处就在这里。不过那时候已经有品级了，官印太大个儿，除了想锻炼身体的也不会系身上，更不会戴绶带）；再往下两千石的诸卿和郡守是铜印黄绶；千石的万户县令（不到万户的是县长）是木印黑绶。下面就没有了，它的等级制度森严，层层管理，比以前分封制的封邦建国有更大的积极意义。

第三，秦律，特点就是轻罪重刑。你随地吐痰，吊起来打。

车书成一家

再来看经济：第一，承认土地私有；第二，统一度量衡；第三，统一货币（一律是那种圆形方孔钱，孔方兄）；第四统一车轨修驰道。车轨是车轮之间的距离，轮间距。驰道就相当于今天的国道，为什么要统一这个呢？比如说现在修的驰道是并行几辆车，你这个轮间距得一致啊！要不然宽窄远近各不同，你得买保险。

文化方面：书同文。一律采用小篆和隶书。这个书同文和前面的车同轨是被后世史家津津乐道的秦始皇的两大功绩，还用文轨车书代表国家的统一，古文献、古诗词当中就经常看到这两个字。北魏孝文帝，迁都洛阳，颁布圣旨：“国家兴自北土，徙居平城，虽富有四海，然文轨未一。”唐朝诗人温庭筠《送渤海王子归国》：“疆理虽重海，车书本一家。”金朝海陵王完颜亮伐宋，作诗云“万里车书一混同，江南岂有别疆封。”车书一家、文轨未一、万里车书一混同，都是这个意思，象征国家的统一。

3 冬天里的一把火

给米不给权

但他接下来干的事儿就缺德了：焚书坑儒。〔见图2-12, p71〕

秦始皇在统一了国家之后，让大家伙商量商量，议一议，我大秦采取什么统治方式？丞相王绾就站出来了，诸侯初破，燕齐荆地远，荆就是楚，那地方太远，“不为置王，毋以填之，请立诸子，惟上幸许”。这个王绾主张搞分封。分封秦始皇的诸子。您把您的儿子分到那些地方做王，因为那地儿太远，燕齐荆您远不能制，所以封你儿子去治。“始皇下其议於群臣，群臣皆以为便”。大臣们都认为高啊！结果李斯这老哥不干了，他怒了。李斯当时是廷尉，是司法部长，还不是丞相。李斯就曰了：周文武所封子弟同姓甚众，然后属疏远，相攻击如仇雠，诸侯更相诛伐，周天子弗能禁止。就是说，你分封同姓？文王、武王当时海内71国，姬姓诸侯53国，全是同姓啊！结果怎么样？照打啊！你跟你叔叔的孩子很亲，等到了你的孩子跟他的孩子的时候关系就疏远了，再下一代就更远了，再下一代就根本不认识了。

李斯接着曰：今海内赖陛下神灵一统，皆为郡县（拍皇上马屁！），诸子功臣以公赋税重赏赐之，甚足易制，天下无异意，则安宁之术也，置诸侯不便。就是说您的儿子和您的功臣们，用公家的赋税赏他就完了，别让他掌权，别封什么同姓诸侯。所以自秦以来相当一段时间是封而不建，皇上封你为齐王，但你不可能在齐国建立自己的统治。你可以享受齐地的赋税，但行政、民政、军事这些东西不归你管，你的工作就是多挣点儿米。总之李斯曰了半天，意思是明确反对分封，主张搞郡县。

始皇就接茬曰：天下共苦战斗不休（打了半天架了），以有侯王（就是因为有这些侯王）。赖宗庙（靠祖宗保佑），天下初定，又复立国，是树兵也，而求其宁息，岂不难哉，廷尉议是。就是说我好不容易把六国都灭了，一统天下，马上又去封疆立国，不是吃饱了撑的自己培养敌人嘛，所以秦始皇同意李斯的观点，咱不搞分封，搞郡县。

就差水木金

后来公元前213年的一次宫廷派对上，博士淳于越（这个博士跟今天的博士不一样，是一种官职，当时负责教授五经），这老兄可能喝高了，他就跟秦始皇讲，你不搞分封，搞郡县是什么意思呢？是使陛下有海内，而子弟为匹夫（你拥有天下，你的儿子亲戚都是平头百姓）。卒有田常、六卿之臣，无辅拂，何以相救哉?万一有那种三家分晋，田氏代齐的臣子怎么办？你的子弟没有兵，他怎么救你，他怎么帮你打田常、六卿，他怎么帮你干这个？

淳于越说这话，当然是为了皇上，本来是好事，属于学术争论。但他多说了一句话：事不师古而能久者，未尝闻也。就是说办事儿不学古代你能干好？没听说过。淳于越是典型法先王的儒家，一句话把法家的李斯惹火了。李斯说，你小子什么意思？我干的事儿就是古代没有。郡县制古代哪儿有，你恶毒攻击郡县制度，你不跟中央保持一致，你不反革命吗？所以李斯建议，这些儒生，谈论诗书，以古非今，罪大恶极，干脆把他们的书都给烧了，除了秦国的历史书和自然科学的书不烧，剩下的全烧，据说当时孔子的后代，把经书藏在孔府的夹壁墙里才保存了下来，要不然就也烧。这个叫火劫。

读书人视书为生命，把书一烧，他们就在背后议论秦始皇，秦始皇听说之后就挖个坑把他们都埋了。说我闲话的460多人，全活埋。这个叫土劫，差水木金就能凑个五行劫。

这是中国历史上的第一次文化浩劫。秦朝这件事儿办得不怎么样，属于文化专制。

造反靠农民

以法为教，以吏为师。严禁私学，愚民政策，这是中国古代统治者的一个策略。所谓上智下愚，就是智慧掌握在统治者手里，下面的老百姓最好傻傻乎乎木瞪瞪，方便统治，因为愚昧是产生专制的唯一土壤。这种以法家思想治国，严刑峻法，轻罪重刑的干法最后把老百姓逼急了，就造反，引发了秦末农民起义。

究其原因首先是徭役繁重，一年得征700万人的徭役。秦朝总人口上文提过，2100万，刨去一半女的，就1000万男的，700万徭役就是除了老头和小孩都干这个了。除了徭役，还有兵役，用来打匈奴、南越。当时的秦朝老百姓，“丁男被甲，丁女转输”，男的披挂打仗，或者劳役，女的送东西，运输。也就是说，基本上这个国家的青壮年，全都去干这买卖了，田地里剩下的就是公交车被让座的老弱病残孕。

这不算完，还有沉重的赋税等着你呢。你说我服劳役去了，我们家该交的税交不交？不交，你试试不交，一文不能少，否则大刑伺候你，割耳朵、挖眼睛、削鼻子、剁脚，全是肉刑。肉刑太讨厌了，随便挑一项都能被整成残疾人，刑罚严重到这种程度，完全是破坏劳动力。另外还有土地兼并，农民又没有吃的，又没有地种，有地的没力气种，这还不造反难道造飞机？

公元前209年，陈胜吴广在安徽大泽乡，发动农民起义。然后以“伐无道，诛暴秦”为口号，建立张楚政权。他们失败之后，刘邦项羽继续起义，公元前207年，刘邦至咸阳，秦亡。

“秦王扫六合，虎视何雄哉！挥剑决浮云，诸侯尽西来”。秦朝这么强大，结果十五年时间，二世而亡。《过秦论》里总结说，这是“仁义不施而攻守之势异也”。就是实行暴政。结果“身死国灭，七庙隳，为天下笑”，为什么？仁义不施，攻守之势异也。所以汉朝一建立，就吸取这个教训，怎么才能够长治久安？得重视人民的力量，重视老百姓的力量，汉朝开始减轻老百姓的负担。

4 刘氏集团上市 穿新鞋走老路

刘邦的“刘”“邦”

秦之后的王朝就是汉朝，两汉的政治经济制度是汉承秦制，有所损益。基本上跟秦朝一样，但也有变化和增减之处。

第一个是刺史制度。汉武帝时划天下为十三州，设立刺史，由皇帝选派亲信担任，到地方监察郡守和王国丞相。刺史是六百石的品秩，而郡守和王国丞相秩两千石。这就是皇帝高明的地方，小官管大官，内朝官管外朝官，让他们互相牵制。郡守和王国丞相比刺史品秩高，但刺史是皇上钦差，口含天宪，出纳王命。他们互相都能拿住对方，我掐住你脖子你拉住我腰带，谁也不敢造次。如果刺史的品秩高于郡守和王国丞相了，那就成了他们的上级，地方就没法牵制了。

这种办法，历代帝王经常使用，玩得炉火纯青。但到了东汉，朝廷没有认真领会老祖宗的苦心孤诣，给刺史增加了行政权和军权，刺史正式成为州的长官。地方行政区划由郡县两级变成州郡县三级，刺史变成了郡守的上级，这就为汉末的军阀割据埋下了伏笔。郡有好几十个，郡守不具备割据的能力，州就十三个，地盘太大了，具备了同中央叫板的实力。

第二个是郡县制与封国制并存，儒家法家一起来。汉实行郡县制又兼有封国制，封国分王国、侯国。王国与割据无异，侯国受所在郡监督。刘邦建立了汉朝，他就总结，秦为什么亡？他想起淳于越的话来，他认为亡秦的一个重要原因就是没搞分封。就是淳于越说的，无辅拂，何以救哉？所以我得搞分封，万一打起来，就有人挺我。

他搞分封是分封同姓王，得跟天子同姓，皇上的兄弟子侄叔伯，这些人可以封王。妹夫不行，舅舅不行，姨父也不行，因为是外姓。一笔写不出两个刘字来，所以刘邦的大哥刘肥分到山东做齐王，儿子刘长封淮南王。王国相当于一个郡那么大，实际上就跟割据没有区别，因为王国的军队是自己招募，官吏自己委任，甚至可以铸钱。那会儿的钱是铜钱没有防伪标志，只要开出矿来就能做。你们王国有矿山，你就做吧，结果可能比中央还有钱。所以刘邦临死的时候让大臣们斩白马盟誓（马就是很珍贵的，何况白马）：非刘氏而王者，天下共击之。刘邦说，姓刘的才能有邦，不姓刘的敢封王建邦，大伙儿群殴他。

异姓不王的传统从汉朝就确立了，基本上在中国古代，异姓封王的例子是很少的，很多都是追封。像岳飞封鄂王，死了60多年才封，已经没有实际意义了，没有造反夺权的可能性。有个别的朝代，像唐、宋，异姓有封郡王的，但没封亲王的，王分郡亲，为了有个名义上的限制。功臣可以封侯，侯有三等，县侯、乡侯、亭侯。县侯享受一个县的衣食租税，但是你不能治民，也不能管军，你只有赋税。乡侯就低了，诸葛亮是武乡侯；亭侯就更低，像关羽汉寿亭侯，刘备早年宜城亭侯。

一般就是王侯这么两级搞分封，但还是对中央集权构成了很大的威胁。因为天子姓刘，我姓张，我要取代天子做皇帝，这算造反。天下都不同意，我心里就要打鼓。现在天子姓刘，我也姓刘，论辈分我还是叔，我哥死了轮着我了，凭什么你小崽子干？天下人也无所谓，刘家打仗关你屁事儿，谁当皇上你还不都是在家炒土豆丝，你管这个？所以这些同姓王，实际上对后来的中央集权构成的威胁更大了。

刘邦活着的时候这事不显，死了就麻烦了，吴王刘濞论辈分就是汉景帝的叔叔，爆发了吴楚七国之乱。当然汉景帝仨月就平定了，你看着军队那么多，拿木头棒子的乌合之众，不如朝廷的正规军，一下给它灭了。但靠武力手段镇压却不能从根本上解决问题，汉景帝的儿子汉武帝怎么解决的这个事儿呢？

扼杀于摇篮

汉武帝先是颁布了推恩令。

主父偃给汉武帝建议：众建诸侯而少其力。众建，多建的意思，多封几个诸侯，诸侯的力量就被平均掉了。具体操作原理我来解释一下。

中国古代的宗法制度是嫡长子即位。嫡长子就是正妻皇后、王后生的长子，他们可以立为太子，将来继皇帝位。生个傻子怎么办？也一样。立长立嫡，不立贤。只立大的，不立能干的。除了皇后生的长子立为太子之外，其他的孩子可以分封为王。那些港台的电视剧里面有什么大太子，二太子，三太子，扯吧！太子只能有一个，有那么多太子还不相互掐？太子有一三五，皇帝就能有二四六。太子不是尊称，并非皇上的儿子都是太子，否则在大学教书的都是教授。同理，除太子之外的孩子被封的王，他们的老婆生的长子叫世子，将来继王位。除了继王位的长子，其他的孩子可以封为侯，侯之后就变成老百姓了。你看刘备是中山靖王之后，大汉皇叔在那边编草鞋，皇叔怎么惨到卖草鞋去了？就因为他的直系祖先不是嫡长子，没继承中山靖王的王位，被封为侯，侯完了就没戏了，卖草鞋。

汉武帝意思就是，你嫡长子继承了你爸爸的王位了，让你弟弟卖鞋去，多不合适。所以你把你的王国分给你的这些弟弟们，建立侯国，你做你的王，然后有几个弟分几块地，让你弟弟做侯。别忘了，侯国归所在郡管辖，只能享受衣食租税，无治民权，更无统兵权，因此王国越分越小，权力也被平均，就没能力对抗中央了。弟弟做了侯，对皇上感恩戴德，皇上给的侯，没皇上我卖鞋去了，我怎么会造反呢。汉武帝的推恩令让诸侯王有苦说不出，王国突然分成了若干个小侯国，这就是“众建诸侯而少其力”的操作原理。

推恩令颁布后皇上开始下刀子了，又出了酎金律。祭祀祖先时交来的黄金成色不足，就要酎金夺爵。应该祭祀祖先交24K的黄金，你们交18K的，对祖宗不敬还配当王侯？一百多个王侯的爵位就被撤了，已经分得那么小了，本就无力反抗，这一撤一百多，剩下都是乖宝宝。

然后颁布附益之法，不许诸侯王结交宾客，限制诸侯王活动，只能享受衣食租税，不得参与政事。楚王封在那儿，可以享受那儿的衣食租税，可以是那儿最大的财主，整个郡的财富都给你，但你不能干预朝政。

还有私出界罪。规定诸侯王不经中央同意不得擅自离开封地，违者降为侯爵。甚至发展到明朝的时候，诸侯王不奉圣旨不许进京，随便进京就是大逆不道。妈死了，回去奔丧，你哥不待见你，不让你去你就没辙！清朝更神，王爷不奉圣旨不许出京，都在北京圈着。皇上不给你派差，你一辈子离不开北京城，想上云南旅游去，门也没有，你到那造反怎么办？身为亲王，看着是尊贵无比，也只能当宅男，胆战心惊跟坐牢没什么区别。

丰台世界公园那边是大葆台汉墓，墓志铭都没有，都不知道埋的谁，据说埋的是燕剌王刘旦。据《史记》记载，燕剌王刘旦这哥们儿是这么死的：他出游时使用了天子的仪仗，这不作嘛！天子出门金瓜钺斧朝天镫，十二对。结果他觉得天高皇帝远，北京离长安远呢，没人看得见，他也摆出十二对！王国丞相履行监视之职，一封快电寄往京师，说燕剌王违制。于是京师圣旨，特快专递，一杯毒酒，燕剌王自杀。和珅之所以被处死，说穿了也是俩字——违制。你们家居然拿楠木盖房，皇宫才行。这厮贪污了一辈子，结果治罪的时候没说他贪污，说他违制。不过违制还不算最糟的，燕剌王自杀之后，儿子还可以袭爵，燕国还不至于被除国。

武帝的另一个法令：非正与乱妻妾位之律。就让很多诸侯国被除国，变成了郡县。

汉律规定只有正妻的长子能立为世子，如果正妻不能生育，就要除国为郡。小老婆生得庶子再多，生个足球队也不能继承。谁敢以庶继位，就是“非正”，免为庶民。以庶充嫡，就叫“乱妻妾位”。这个法令和推恩令结合得很好，一边给正妻有子的诸侯小孩推恩，一边把正妻无子的诸侯小孩除名。有权的给你找个牵制，无权的一免到底，导致所有的王国后来都被郡县给包围，想造反也没辙。

这样一来，汉武帝就把王国对中央的威胁扼杀在摇篮里了。

内定的选秀

前面讲过先秦时代官吏是世卿世禄，龙生龙凤生凤，老鼠儿子掏地洞。从秦朝开始则奖励军功，按军功授爵。所以中国古代的有爵位的人，一般都是立下战功的，文官也一样，比如曾国藩和李鸿章，立战功了才封爵。清朝唯一一个文人没立战功封爵的是张廷玉，编了本《康熙字典》，封成伯爵，当了十年就给撤了。所以没有文人封爵的，你可以做到大学士，做到军机大臣，但没有爵位，爵位必须得立战功。秦朝的时候老打仗，立战功很容易，到了汉朝，国家承平日久，战功难立。而且老立战功，就导致军人老当政，所以这个玩意儿不行。

汉朝有一套非常好的制度，叫做察举制。察举即选举，由下而上，推举人才为官。察举的全称叫征辟察举制，有征、辟和察举三种途径。征是皇帝听说你很贤，把你征到京城；辟就是丞相、郡守这些人听说你很贤，把你辟为僚属，但是这种人毕竟少。

有一个成语叫覆水难收，一般形容男女之间的感情。西汉有个读书人叫朱买臣，哥们儿穷，家里穷得连裤子都穿不上，然后他媳妇老踩吧他：整天在那看书有什么用，你干点有用的事儿行不行？去做买卖，炒股去。朱买臣说我不会。不会到超市搬矿泉水去，这我也不会。他媳妇一生气，离婚了，拜拜。汉朝的时候风气还挺开放的，女的可以提出来离婚，朱买臣他媳妇改嫁了，后来朱买臣太贤了，皇上听说后征为两千石郡守，衣锦还乡。朱买臣骑着高头大马，带着随从就回来了，两千石闹着玩儿的呢！他媳妇来找他，说上次跟你逗着玩儿呢！我早看出来你行，我不过激励你一下，咱俩复婚吧！朱买臣说小样，你甭跟我来这套。马前泼水，一盆水泼在马前面，你若收回来，复婚；收不回来，玩去！覆水难收就这么来的。但是像朱买臣这样能交狗屎运的人太少了，皇上都能听说，你得贤到什么程度。所以征辟不是主要途径，主要靠什么？察举，自下而上举荐人才。

东汉选拔人才，注重举孝廉。孝和廉不是才，是德。德的衡量就是大家都说你孝，你就孝；大家都说你廉，你就廉。这制度特别好，你想想，领导干部都孝敬老人、不贪污、不取不义之财，推而广之，这社会风气当然好。但反过来，我不当官当然廉，我贪谁的去！我孝，你上我们家来考察，我当然孝。四十好几岁了，我跪在地上给我爹洗脚，孝不孝！你掀起我爹的裤腿看看，昨天晚上我踢的黑印还有呢。爸爸死了，在坟墓边儿上结庐，守孝三年，结果一年生一个孩子，这叫什么事儿，能叫守孝吗？所以孝廉说实在的没法衡量。你孝不孝，廉不廉，依靠人才在地方上的声望，称为乡举里选。

所谓声望，就是钱不重要，商人有钱，但是商人唯利是图，能孝廉吗？官宦人家才有声望，于是门第望族成为选举的主要依据，到后来，当官就看你们家是不是官宦出身。欧洲人曾说过，三代时间培养一个贵族，贵族气质是需要培养的，暴发户可不是贵族。平民永远不孝不廉，官宦人家出身则老能被推举上，这样就造成了累世公卿。比如说曹操统一北方之前的袁绍，四世三公。四世三公不是世袭，并非袁绍的爷爷传给他爸爸，他爸爸传给他，而是他们家四代人声望累积，都当了三公这样的大官，门生故吏遍布天下，可见他势力有多大。就这样，一个人占有幽、冀、青、并四州之力，天下一共十三州，他占了四个州。势力大但是实力不大，靠声望混饭吃的，要不他是窝囊废呢，这么厉害的人竟然被曹操给灭了！

如此一来，这种选举制度显然有违当年的初衷，就不能给国家选举到有用的人才。

汉朝的户口

两汉对百姓的管理实行编户，然后这个被编入户籍的百姓，称为编户齐民，具有独立身份，依据财产承担国家的赋税、徭役和兵役。国家为什么要把老百姓编入户籍？好管理。另外就是，要征收这个赋税，服徭役和兵役。所以你看，不管从前还是现在，咱中国是最不适合搞恐怖袭击的国家，因为中国对户籍的管理严格。你在小区里一转悠，一帮老太太追上了，你找谁啊你！你这家伙鬼头鬼脑的，想进我们小区门也没有！你想安炸药，能让你安吗？所以想恐怖袭击中国不太可能。

为什么好袭击美国？美国连身份证都没有，你说你是谁，你就是谁，编一个名字进入美国了，再造一个假驾照什么的。在中国身份证都是防伪的，搞什么搞。中国这么多人不管不行，所以自古以来对户籍的管理就非常严格。当然那时主要是为了征税，田租、人口税和更赋都是老百姓要交的最基本的税种。汉朝的田租比秦朝轻多了，秦朝是三分之二，汉朝是三十税一，就是三十分之一，相当于秦朝的二十分之一。但是田租不为主，人口税和更赋为主。凡是朝廷宣布这个税我不怎么收了，想必这个税不挣钱，不为主。

5 豺狼虎豹全不怕

德国踢中国

两汉时期边疆各族状况是：北方有匈奴、乌桓和鲜卑；东北有夫余，今天的朝鲜半岛也有夫余的后代，就是高丽民族，高丽国家就是夫余人建立的；南方则是越族和西南夷；另外就是西域各族。除了中原王朝之外，还有这么多民族在跟中原王朝有交往。

在中国古代，对中原王朝构成威胁最大的民族来自于北方蒙古高原。北方的民族是两大系统，匈奴是一个系统，东胡是一个系统。匈奴包括后边的突厥都属于匈奴系统；契丹、女真，包括后来的蒙古应该是东胡系统的。

匈奴经济生活以畜牧业为主。中原的史书非常得意地评价说，我们中原王朝先进，匈奴落后，为什么落后？他们“逐水草、习射猎、忘君臣、略婚宦、驰突无垣”。逐水草，习射猎，这都能明白。忘君臣，他们没有中原这么严格的君臣关系，也没有像中国中原这么严格的嫡长子继承制度，所以单于一死，大家就抢，谁抢到是谁的。略婚宦，侄子娶姑妈，舅舅娶外甥女，这种事非常多，爹一死，除了亲妈，所有的妈都能娶。弟弟娶嫂子这种收继婚制太原始了。驰突无垣，垣就是城，骑着马随便跑，太落后了。哪像我们中原有田土之可耕，城郭之可守。但你别看这个民族原始，打仗很厉害。秦汉之际，冒顿单于统一北方草原占领河套，内套、外套都给占了。

当年冒顿单于他爸爸老单于不待见他，想把他干掉，他的办法是送他到月氏国作人质，刚把他送到月氏国，他爸就出兵攻打月氏，等于逼着月氏王杀掉冒顿。月氏王比较厚道，没有杀他，放冒顿回去了。爸爸就给冒顿一块不怎么样的封地，因为他宠幸小儿子，想让小儿子即位。

冒顿心里有谱，开始训练自己手下的一帮死士，跟他们一块儿射箭。他的箭头是空的，射出来会响，叫鸣镝。他说我的鸣镝射到哪儿，你们的箭就射到哪儿，于是这帮人跟他射飞禽射走兽。然后冒顿拿这个射自己的爱马，对匈奴人来说，马就是老婆，这帮人有几个不敢射了，凡是不射的一律杀死，剩下的人就知道了，大哥射哪儿我们射哪儿。然后他射自己的爱妾，又有不敢射的，又杀死。此后再也没有不敢射的了。最后他射自己的爹，那帮人都跟着射，鸣镝弑父，把爹杀了。

你看这人多狠，为了权力，马、老婆、爹全干掉。所以他是草原上第一位圣主、雄主，才能统一北方占领河套。冒顿单于赶的日子也好，因为当时正好是秦末农民战争，然后四年楚汉之争，中原王朝忙于内战，没顾上，所以他占了地儿。

中原王朝跟少数民族打仗，为什么总打不过人家。第一个原因就是少数民族是全民皆兵，他的生产跟战斗是一回事。三岁能开弓，五岁能上马，打仗不就是开弓和上马这两件事吗，小孩儿都能弯弓射大雕。天上的大雕一箭就下来的，你说地下的一箭射几个？匈奴人口最多的时候150万，兵力最少的时候，叫“控弦之士三十万”，能拉弓的人有30万，算吧，5个人里1个兵。汉朝最多的时候6千万人口，军队最多的是60万，100个人里1个兵。而且中原王朝里的老百姓手里是拿锄头的，木头棒子上装个铁片而已。要把种地的训练成拿刀枪的，这需要时间。少数民族本来就是拿弓箭的，所以他全民皆兵，你打不过他。就像现在的人写书法老写不过古人，因为古人一写字拿的就是毛笔，你一半时间是在敲键盘。

再一个原因是骑兵打步兵，那不跟德国队踢中国队似的吧，我想进几个球就进几个球。北京奥运会我给你留点脸，我5分钟进一个，我不给你留脸半分钟就进一个，180比0。那可不是，我比球跑得快，你比裁判都跑得慢，你能跟我踢吗？骑兵打步兵不就是德国队踢中国队么，想进多少进多少，人家来去如风，快如闪电，你攻不上去也跑不了。而且匈奴这些北方民族打仗不需要后勤，他每个战士三匹马，一匹战马，一匹走马，一匹驮马。平时骑走马，行军的时候，驮马是驮物资的，战马只有冲锋的时候才能骑，平时舍不得骑。这些马都是母马，渴了可以接奶喝，饿了天上飞点什么，地下过一什么，一箭弄倒一吃，就好了，完全不需要后勤。人家一出兵20万，是20万骑士，咱们一出兵20万需要5万押粮的，粮草一断就没法打了。

打仗要轻装上阵，蒙古铁骑在欧洲草原上，俄罗斯平原上一天80公里，跟二战装甲部队的速度一样快，机动性多强，声东击西。你修个长城有什么用，你万里长城万里长，万里布兵，他几十万军队集中到一块儿，随便找一个口子就冲进来了。再者从气候原因上讲，他从北往南打，越打越暖和，那怕什么，爽，光着膀子打；咱从南往北打，越打越冷，冻得弓都拉不开，枪都握不住了。另外，中原王朝对不能耕种的土地不感兴趣，你占他的地干吗，所以从动机上说也没必要打，他跑西伯利亚去了，咱守着，不招他。但他得招你，不招你怎么活，他的生产比较落后，所以老招你。

外甥打舅舅

西汉初期国力有限，所以被迫跟匈奴和亲，原因是这样的。〔见图2-13，p71〕

公元前200年冒顿单于率40万骑兵南下，高祖刘邦率32万步兵迎战，这不是作吗，人家40万铁骑，你32万步兵，结果被匈奴困在了平城的白登山，就是今天的山西大同。白登之围，汉军也没有带帐篷，天降大雪，雨雪交加，人马冻死者甚众。将士握不住枪也拉不开弓，被围在白登山上。高祖刘邦以前是秦朝的亭长，用今天的话说就是街道居委会治保主任，最后他流氓本性发作，把帽子往地上一扔，老子跟他们拼了。如果拼的话，这个朝代三年就完了，那皇帝就一个也好记。

拼之前要焚毁珍宝，就是把随身带来的珍宝焚毁，结果谋士陈平就说别呀，您别给焚毁了，你给我，我救你。陈平带着这个去见匈奴的王后阏氏，把财宝献上，说我们皇上知道错了，把这些财宝献给大单于，请单于退兵。你们如果不退兵的话，抖开一幅画卷，上面画了一个绝色美女，说我们皇上准备把这个美人献给单于。阏氏一看说我肯定让单于退兵，这美人你别送了。于是单于退兵了，单于不知道送美人的事，要知道这事绝对不退兵，那美人我估计也是PS的，哪儿找这么漂亮的人去。

于是匈奴退兵，喘了一口气，等于是走夫人路线这才退了兵。这帮人太厉害了，不能惹，怎么办？和亲吧。就是宗室女，甚至是宫女冒充公主嫁到匈奴，两国结为甥舅之国。光嫁过去公主是不行的，得陪送东西，粮食、物品、丝帛金银。我女儿嫁给你，你就是我的女婿，然后你的孩子就是我的外孙子，我死之后，我儿即位，你的孩子就是我儿的外甥，所以匈奴跟汉是甥舅之国，那你还能打我吗？你忘了人家忘君臣、略婚宦，所以东西收了，公主娶了，打的就是舅舅，谁让舅舅怂呢。所以这个和亲解决不了问题，暴力是他们唯一听得懂的语言。

舅舅打外甥

汉武帝的时候，国力强盛了，“太仓之粟陈陈相因，充溢露积于外，至腐败不可食”，粮食多得从粮仓漏出来，都烂了，打开国库一看，串铜钱的绳都烂了，铜钱洒了满地没法数，太有钱了。关键是马，汉武帝的时候军马60万匹。高祖刘邦的时候才3000匹，所以“自天子不能具醇驷，而将相或乘牛车”。皇帝的马应该是醇驷，四匹白马拉着多漂亮，结果当初皇上的那个马白的、黑的、花的都有，将相没有马，坐牛车上朝，32万步兵就是这么来的。

相比之下汉武帝的资源富庶得多，所以敢对匈奴展开反攻。汉武帝任用自己的舅子大将军卫青和卫青的外甥霍去病来攻打匈奴。霍去病17岁率800勇士横绝大漠，深入匈奴一千余里，斩杀匈奴两千多人，把匈奴单于的叔爷爷都给杀了，我们把体育比赛第一名给翻译成冠军，出处就是霍去病17岁冠军侯。于是他20多岁就成了骠骑将军，兵分两路进攻匈奴，也是深入大漠两千余里，在外蒙古击败了匈奴，匈奴被迫远徙漠北，对汉朝的威胁就减轻了。霍去病起的名比较妨他，他叫去病，结果24岁就病死了，要叫个霍感冒可能没事。他主要是经营河西走廊，常年驻军在外，皇帝赐以美酒，霍去病不敢独饮，把酒倒在泉水中，让将士拿头盔舀着喝，此地得名酒泉，今天的卫星发射中心，就是霍去病当年驻守之地。他死后陪葬汉武帝的茂陵，跟皇上埋在一起是无上光荣，所以他的坟墓修建成了祁连山的形状。

河西走廊在祁连山下，水草丰美，这地儿被夺回来之后，汉朝才有可能通西域。匈奴失去河西走廊，只好远徙漠北，导致后来内部混战，到汉元帝时呼韩邪单于归汉，才有昭君出塞之事。

孙子娶奶奶

王昭君14岁入宫做宫女，据说她天生丽质，结果因为不肯行贿画师，画师就用印象派把她画成丑女，害她在宫里一直待到25岁。汉朝人平均寿命也就 25岁，唐朝人是29岁，所以当时25岁就算老太太了，还没见着皇帝。正好皇上贴出一个告示征募志愿者去匈奴和亲，王昭君想到那儿当第一夫人也一样，于是她就志愿去了。送行宴上，皇上一看王昭君眼珠子掉地下了，惊为天人，宫里怎么有这样的人？气得皇上把那画师毛延寿给宰了，跟呼韩邪说咱换一个成吗，你以为呼韩邪傻呀，不退不换，就是她。

王昭君出塞才25岁，呼韩邪奔70岁的人可以当她爷爷，所以王昭君过去没几年呼韩邪就死了。匈奴是收继婚，所以呼韩邪一死，他儿子就要娶王昭君。王昭君就上书朝廷，表示任务已经完成，申请回国。皇上说你以两国友好大局为重，再干一任吧，王昭君就又干了一任。等呼韩邪的儿子死了，他孙子又要娶王昭君。王昭君就跟他的孙子年纪差不多，估计这时候也不想走了，因为论辈分她已经是太皇太后；而且她跟第二个单于的儿子是匈奴的右贤王，就是将来能继承王位的；她的女婿是右大将，相当于匈奴的总司令，那她还回国干什么。不过她半真半假还是给皇帝上了一道表，说想回国。当时汉朝的皇帝是汉成帝，元帝都已经挂了。成帝哪儿想得起来先帝派去的人，一看表，说你再干一任吧。

最后王昭君在匈奴一干干了40多年，朝廷封她为宁胡阏氏。她是汉朝宫女远嫁匈奴，执行的政策自然对两族的友好非常有利，特别到第三代单于的时候，她等于是奶奶辈的人了。我当初跟你爷爷，跟你爸的事都这么定的，你小崽子怎么的，特别是我儿子将来有兵，我女婿有兵，你还来什么劲呢？所以昭君出塞的作用是，密切汉匈关系，互市兴旺，文化往来增多，双方和睦相处。匈奴跟汉朝打仗不就为了抢东西吗，不用抢，你要铁器、丝绸，我要马匹、毛皮，咱们换不就完了吗，这个对双方都有好处。所以史学家翦伯赞先生称赞王昭君说 “汉武雄图载史篇，长城万里尽烽烟。何如一曲琵琶好，鸣镝无声五十年”。古代打仗打不起，农业经济基础薄弱，一打就没，所以汉武帝打了这么多年仗，到晚年一看，高祖、惠帝、文帝、景帝70多年的积累让他打光了，导致汉朝由盛转衰。烽烟四起，还不如昭君出塞一曲琵琶好，五十年不打仗。当然王昭君琵琶管用也是有前提的，以前没少给人送宫女，就是不管用，偏偏这时候管用，因为匈奴已经被打服了，是在战胜的基础上送过去的。

匈奴李小二

中国古代朝代的疆域跟今天版图的概念大不一样，疆域按今天的话讲就是势力范围。盛唐时期1600万平方公里，没错，也就三年。汉朝极盛的时候1400万平方公里，没错，也就汉武帝的时期是1400万。新皇帝一继位就少了，他觉得我爸我爷爷要那么大地干什么，往回撤，不要了。他有他的理由，先皇好大喜功连年战争，军队一下深入新疆那么老远，建一城堡，表示这个地归我，但归我的地种不了粮食，粮食还得中原年年往那儿运，还没运到就被路上的运粮人吃差不多了。这事不划算，这地就不要了，撤回来。

当时基本是这种格局，疆域有大有小，实际上就是势力范围的消长。不像今天说我这儿立界碑，这地永远是我的。匈奴是游牧民族，就更谈不上有什么领土了。

昭君当国，汉匈40多年和睦相处。直到东汉，匈奴分为南北二部。南匈奴与汉人杂居，咱们不定谁就是匈奴人的后代，完全有可能。北京是辽金元明清五朝故都，除了明朝，辽金元清全是少数民族，所以北京这个地方自古胡汉杂居，胡人统治的时间可能比汉人还要长。你说我是最正宗的华夏民族，不可能。孔子说的都可能是闽南话，因为北京话是满语、蒙语跟北方方言的混合种，是胡音。1928年国民政府定国语的时候，北京话以一票的优势战胜广州话，广州话差点成了国语，其实那才是古汉语。

南匈奴跟汉人融合后，北匈奴退居漠北，威胁中原。东汉初，窦固、窦宪伯侄俩大败北匈奴，北匈奴政权瓦解。他们在中国史籍上的最后一次记载是公元119年，此后踪迹不见。两个世纪以后在欧洲出现，其间200年他们在哪儿待着，不知道，他们出土文物很少，因为匈奴没有文字，所以出土了也不知道是不是他们的货，自己没有文字记载，周边的民族也没有记载，所以历史学家就只能推测。

匈奴人在西徙的时候，打败了哥特人，哥特人打败了日耳曼人，日耳曼人消灭了罗马帝国。所以罗马帝国要跟汉帝比，是我们手下败将的手下败将的手下败将的手下败将，实力跟我们差N等了。当时北匈奴是很厉害的，五世纪的时候，在欧洲的匈奴人产生了一个著名的国王，叫阿提拉大王，今天在欧洲，阿提拉都是魔鬼的化身的意思。欧洲一说阿提拉或者成吉思汗，都是魔鬼的化身、上帝之鞭，意思是上帝派他们来进行末日审判，来拷打基督徒的。当时阿提拉横扫欧洲，欧洲各国的君主联合起来跟他作战都失败了，最后给他进贡了一个日耳曼绝色美女，新婚之夜才将他暗杀了。阿提拉一死，几个儿子争王位，匈奴帝国迅速瓦解。

接着匈奴人就分成几支在欧洲定居下来，最主要的一支被称之为马扎尔人，他们在欧洲定居建立了一个国家叫匈牙利，一直到今天。匈牙利英文Hungary的头三个字母是Hun，在英语里就是匈奴的意思。因为上千年的混血，今天去匈牙利已经看不出匈牙利人有黄种人的模样了，看到的是白人。但是中心广场上古代国王的雕像明显是蒙古利亚人种，而且根据欧洲史籍对阿提拉的记载，不像欧洲人一样五官很分明很夸张，而是扁平脸，小眼睛，细细的眉，塌鼻梁，明显是黄种人。另外，只有中国、朝鲜半岛、日本、越南、蒙古、匈牙利这六个地方的人是姓在前，名在后，叫李小二，其他全是小二·李。匈牙利人叫李小二，也算是先辈属于黄种人的例证。据说，芬兰人，还有爱沙尼亚人，可能也有点匈奴人的血统。

点背的张骞

汉武帝为反击匈奴，派张骞出使西域，到过大月氏等国，司马迁将此行称为凿空。西域在地图上是指：玉门关、阳关以西，葱岭（就是帕米尔高原）以东。其实主要是今天的新疆地区，人种以高加索人种为主，语言是印欧语系，吐火罗语，相当于印度文字。所以当时玉门关、阳关就是国境线，天涯海角，“劝君更进一杯酒，西出阳关无故人”“春风不度玉门关”说的正是这个。

大月氏本在祁连山，被匈奴打败后，匈奴单于拿大月氏王的脑袋做酒器，两国应该不共戴天。所以汉武帝就想联络大月氏夹攻匈奴，后听说大月氏迁到了西域，就派张骞带了100多人出使，这就是通西域的目的。张骞也点儿背，刚一出玉门关就被匈奴俘虏了，因为当时玉门关被匈奴控制着。匈奴让他在这儿娶妻生子，断绝他回中原的念想，不过张骞不负皇命，不忘故国，十年之后有一天看准机会跑了。他还接着找大月氏，最后在阿富汗阿姆河流域真的找到了大月氏王，月氏王说都哪辈子的事了，我们在这儿很好，不想报仇。后来月氏人在中亚建立了赫赫有名的贵霜帝国，长达四个世纪之久。

张骞没辙，只好回去复命，路上又被匈奴人逮着，扣了一年多。那个时候通信不发达，匈奴人不知道这是之前跑的张骞，要不上网一查就麻烦了。总结起来，张骞这一趟出使13年，被扣11年，没有完成任务。却了解了西域各国的风土人情，山川地理。西域30国最大的乌孙国人口62万，最小的楼兰1万4千人，这些小国都想跟汉朝往来，于是张骞第二次出使西域，与各国建立了友好的关系。

公元前60年，西汉设置西域都护，标志着西域正式归属中央政权。那时是汉武帝的孙子汉宣帝神爵三年。史实说明，新疆自古以来就是中国的领土，是中国不可分割的一部分，从公元前60年，到现在是两千多年了，怎么能说是东土耳其斯坦。后来西汉末年王莽篡汉，接着农民起义，东汉建立，国家乱套。中原王朝对西域地区鞭长莫及，西域才又被北匈奴控制，但和东土耳其斯坦八辈子不搭界。

班超号航母

东汉明帝时班超经营西域，西域与内地的联系又开始加强。班超一家子都非常牛，他哥哥班固是史学家，写《汉书》的；他妹妹班昭是皇帝嫔妃的老师，后来写女四书，就是《女诫》，很了不起；他爸爸班彪也是史学家。他自己一开始给官府抄抄写写，用的也是笔，后来想大丈夫建功立业当在疆场，于是弃笔从戎，带了36个人通西域去。

第一站到了鄯善国，国王对他特别好，大汉来使，五星级宾馆，美女服务员。过了几天，五星级宾馆改招待所，美女改老妈子了。班超一琢磨，这是匈奴来人了。就揪住服务员问匈奴人住哪儿。服务员不禁吓，以为汉使什么都知道了呢，就全吐露了。匈奴人有300多，驻在何处，全盘托出。班超一听，那不行，得把匈奴人干掉。所谓不入虎穴，焉得虎子，不是你死就是我亡，于是趁着月黑风高，一部分人在匈奴驻地放火，另一部分人手持弓箭，等着没烧死的跑出来射，36汉人杀了300多匈奴人。鄯善王吓坏了，这哥们儿真厉害，不听他话我也得完，我的军队你拿去用吧。如此，班超等于用西域各国的军队巩固在西域的统治，拿鄯善的军队一国一国打下去，把各国都打服了。

班超做西域都护期间几次上表"乞骸骨"，即希望有生之年能生入玉门关，皇上也几次批准，但是西域各国人民极力挽留他。于阗国军队总司令为了拦他的马头拔刀自杀，死在他跟前，班超一看出人命了，没法走，所以他一待就是30多年。可为国尽忠了这么多年，也得尽孝，得死在家乡、埋回祖坟，所以最后皇上把他召回，他死的时候70多岁。班超死后，儿子班勇接着在这儿干，父子两代做西域都护50多年。

东汉有两位名将，一个是班超，另一个就是平定交趾的伏波将军马援。这两位名将为中国的领土的完整作出了相当大的贡献。交趾就是今天的越南，它自古以来都是中国的领土，到五代十国的时候才独立的，在明朝一度又被并入了中国的版图，叫安南布政司，后来30多年又独立了。

班超和马援由此成为中国最早的民族英雄代表，唐人有诗"伏波惟愿裹尸还，定远何须生入关"，"马革裹尸"就是伏波将军提出来的，定远侯是班超的封爵。蔡锷将军病逝的时候，孙中山先生给他写的挽联就是"平生慷慨班都护，万里间关马伏波"，用班超和马援来比喻蔡锷。这两人可说是民族英雄，而且是成功的民族英雄。中国人好像是同情弱者，崇拜的英雄大多是失败的英雄，比如岳飞、文天祥，这些英雄宁死不屈，没几个能真的救国，往那一死没用。其实应该多崇拜成功的英雄，这种人宣传得太少，像班超平定西域，薛仁贵平定朝鲜。

有人说中国的第一艘航母应该命名为岳飞号，岳飞号、文天祥号意义多不好，都是失败的英雄，不如命名为班超号。

走丢的子孙

两汉时期对外关系的一个突出特点是以中国为中心的东亚文化圈日益扩展，影响远及欧洲和非洲。东亚文化圈基本上以汉字为代表，所以又叫汉字文化圈。

先说与朝鲜的关系。

秦汉之际，"燕齐赵人往避地者数万人"，意即数十万中国人迁入朝鲜半岛躲避战乱。朝鲜历史上的第一个王朝就是商纣王的叔叔箕子建立的。商纣王有三个有名的叔叔，比干因为劝谏被挖掉七窍玲珑心，后来成了文财神；微子投降了周朝，成为宋国的开国国君；箕子带领族人出奔朝鲜，想保存殷商一脉。箕子在朝鲜被周朝封为侯爵，成了朝鲜历史上最早的国家，长达一千多年，传了20多代王。朝鲜民族至今还有箕子的遗风，商人尚白，今天朝鲜半岛传统的衣服还是白色的。商朝国王穿白，夏朝是红的，周人尚黑，秦汉也穿黑，皇帝穿黄是从唐朝开始的，此前都是黑红两色比较酷。

燕国人卫满领着族人到了朝鲜，干掉箕子朝鲜的末代王，建立了朝鲜历史上的第二个王朝，卫氏朝鲜，存在了一百多年，又被汉武帝消灭。汉武帝灭了卫氏朝鲜之后，在朝鲜北部设立了四个郡，其中有一个郡的治所叫平壤，沿用至今。汉城改名为首尔了，就是为了找点心理平衡，但是平壤没有改，用的还是中国名。

北部朝鲜本都是中国人，后来兴起了高句丽人，也是中国境内的少数民族。高句丽立国700年，前400年都城在吉林，后300年迁到了平壤。韩国现在整天跟我们争高句丽，说是他们的民族，中国把高句丽在中国的王城、王陵申报联合国人类文化遗产，把韩国气得够戗，说咱是文化帝国主义。可这东西都在我们中国境内，就是我们的地方政权。今天的韩国人就是半岛南部的土著，和北边中国的后代不断混血才形成了韩国民族。

半岛南部的三韩：马韩、辰韩、弁韩，其中辰韩衣冠文物有类中华，因此被称为秦韩。韩本身是大的意思，大族大部落，三韩就是三个大部落，每个大部落里面也分N多个小部落。他们没有文字，用中文来表音就挑中了“韩”字，战国七雄的韩国跟它没有关系。2006年夏天在工会大楼，我去参加首届中日韩和平教材交流会，一到韩国代表发言，我就把同声传译摘下来，听韩语，后来我发现了，韩语凡是高雅的词，比如说民族主义、爱国主义、谈判，全是汉语的发音；厕所、猪、狗是自己的语言。所以韩国在1970年废除了汉字，现在要恢复，最起码它的路牌上都是英、韩、汉三种文字了。要不恢复汉字的话，不说别的，韩国人同名同姓的就多了去了，姓金的就占了一半。如果用汉字不会重，用汉语搞成拼音就不行了，我从小到大认识8个叫张颖的，但是那个字可能有的不一样，有的底下是一个禾，有的是影子的影，可拼音念起来全一样。韩语是拼音文字，势必要恢复使用汉字，在古代朝鲜不懂汉字就只能种地，没法做官。

越南当时也是中国领土。

东汉初年，越南的一对姐妹，征侧、征贰起兵叛乱，伏波将军马援率军平定，擒杀二人，后来越南独立之后，就把二征视为民族英雄，给她们建庙。越南人说历史上我们侵略过他们，这其实就没有历史常识了，他独立是后来的事，当时是中国的一部分，属于中国领土，那会儿不叫侵略，叫平叛。

日本。

这个国家按它自己的皇国史观有2600多年的历史了，它第一个天皇神武天皇是天照大神的孙子，就是太阳女神的孙子，太阳女神派自己的孙子统治神国日本，也不知道她孙子犯了什么错给扔这儿了，多火山、多地震。孙子继位于公元前660年，大概与齐桓公同时，公元前7世纪。可是据考古发现，公元前3世纪，日本还在石器时代，结果石器时代再往前4个世纪他就有天皇了……从神武天皇开始算，传到今天平成天皇是第125代，这个明显有点扯。而且算出来日本前多少代天皇，都是活150岁，在位100多年，成仙了，这个别人编都不敢编。

日本在公元前3世纪，相当于秦始皇统一六国前后过渡到了铁器时代。中国的过渡用了上千年，世界主要民族从石器时代过渡到铁器时代都经过了成千上万年，日本不到100年就过渡完了，唯一合理的解释就是学的中国人和朝鲜人。在日本九州岛的北部，也就是日本的福冈县有两个小国，一个叫委奴国，一个叫狗奴国，这两国打仗。其中倭奴国王（其实那也不叫国王）遣使朝贺，这是东汉光武帝时。光武帝一高兴，赏他一颗金印，有印文：汉委奴国王，今天到福冈满大街都卖这个复制品。真品是日本一号国宝，18世纪80年代的时候挖掘出土的，刨出这个的农民得了20两银子的赏金，古代日本20两银子相当于现在多少亿日元。

这个龟钮金印是赐封诸侯王的，咱们对这么一个小部落，给他一个印玩儿去吧，说明你是我的臣子。汉朝也不会去那么老远，他们过来也不容易，他们给皇上进贡了十根竹棍子，十卷麻袋片，十名生口（男女奴隶），光武帝龙心大悦，居然有身高不到1米5的成年男子，好玩儿。

中国的铁器、铜器、丝帛传入日本时，日本没有玉玺。天皇的国玺是明治维新以后才有的，天皇就凭三件神器即位：一把剑，一面镜子，一块勾玉，其实也是复制品。草雉剑（供奉在热田神宫），九咫勾玉和一面铜镜。他为什么把剑、镜、玉作为天皇的象征，可见这些东西刚刚传入日本的时候非常珍贵。现在每个新天皇即位还要接受传国神器三件，实际上据说已经不全了，早在宋朝时候他们打仗就丢了一个。所以像有良心的日本人，都说中国是日本2600年文化的母亲。

再说一下丝绸之路。[见图2-14, p72]

从长安出发，经河西走廊、玉门关、阳关、敦煌，往南可以到达身毒、大秦；最北的那条路线可以到达里海，即今天俄罗斯、伊朗和哈萨克斯坦交界的地方。通过丝绸之路，中国的铁器、丝绸、养蚕缫丝技术、铸铁术、井渠法、造纸术先后西传，佛教也通过丝绸之路传入中国。与此同时还有一条汉武帝时开辟了的海上丝绸之路，从广东沿海港口出发，然后向西，经印支半岛、马来半岛，出马六甲海峡，到达孟加拉湾沿岸，最远到达印度半岛南端。

6 史上最牛的知识分子集团

个个有前途

秦汉时期的文化第一个特点是统一与多样化有机结合。秦朝建立统一国家，汉朝独尊儒术建立统一思想文化，同时秦汉又是多民族国家，所以统一与多样化相结合。

第二是中外文化交流空前频繁。

第三，水平居于世界先进行列，属于世界第一的发达国家。

第四，气势恢弘。中国文明，博大精深，在广度和深度上，都是令人感到可喜的，特别是这种气势。你看韩国、英国和德国也有长城，但是他们的长城叫做 Long Dist Wall（很长的墙），只有中国的长城才能叫做Great Wall。英国的长城叫哈德良长墙，哈德良皇帝防止北方蛮族入侵修的，德国是罗马人防日耳曼人修的，韩国是防契丹人修的长城，那才几百公里，上千公里了不起了，中国的万里长城，气势恢弘，闹着玩呢！韩国人说韩国文化不追求宏大，追求的是精巧，你倒想追求宏大，别说你横着修，竖着修也修不来啊。朝鲜号称三千里江山是竖着量的，只能修十分之三，要不然就往海里修。

秦汉时期虽然没有什么哈勃望远镜，但科学技术也很发达了。

首先是天文：汉武帝时颁布太初历，正月为岁首。从前夏朝以正月为岁首，每年1月1日过新年，到了商朝改到了12月1日，周朝改成11月1日，秦朝改为10月1日。所以秦朝9

月末是除夕，春节是10月1日，应该过国庆，它过新年。陈胜吴广起义9月爆发，来年的11月失败，其实就俩月！因为9月是最后一个月，11月是来年的第二个月。要不懂秦朝的历法，农民叔叔陈胜吴广真了不起，坚持了十好几个月，扯，那会儿农民起义哪有那么长时间？两个月就完蛋了。

到了汉武帝的时候又改回去了，还是以正月1日为岁首，一元复始，大家比较习惯。以后朝代不管怎么更迭，这个1月1日过新年，没人再琢磨改它去了，再说改它也不合适了。

西汉有世界公认的关于太阳黑子的最早记录，然后东汉张衡又对月食作了最早的科学解释，那不是天狗吃月亮。张衡还发明了地动仪，遥测地震方向。今天这玩意儿没用了，地震一发生，第一时间就知道了，两个钟头之后温总理就去了。它是遥测地震方向的，不是预报地震的，这仪器美国也没有。

东汉的华佗发明麻沸散，这是一项世界之最，世界上最早的麻药。中医好像不太主张给人开刀。但是比如说阑尾炎肠穿孔了，扎针没有用，采草药更没用，那就得开刀。欧洲那时候开刀是灌酒，灌一升，酒量小的一口气就灌死了，酒量大灌到肚子要爆还没醉，还很清醒，干脆四肢固定，给一棒子，于是盲肠被割下来了，生命也被上帝召唤走了。那时候开刀中国人死亡率比较低，非常可惜的是麻沸散后来失传了。

另有一个撰写《伤寒杂病论》的医圣张仲景，不过他好像没有华佗名气大，好多药品商标是华佗牌，张仲景牌的少。张仲景像是医药大学的教授，华佗像是临床的主刀，侧重点不太一样。

我国还是世界上最早发明纸的国家，西汉前期已经有纸了。纸发明以前，祖先把文字写在龟甲、兽骨上，叫甲骨文，后来写在竹木简和帛上。比如说书分上下册，这个“册”字证明我们祖先曾经把字写在竹木简上，一本书多少卷，说明祖先曾经把文字写在帛上。如今这种装订方式的书是从宋朝开始的，唐朝的时候，纸本书也是一卷，拉起来十几米长，所以读书的时候有一个小案子，就像一个卷书器，一点点弄出来看。孔子五十读《易经》，《韦编三绝》，竹简书形式是拿皮条给它编起来的，孔子读书把串书的皮条翻断了三回，它太沉了，也不环保，要不怎么中国的森林太少了呢。大文豪东方朔给汉武帝上了一道奏章，洋洋洒洒170斤，两个人抬进宫去的。这老哥写了多少字不知道，只知道170斤。当时帛很贵重，一般舍不得拿它写字，于是西汉就造纸了，虽然不太好使。

到了东汉蔡伦改进了造纸术。[见图2-15, p72]

蔡伦是个宦官，宦官一般没什么好人，只有两个不错的，青史留名，蔡伦和郑和。蔡伦造纸有功，封龙亭侯，侯爵的最低一级。造纸术在四世纪传到了朝鲜、越南、日本，八世纪传到中亚、阿拉伯、非洲、欧洲。中国的造纸术传入以前，印度人是把文字写在树叶上，佛经写在树叶上，叫贝叶经，谁要有那玩意儿珍贵极了，唐三藏从印度取回来的经就是这种经，这个地儿潮就烂了，这个地儿干就碎了，不便于保存。所以印度人对自己300年前的事不了解，并不是不注重修写历史，而是叶子都没了，历史最终由传说构成。欧洲人当时是写在羊皮纸上，其实就是羊皮，您写一本书，举国吃十年羊，全国没羊了。所以中国的造纸术的传播对世界文化发展的贡献是相当大的。

儒家进化论

西汉的董仲舒和王充反映了两汉时期两种截然不同的哲学观点。

董仲舒认为天和人息息相关，要用儒家思想统治天下。儒学的核心是天人感应，君权神授。儒墨道法四家，最开始得宠的是法家，结果造成了秦朝速亡，“仁义不施而攻守之势异也”。最起码不能全用法家。墨家是肯定不能用，这个选举天子制度，哪朝也赞成。那就剩道家和儒家，所以汉初70余年实行黄老之术，推崇道家思想，清静无为，任其自然发展。结果国家强大，经济恢复，老百姓安居乐业，诸侯王势力坐大，匈奴威胁。朝廷什么都不干，地方豪强什么都干，这么看来道家也不行。

于是就只剩儒家可以选择了。儒家可以煽惑百姓，仁政，民贵君轻，但是它太强调百姓，强调民，忽视了君，所以董仲舒应运而生。他把儒家思想改造了，就是天人感应。其实“子不语怪力乱神”，孔子不说神神鬼鬼的东西。你要问孔子人死了之后怎样，孔子会很不高兴。“未知生，焉知死”，儒家思想只讲究活着的时候怎么做一个君子，圣人，活得好就不错了，死后的事我们不讨论。其实也代表了孔子“知之为知之，不知为不知”的实事求是的态度，死后的事确实不知道，你对鬼神只要“敬而远之”就行了，要有崇敬之心，祭祖上坟什么的要去，然后离他远点，别老挂在心头念在口头。

所以董仲舒一不老实，就把孔子的意思改造成天人感应，“道之大原出于天，天不变道亦不变”。皇帝是代表天道，任何人都要服从，皇上一看这个思想太好了，用！而法家的思想不是这么说的，它是说，老师现在告诉你们，你们每个人都要认真听课，谁不听谁滚，因为我是老师。儒家则说，老师告诉你们，一定要听，因为我讲的高考特有用，你们准能考上一流大学。一个说的是法家思想：我是老师，所以你得听我的，不听滚；第二个是儒家思想：你要听我的，因为我为你们好。

对百姓也是这样。法家是，要尊重天子听皇帝的话，不听把你脚剁了，人跑越南去了，你怎么剁啊。儒家说，你要尊重他，他是天子，他代天行生生之道，要是不听他的，必遭天谴，一个雷给你劈了，跑南极也劈。这样一来，你得服从天子吧，皇上如果失德，苍天就会示警：干旱、山崩、地震。苍天示警了，皇上就知道自己做坏事了，于是斋戒沐浴，下罪己诏，把自己臭骂一顿。老百姓觉得这个皇上不怎么样，你就祷告吧，老天爷，你儿子太坏了，你赶紧把你儿子收走吧。50年后皇上驾崩，当然你能熬上50年的话，你的祷告就算应验了。

所以罢黜百家，独尊儒术很牛，跟焚书坑儒有一拼，但这个时候的“儒”跟孔子的“儒”已经不一样了，实际上变成了外儒内法。汉宣帝的时候，就曾经非常高兴地说，汉家有制度，霸王道杂之。霸道就是法家，王道就是儒家，这已经不是孔子所提倡的那种思想了，朝廷不管那个，只强调要为巩固统治，为政权服务就行。

莫管身后事

跟董仲舒的思想不一样的是王充，王充的思想体现在《论衡》一书。他认为万物由元气构成，元气是物质，物质构成论，当然是唯物的了。他反对天人感应，反对有鬼论，反对厚葬。“天行有常，不为尧存，不为桀亡。”老天的运行是有自己的规律的，该冬天就冬天，该夏天就夏天，跟尧贤桀戾也没关系，不是说尧在位就天天风调雨顺，桀在位就天天地震，它有自己的自然规律。

他从反对有鬼论出发，反对厚葬。

中国的古墓，十墓九空，所有重大的考古发现都属于抢救性挖掘。为什么十墓九空，因为中国的盗墓事业欣欣向荣，几乎可说是中国最古老的事业了。行业如此发达的原因就是厚葬，中国人视死如生，把死人当活人对待，墓穴里微波炉热水器全都放进去，当然有人刨。埃及法老王弄那么大个金字塔，当然也有人刨，指不定能刨出几百个微波炉。

欧洲人的墓就没人刨，欧洲中世纪的国王葬在教堂里面，一个石头棺材，一身衣服，一把宝剑，刨他干吗？现在就更加简单，用膝盖想都知道，挖开之后是一本圣经，这个家家都有，然后一套西装，你敢穿吗，你知道他怎么死的？所以那边没人盗墓。

反观中国，前些年那个老山汉墓开挖，中央电视台现场直播，是重大考古发现，想着应该有金缕玉衣、黄肠题凑。最后吹了，还没进墓室就看到王后在地上躺着，成了化石，证明早就被盗了，而且不是现代盗的，恨不得刚埋完就盗。皇帝陵那盗墓的专用工具叫洛阳铲，因为洛阳周围古墓多，所以说别厚葬，没有用。隆重的葬礼其实是做给活人看的，瞧我多孝顺，我对我爸多好，他活着的时候你对他好点不行吗？有的地方那风俗，老太太一死，所有的闺女得给她做被子，绸缎的被子一床床地塞进棺材里去，最后塞得老太太搁不进去了，这何苦呢。那么好的被子，她活的时候盖过吗，活的时候烂棉絮，死了再给她盖崭新的被子，搁在地下让水沤着，让土埋着。所以王充当时就看到了事情的本质，他的唯物主义思想很有意义。

印度人东来

西汉末年，佛教传入中国。佛教创始人是乔达摩·悉达多，古印度迦毘罗卫国王子，释迦部落的王子，薄王业而不为的大丈夫。他目睹众生皆苦，29岁那年舍弃一切出家，苦修六年，35岁证得无上菩提。然后在人间传法45年，80岁涅槃。

佛教在公元前2年传入中国，不知道为什么没有传开。东汉明帝永平十年，公元67年，派了几个人去求佛法。行至今天的克什米尔，遇到了两位高僧，摄摩腾和竺法兰，于是就邀请这两位高僧以白马驮四十二章经东来，并在洛阳建立了白马寺，佛教开始在中土弘传。今天印度反而没有人信佛，七世纪婆罗门教复兴，十二世纪穆斯林入侵，今天印度人除了印度教徒就是穆斯林，佛教徒基本绝迹，有也混不下去。

佛教分成南传、北传、藏传三部分。南传佛教即东南亚国家的小乘佛教；北传佛教就是像中国、朝鲜、日本、越南的佛教；藏传佛教就是中国西藏、不丹、尼泊尔的喇嘛教。到今天中国实际上已经成为世界佛教的中心，因为四大菩萨的道场都在中国，五台山、九华山、普陀山和峨眉山。释迦牟尼佛圆寂之后，他的遗体火化，烧出84000舍利，据说至今还有13块舍利留在人间。佛牙舍利子全世界只有两枚，一枚在斯里兰卡，一枚在西山八大处灵光寺里面。佛指舍利全世界只有一枚，安放在陕西法门寺的地宫里面，一千多年之后才被发现。佛指舍利无论拿到哪里去供奉，都是万人空巷。有人问法师，说释迦牟尼死了两千多年了，他有什么法力，他能把孙悟空压在哪儿吗？法师一指20多万人跪在路边，顶着香，燃香供佛，这就是释迦牟尼的法力。死了两千多年了，这么多人崇拜他，你换了别人试试。所以影响世界的100个名人，第一是穆罕默德，第二是耶稣基督，第三是释迦牟尼，第四是爱因斯坦。排前面的全都是教主，受影响的人相当多，穆罕默德排第一就是因为多达55个国家以伊斯兰教为国教。

司马氏日记

西汉史学家司马迁写出了中国古代第一部纪传体通史《史记》，记录了从轩辕黄帝到汉武帝两三千年间的史事。《史记》以人物传记为主，写得十分好看，其中的《刺客列传》有经典武侠小说的风骨。除此之外的史书还有编年体，一年年写的；还有纪事本末体，顾名思义写事的，只有史记是属于纪传体。

司马迁写事都很准确，刘邦、项羽他们俩干什么，刘邦怎么想的，项羽说了什么，司马迁都不在场，这事就等于是他虚构的。但是这个虚构的一定要符合人物的身份，不能瞎编，不能说刘邦能扛鼎，项羽怕老鼠。一定得符合人物的身份，比如秦始皇出巡天下，仪仗队非常壮观，刘邦、项羽都在“欢迎，欢迎，热烈欢迎”的人群当中。但两人看到了秦始皇的仪仗之后，说的话是不一样的。项羽是楚国名将项燕之孙，文武双全，盖世无双，所以他看完就说“彼可取而代之”。不屑一顾，没什么了不起，老子推翻你，我来代替你。刘邦是亭长，居委会治保主任，他说的是“大丈夫当如是也”，表示太羡慕了，你看人家这一辈子没有白活，我什么时候能这样。完全符合两人的身份。反观现在的有些历史剧，简直没法看，就是瞎编的虚构，不符合人物的身份。

东汉的班固，强人班超的哥哥，写了第一部纪传体断代史《汉书》，说的是从刘邦建汉到王莽篡汉的西汉一朝的历史。而西汉的《史记》从轩辕黄帝一直写到本朝的汉武帝，可见司马迁很猛，直接敢说老大的不是。

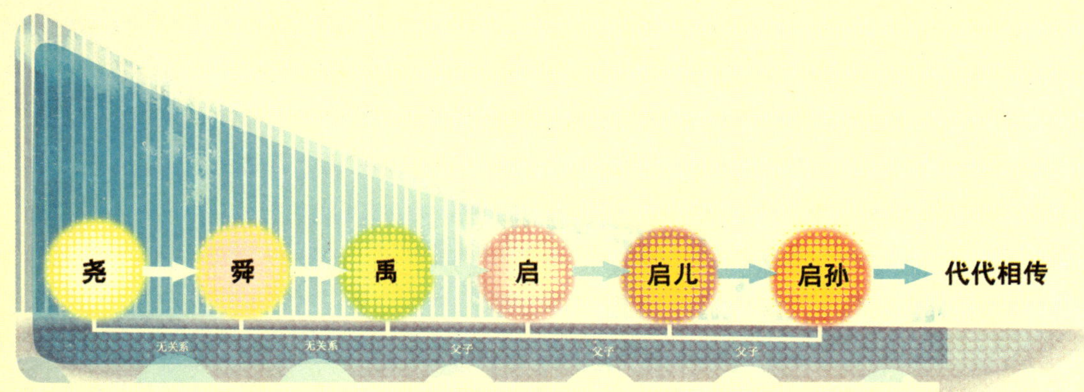

1-1 禅让制转变成王位世袭制

尧传舜，舜传禹，都是禅让制，但也就禅了这么两禅，从禹传给自己儿子启，启建立夏朝开始，禅让制转变成了王位世袭制。

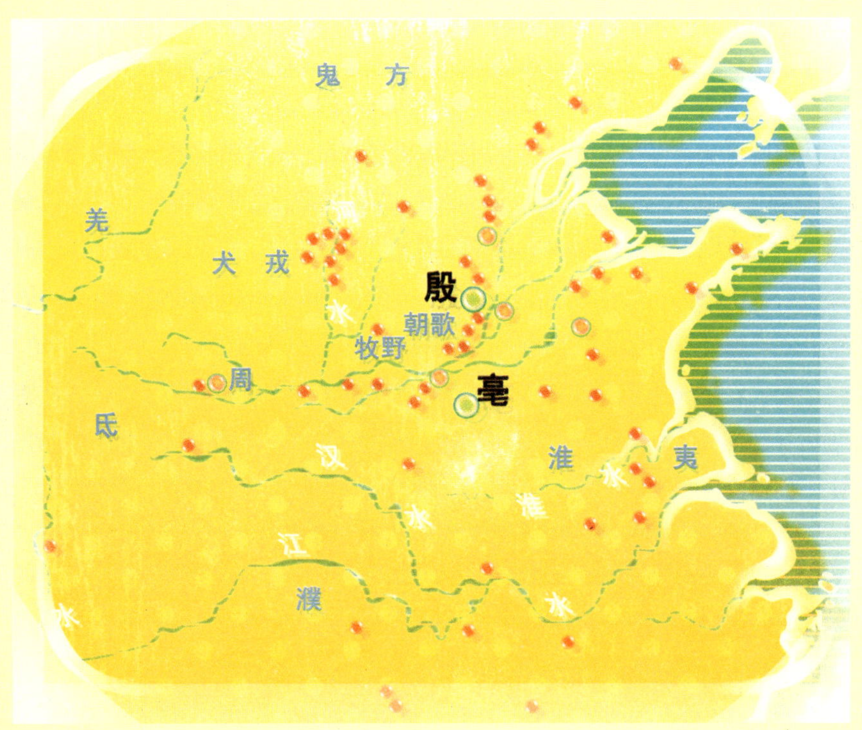

1-2 商朝形势

商朝是有史可查的第一个王朝，以亳为都城。商朝前期屡次迁都，中期商王盘庚把都城迁到殷，从此稳定下来，因此商朝又叫殷朝。商朝是当时世界上的大国，周围还有一些属国。

1-3 西周王朝和周边民族形势图

周朝就已经是人口众多，幅员辽阔的一个大国，比当时的欧洲国家要大得多。

1-4 周朝军队和斯巴达军队战士对比

咱们可是150万平方公里，上千万人口，西方人根本无法想象，在遥远的东方有这么大一个国家，150万平方公里什么概念，就好比人家说一光年有多远，咱们也想象不出来一样。

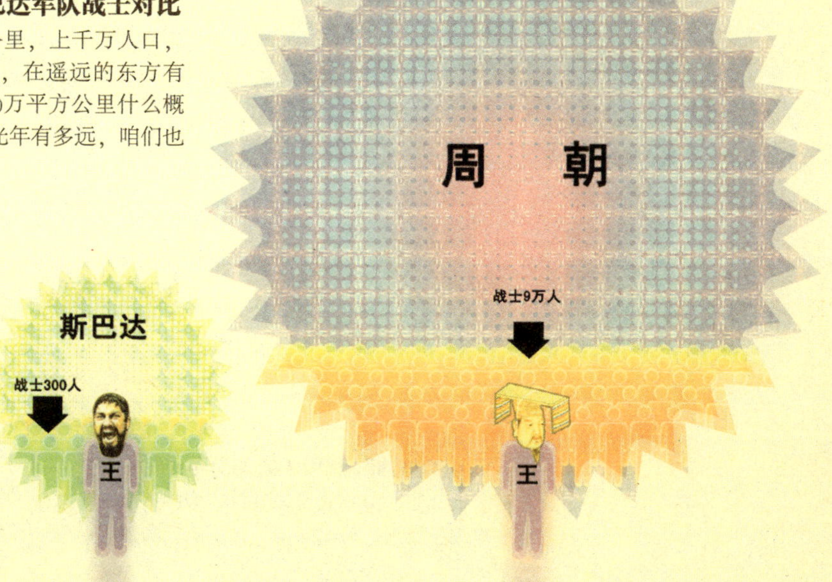

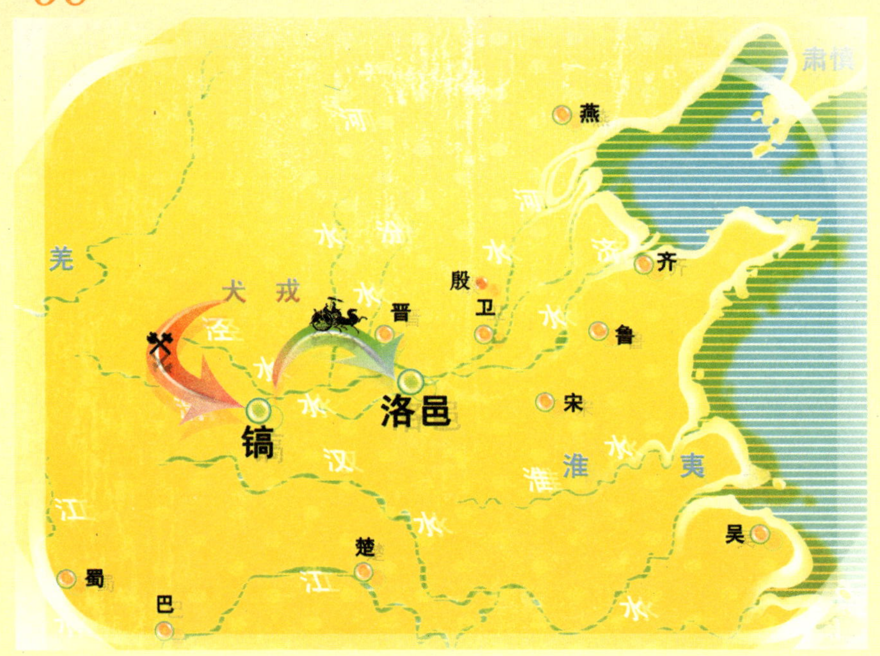

1-5 犬戎灭西周

西周幽王宠幸美女，他想立美女生的那个孩子为王，把原来太子给废了，太子姥爷一急，把犬戎给领来了。犬戎是野人，来自中原周围，是蛮夷戎狄。结果就这帮犬戎把周朝给灭了，这是第一个被少数民族灭掉的华夏政权。

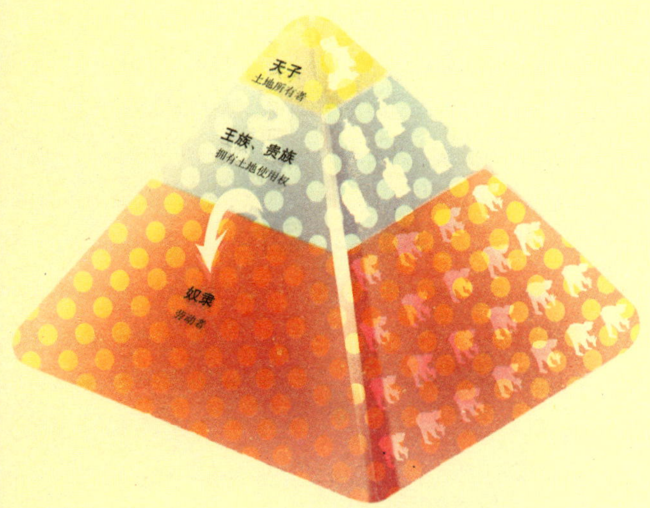

1-6 西周时期的井田制与分封制

周朝搞分封归根到底是要跟它的生产力水平相适应。那么大的地方，国王想管也管不过来，只能顾得上首都周围的那些地方，其他地方封给功臣们，让他们去管。

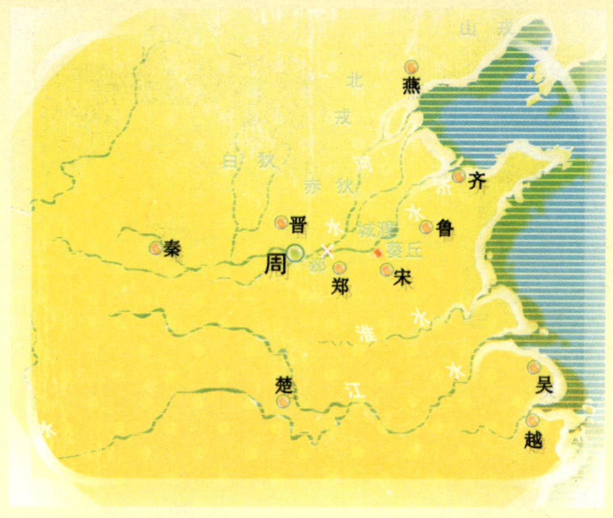

1-7 春秋大国争霸

春秋的主要矛盾体现为南北矛盾，具体就是晋楚两国的矛盾，晋在北边，楚在南边。

1-8 春秋五霸

从公元前七七O年到前四七六年，历史上称为春秋时代。陆续称霸的齐桓公、晋文公、楚庄王、吴王阖闾和越王勾践组成了俗称的春秋五霸。

1-9 战国兼并形势

到了战国，诸侯之间的兼并战争更为频繁，政治格局变化无常。主要是东西矛盾，秦国跟山东六国，或者叫关东六国的矛盾。

汉族服饰

少数名族服饰

汉代皇帝服饰

唐代皇帝服饰

明代皇帝服饰

1-10 汉族和少数民族服饰对比、汉代皇帝及唐代、明代皇帝服饰比较

生产关系需要适应生产力的发展，穿衣打扮也是一样，不方便工作的，咱就换，可见放弃也是一种进步。

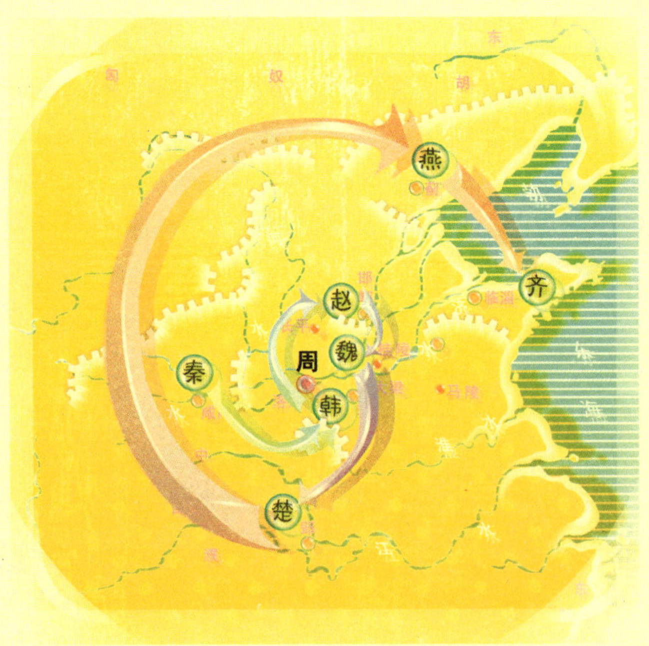

2-11 秦王扫六合

公元前221年秦国灭掉了六国，就像推倒多米诺骨牌，离他近的就先灭了，韩国国小力弱，先灭掉韩国，然后是赵国、魏国，楚国强，但事先已经被打过一回了，首都都给攻克了，屈原都投河了，楚国已经很虚弱了，所以简单就灭了楚国。燕太软。最后灭了最远的齐，齐实力很强。秦始皇采取骗人战术，骗齐王田建让他做东帝，田建非常高兴，各国求援他都不救，结果那五国一完，秦国就把他给灭了。

2-12 秦始皇功过比拼

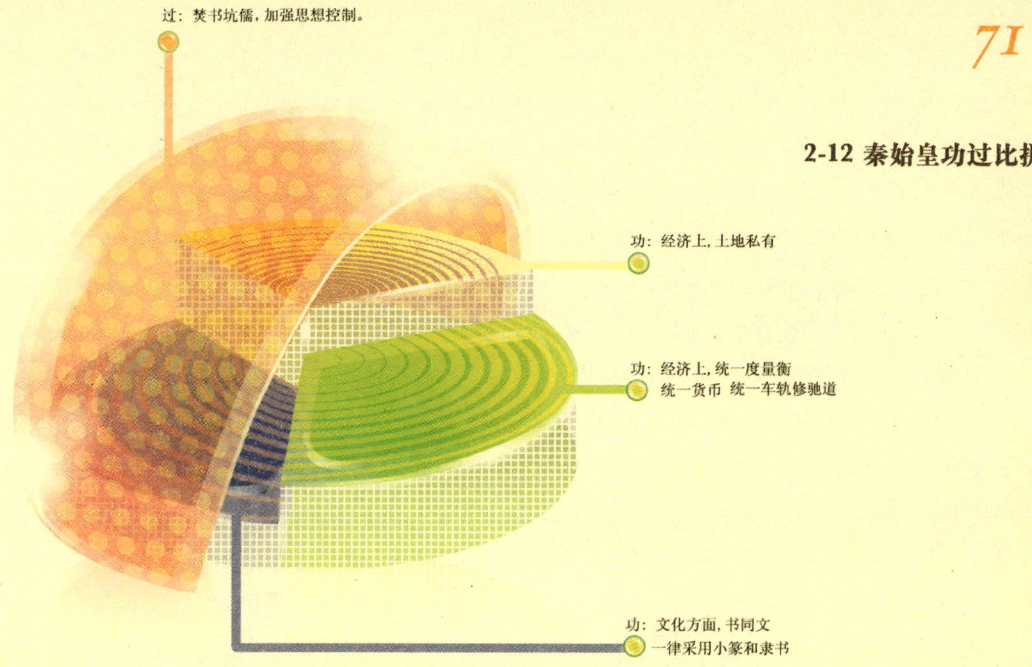

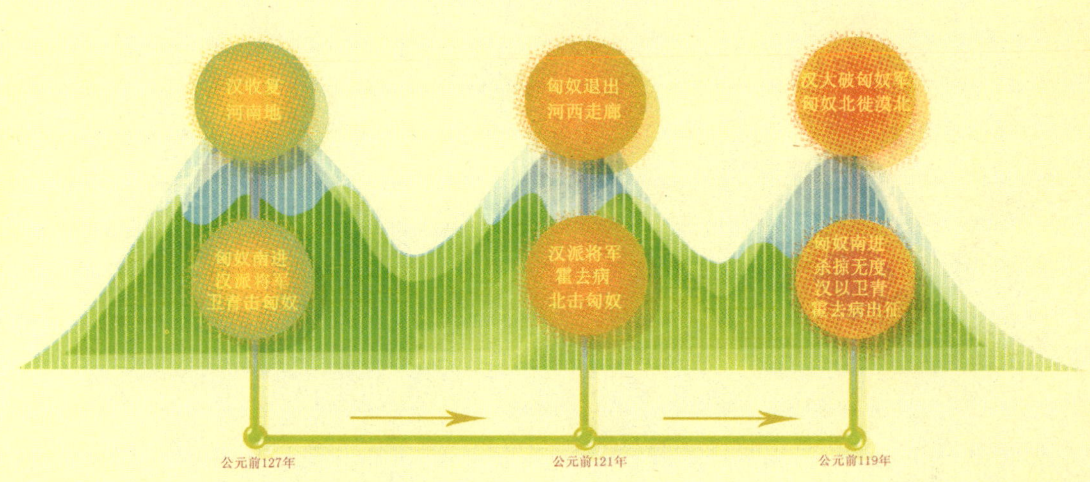

2-13 汉武帝时西汉与匈奴的三次大战

西汉初期，匈奴不断南下进攻，鉴于国力有限，汉政府不得不与匈奴和亲，并进行贸易往来。汉武帝时，西汉依靠强盛国力，对匈奴展开了长达十年的军事反攻。其中，卫青、霍去病率兵与匈奴进行了三次大战，匈奴受到重创，被迫迁徙漠北。

2-14 丝绸之路

丝绸之路的开通是划时代的重大事件，中国与中亚、西亚、南亚诸国进行了频繁的经济、文化交流。中国的铁器、丝绸和养蚕缫丝技术，以及铸铁术、井渠法、造纸术先后西传。两汉之际，佛教也通过丝绸之路传入中国。

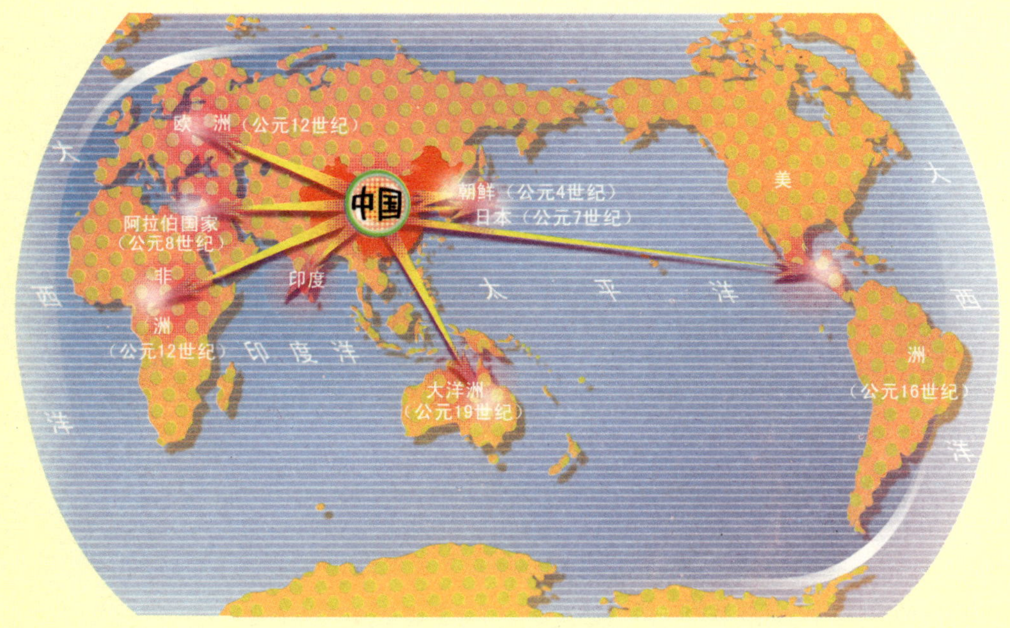

2-15 造纸术外传示意图

4世纪起，造纸术传到朝鲜，后来又传到越南和日本；8世纪传到中亚，后来经阿拉伯逐步传到非洲和欧洲，为人类文化发展作出了巨大的贡献。

第三章 三足鼎立 南北对峙

三国 两晋 南北朝

1 三条腿的凳子最稳定

宦官斗外戚

东汉中期以后，皇帝即位时大多年龄幼小，从汉和帝开始一连八个小皇帝，即位的岁数最大的8岁，最小的才100多天。还有两岁就驾崩的——就是汉殇帝，谥法里短折不成曰殇，活了不到两年，当然短折不成。这种皇权低幼现象形成了外戚和宦官轮流控制朝政的局面，政治一片昏暗。

宦官从明朝开始叫太监，刑余之人，六根不全，看着正常人娶妻生子，本来就刻骨仇恨，心理阴暗之人一旦掌权，必然疯狂报复社会。所以外戚、宦官是统治集团中最黑暗的两股势力。皇帝年幼时一般由太后主持朝政。古代女子无才便是德，二十几岁的小寡妇，头发长见识短，处理朝政只能靠父兄，小皇上自幼看姥爷舅舅的眼色做人，长大了之后自然不甘心，一门心思要干掉姥爷舅舅。

但满朝文武都是姥爷舅舅提拔上来的，支使不动，就只好靠身边的宦官。因此形成这么一个特点：皇帝年幼，外戚掌权。皇上长大后，靠宦官杀外戚，宦官掌权。没几年皇上嘎嘣儿了，小皇上一即位，又是外戚掌权，小皇上长大了，又是宦官掌权。如此循环反复。

东汉后期，土地兼并严重，统治腐朽，皇帝大造宫殿，广选美女，后宫花费每天要数百万钱。汉灵帝的时候，公开卖官，公一千万，卿五百万。地方官是肥缺，定价高，州郡长官两千万，还可以分期付款。花这么大价钱买官的人，一上任跟红眼儿狼似的使劲往自己怀里扒拉，得把本捞回来。老百姓落在这帮人手里，如果不想吹灯拔蜡，就只能跟他们白刀子进红刀子出了。

鼎足而三立

老百姓活不下去了，被迫铤而走险，于是在公元184年爆发了黄巾起义。利用五斗米道，一帮农民被这些神神鬼鬼的煽惑起来，势不可当。这一幕在以后的中国历史上反复上演，玩得最火的就属清朝的所谓“天王”，小学没毕业的洪秀全了。东汉朝廷费了老劲总算把黄巾起义给按下去了，可朝廷自己也一条腿进了棺材。

东汉时的刺史成为州的最高长官，拥有一切大权，也就为分裂割据奠定了基础。在平定黄巾的过程中，州郡的长官和地方的豪强，扩充武装积聚力量，互相攻杀。今天张大帅打李大帅，明天李大帅打王大帅，杀来杀去，形成了袁绍、曹操等一些势力强大的军阀。公元200年，双方在官渡决战，只拥有一州之地，但雄才大略，“挟天子以令诸侯”的曹操打败了占有四个州的窝囊废袁绍，为统一北方打下了基础。

此后曹操陆续消灭了一些军阀，基本上统一了北方，而后积极为统一全国作准备。

官渡之战中，〔见图3-16, p138〕刘备投奔荆州牧刘表，为谋求霸业，他边组建军队，边招揽人才。刘备曾三顾茅庐，从隆中请出了历史上最厉害的农夫——诸葛亮。由此势力迅速壮大，发展成为群雄角逐中的一股重要力量。

东汉末年，孙权继承父兄基业，以江东为根据地，竭力向长江以南扩展，占据今广东、福建及湖南大部地区。

208年，曹操南征。一开始他顺利地占领了荆州的一些地方，但在关键性的赤壁之战中，曹操在终场哨音响起之前，被对方灌进一球，以二十万大军，败于不足五万兵力的孙刘联军，退回北方。

赤壁之战〔见图3-17, p139〕是我国历史上以少胜多的著名战例，它促成三国鼎立格局的初步形成。战后十多年间，曹操向西北扩大了统治区域；刘备则出兵入蜀，占领益州，控制了西南的一些地区；孙权占据岭南，在东南扩展了统治范围。220年，曹丕废掉自己的舅子汉献帝，在洛阳称帝建魏，东汉灭亡。此后，刘备、孙权先后称帝做王，魏、蜀、吴三国鼎立局面正式形成。〔见图3-18, p139〕

曹丕建立的魏，史称曹魏。曹魏延续了曹操的统治方针，建国几年以后，曹魏国力进入全盛时期。后来，曹氏大权旁落，司马氏祖孙三代相继当权。

221年，刘备在成都称帝，国号汉，史称“蜀汉”或“蜀”。电视剧《三国演义》当中，诸葛亮的军队举的旗子上，写着斗大的“蜀”字，太搞了。就好比日本人举个旗子上面写着“倭”一样。谁把别人骂自己的东西印在军旗上啊，心胸宽广之人！刘备谥号可是汉昭烈帝，不是蜀昭烈帝。

刘备死后，其子刘禅继位，丞相诸葛亮辅政。刘禅因为小时候在长坂坡被赵云闷过，被刘备假摔过，影响了大脑发育，长大后什么事儿惨就办什么，现在快成了一句骂人的词了，成了傻子窝囊废的代言。实际上蜀国建立后，诸葛亮只活了九年，而蜀国存在了四十多年。诸葛亮活着的时候，连年出兵北伐，《出师表》里也说，“今天下三分，益州疲弊”，烽火频年，“国困民虚，决敌之资，唯仰锦耳”，打仗的军费只能靠卖布头了。打仗就是打钱，兵马未动，粮草先行，没钱的干不过有钱的，人扔原子弹，你扔手榴弹，找倒霉。

诸葛亮六出祁山，姜伯约九伐中原都以失败告终，关键就是后勤跟不上，皇帝不差饥饿兵，浑身是胆的赵子龙你饿他个三天四夜，还能在长坂坡前几进几出？以诸葛亮之大才为啥明知不可为而强为之呢？他的《出师表》里有一句："汉贼不两立，王业不偏安，不伐贼王业亦亡。"刘备建立的是汉，汉应该在洛阳，而不能在成都，如果不讨伐曹魏，蜀汉就没有生存的必要了。这就跟当年蒋介石嚷嚷反攻大陆一样，"中华民国"的总统不能老窝在台湾啊，又不是岛主，那成了黄蓉她爹了。

《三国演义》说，诸葛亮本来有几次能一鼓作气灭魏了，被弱智儿刘禅急召回来两次，说我思念相父了，特意召唤相父回来看看。诸葛亮又不是召唤兽，说来就来说走就走，就这样战事搁浅，诸葛亮一生气吐两口血，没几天就在北伐途中死于五丈原。虽然《三国演义》有虚构之处，但诸葛亮打仗晦气总是真的，失街亭、误军粮，这些都是老天不帮忙。诸葛亮死的时候五虎上将也都死干净了，姜维独力难支，于是宦官专权，国势逐渐衰弱，到263年蜀国被曹魏所灭。

孙权于222年称王，几年后称帝，建都建业。

值得一提的是，230年，孙权曾派将军卫温、诸葛直浮海求夷洲，加强了台湾与大陆的经济文化联系。这是古代文献中关于大陆人大规模到达台湾的最早记录。当时到了台湾之后，原住民茹毛饮血，断发文身，刺面凿齿。脸上刻上花纹，可能是为了吓吓野兽，把门牙凿下来就有点匪夷所思了。咋吃生肉啊！大陆最搞笑的饭店招牌——正宗台湾牛肉拉面，扯！这是正宗兰州人跑到台湾做出的拉面。台湾正宗风味应该是动物一刀砍下来分两半喝血。有史为证，只要熟的东西，一定是正宗大陆风味，都是移民过去的，陈水扁他们家就是清朝移民过去的。

孙权死后，孙吴内乱连年，日益衰落。

2　皇帝轮流坐　明年到我家

昙花五十年

265年，司马懿孙司马炎废魏称帝，建立晋朝，史称西晋。

司马炎即晋武帝。280年，晋武帝灭吴，统一南北。西晋的统一只是昙花一现，因为晋武帝并非雄才大略的君主，他是靠着爷爷老子夺的江山。只不过他的对手比他还不如，乐不思蜀的阿斗就甭提了，吴国末代君主孙皓残忍暴戾，经常无故杀人，不杀人就吃不下饭。晋军过江，吴国老百姓就跟1949年北平人民欢迎解放军似的。

晋武帝死后，继承者惠帝是个如假包换的大傻子。傻小子有一次听宫女议论外面闹灾，不少老百姓饿死了，这厮居然说，老百姓太傻，干吗非吃粮食，吃肉不就行了。晋朝开国，跟汉高祖一样，错误地总结了前朝灭亡的教训，认为是没搞分封的结果，于是大封同姓王，司马氏的王爷们个个手握重兵，造反条件十分好。统计一下，秦统一后搞分封的朝代西汉、西晋和明朝，出事的概率是百分之百。

晋惠帝昏庸无能，皇后丑八怪贾氏专权，惠帝那些握有军权的爷爷叔叔哥哥们发兵互相攻打，动乱迭起。混战就在首都进行，弓箭射到傻皇帝的宝座上，鲜血溅了傻哥们儿一身。这就是著名的“八王之乱”。除了家贼，还有外鬼，一直装乖孙的南匈奴起兵了，愣说自己是汉朝的外孙，要恢复汉朝江山。立的家庙里竟然供着刘邦和刘备，这老哥俩要是知道了，得气得在棺材里打挺儿。

311年，匈奴贵族与羯族等联军攻陷洛阳，俘虏晋怀帝（谥法里慈仁短折曰怀），史称“永嘉之乱”。316年，匈奴贵族攻破长安，俘虏晋愍帝（谥法在国遭忧曰愍）。愍帝与上一任怀帝一样，一对倒霉蛋。至此，西晋灭亡。

胡搞十六国 [见图3-19, p140]

西晋灭亡后，317年，西晋皇室司马睿，以建康为都城，在相对安宁的江南重建晋朝，史称东晋。司马睿即晋元帝。

东晋建立之初，为立足江南，抵御北方匈奴、鲜卑等贵族的进攻，统治者一方面加强内部团结，一方面实行休养生息，安抚北方南迁的流民。不久，江南出现“荆扬晏安，户口殷实”的局面。由于生活安逸舒适，一些原来还想返回中原的南渡士族，包括东晋最高统治者，再也无意北返，偏安于东南一隅。

东晋后期，土地兼并严重，农民赋税沉重。统治者为了遏制地方割据势力，大肆征兵，导致农民起义，东晋统治名存实亡。420年，掌握实权的东晋大将刘裕，废晋帝自立，东晋灭亡。

420～589年的170年里，中国南方政权更替频繁，先后经历了宋、齐、梁、陈四个王朝。这些王朝都在建康定都，史称“南朝”。

刘裕灭晋后，建国号宋，他就是宋武帝，在位时较有作为。宋朝30年间赋轻役稀，江南民殷国富，进入东晋南朝国力最强盛的时期。

陈朝末年，陈后主不思治理，境内田园荒芜，赋税繁重，百姓流亡，他依然纵情享乐。589年，陈朝灭亡。

东晋统治南方的时候，我国的北方和西南地区先后出现过十几个少数民族割据政权，史称这一时期为“十六国”。此后，439～581年，大约与南朝同一时期，我国北方先后出现少数民族建立的北魏、东魏、西魏、北齐、北周5个政权，历史上称为北朝。北朝与南朝长期对峙，合称南北朝。

十六国后期，鲜卑族拓跋氏建立的北魏强大起来。鲜卑族拓跋氏原来生活在大兴安岭北段，东汉末南迁，逐渐成为塞上的一支强大军事力量。4世纪后期，拓跋氏首领拓跋珪建立魏国，史称北魏。后来，拓跋珪消灭后燕，占领中原，建都平城。439年，北魏统一黄河流域，与南朝对峙。5世纪中期，北魏将南部边界推进到江淮一带，实力开始超过南方。

6世纪后期，北周武帝进行了一系列改革：政治上，加强中央集权，整顿吏治。经济上，释放奴婢，严惩隐瞒田地、户口的官僚大族；强制大批僧尼还俗从事农业生产。军事上，扩大兵源，灭北齐，统一黄河流域。周武帝死后，朝政日益混乱，大权落入外戚杨坚之手。

3 "士"不可挡

天生是废物

前面说过汉朝选拔官吏靠察举制，到后来发展成门第族望累世公卿，这样很不好。所以到了魏晋，就变成九品中正制。

朝廷设立一名大中正，它应该既中且正（所以蒋介石起名叫蒋中正）。然后各郡设立中正，负责评定人才等级，把人才分为上上、上中、上下，中上、中中、中下，下上、下中、下下，这么九品，所以叫九品中正制。只有被评为上品，你才能当官。要被评为下品，你就当不了官了。

不过，能被评为上品的，还是那些门第比较高的人，高门大姓，世代被评为上品。最大的高门大姓就是"昔日王谢堂前燕，飞入寻常百姓家"的王氏和谢氏。比如王羲之是右军将军，又称王右军，但他一辈子拿笔，没听说过他用剑用得出神入化的。他生来就是将军，因为是王氏。这些人世代垄断官职，老是他们家当官，就形成了大士族，而老当不上官那帮人变成了庶族。不是平民，不是农民，都是老当不上官的地主。

士族一生下来就是官，你要一生下来就是官的话，你还会好好念书吗？你现在已经一个月有一万五千块钱的工资，还在这念书干吗？这一万五打着滚花也花不完，打小坐着奔驰250上学，长大就是一个笨痴250。所以这些士族是什么也干不了，文不能提笔，武不能拿枪，宴会上作首诗都得别人代笔，连智商都退化了的一帮废物。

因为士族庶族是不通婚的，甚至不穿同样的衣服，不能共坐一席，所以士族老近亲结婚。王、谢、袁、萧、顾、陆、朱、张，就这八个姓老通婚，生来生去都是表哥跟表妹，舅舅跟外甥女，姑姑跟侄儿这种关系。越生越退化，祖孙三代长一个模样，肯定会脑残。而宋、齐、梁、陈各朝的开国君主都是武将，武将肯定是庶族出身，很鄙视生来就是高官的士族。所以庶族做了皇帝，不能容忍这帮孙子吆五喝六。

相互看不惯

刘宋的一个皇帝，他舅舅姓陆，非要拜访一个大士族王氏。皇上说你别去，自讨没趣。姓陆的说我是皇上舅舅，我非得去不可，就去了。到传达室一递名片，两个钟头没人理他，自个儿待着吧，在门口晒。他真有恒心搁那等，两个钟头之后，人家把买菜那个门开开了，进来吧！

进去之后，主人也没在正堂迎接他，而是在卧室，那是非常不礼貌的地方。主人背对着他，光着膀子躺着，小丫头给扇着扇子。他就在那站着，也没人给让座，也没人给递茶，站了一个多小时。主人一翻身，呦，这是谁啊？他怎么在这待着，他是谁？然后这个时候，仆人搬个胡床来，就是马扎，搁在这，给他坐下了。坐下来之后主人就问，你姓什么？他说我姓陆，陆××。过去给我们家养马的那个陆伯之是你什么人？陆伯之是我爷爷，他是养马的，后来立了军功了。怎么养马的孩子跑到我屋里来了？给我轰出去！仆人就给轰出去了。人刚一转身，就听那个士族，指那个马扎说，把这个拿出去烧了。

陆××回去就跟他外甥皇上哭诉，说你看我是你舅舅，怎么这么屈辱。皇上很生气，你打狗还得看主人呢！你管人家是不是养马的，人家现在是皇上舅舅了，你怎么这么招待人家！但是没办法，皇上只能和陆××说，你活该，我让你别去，你非去，我都惹不起他。皇上为什么惹不起他？因为姓王的一族全在朝里做大官，全天下的田，差不多60%都是他们的，他一族人经济、政治地位非常高。

随着后来士族这帮东西越来越衰落，庶族地主崛起，尤其魏晋南北朝，那个时候朝代更迭频繁，庶族打仗是最厉害的，都是庶族立军功，所以庶族势力越来越强大。

4 “汉化”辅导班

骗你去洛阳

来说说魏孝文帝改革的措施。

第一，改均田与租调，均田制与租调制。均田就是给人民分地，授田的农民要给国家交租和交调，租就是粮食，调就是布帛。该制度的作用在于逼着你去从事农业。因为原来的北魏是鲜卑人，属于游牧民族，现在分你土地，收你粮食和布帛，不收牛奶不收羊毛，等于是强迫你从马上下来，拎起锄头去种地。

第二，三长制，促进了农业和汉化政策。意思就是在地方设立乡、邻、里，改变了原来的宗主督护制，它的作用是加强中央集权。

第三，整顿吏治，给官员俸禄。之前北魏的官员没俸禄，一是容易贪污，国家不给，我自己拿！再有一个是他们爱打仗，没有俸禄我就出去打仗，一打仗我好抢。出于这两个主要原因，整顿吏治，给官员俸禄。官员不用拿国家的，也不用抢别人的，老老实实拿俸禄享受生活就完了。

第四，迁都洛阳。北魏的都城最早在盛乐，今天的内蒙古和林格尔，然后迁到了平城，平城就是幽云十六州当中的云州，今天的山西大同，位置也较偏远，最后才迁到洛阳。

但是这次迁都反对的声音很大，大多是他叔叔爷爷辈的守旧派老臣反对。他就想了个办法，说我要出兵伐宋（宋齐梁陈的那个刘宋，不是汉宋），要率30万大军征伐，各位爷爷叔叔们国之干臣，要跟我同去！于是30万大军就出发了。今天艳阳高照，大家歇歇，晒晒被子，扎营休息，明天雨雪交加，行军，要锻炼将士们耐寒、抗旱的能力。反正皇上年轻，20多岁，伺候得不错，爷爷叔叔们快散架了，走到洛阳这帮人受不了了，跟皇上说咱别往前走了，再走就死了。

皇上一听，各位王爷年事已高，若从军征讨，到长江边上还有一半的路程，万一你们到那儿死了，我对得起谁。可是要回去呢，你不是也得死吗？往南走还有一点缓和，干脆咱别走了，跟这儿定都完了。爷爷叔叔一看上了皇上的当了，那怎么办，要命不要命？咱不走了，就在这儿定都吧。

魏孝文帝颁发了圣旨："国家兴自北土，徙居平城。"原来我们在内蒙古，后来到了平城。"虽富有四海，然文轨未一。"没有做到书同文，车同轨，也就是国家没有统一。"此间用武之地"，平城这个地方啊只适合干打仗，穷了吧叽的什么都不产（今天知道有煤，那会儿也不知道，知道了挖出来也不能吃），"移风易俗信为实难"。这个地方如果要移风易俗的话，我坚信太难了。"崤函帝都，河洛王里。"而崤山函谷关，长安那个地方是历代的帝都，河洛王里，河，黄河，洛，洛阳，都是古代帝王经常待的地方。长安是周秦汉唐11朝古都，洛阳是9朝古都。"因兹大举，光宅中原。"所以我才兴师动众，咱们定都到中原。要效法古代汉族的帝王，在中原稳坐江山。

全方位汉化

孝文帝认为自己是中原王朝的代表，所以迁都洛阳后，洛阳就再次成为中国的政治中心。之前东周、东汉、曹魏、西晋都在此定都，算上北魏，已经是第五个在洛阳定都的王朝了。洛阳是九朝古都，后面那几个就没有什么太能提得起串得来了，包括五代十国的后唐也在这儿建都。“若问古今兴废事，请君只看洛阳城。”就因为洛阳定都，战乱，遭到兵燹，又定都，翻来覆去是这点事。

第五，移风易俗，实行汉制。实行汉制首先从汉服开始。

其实汉民族的衣服既不便于生产，又不便于战斗，以至于中国古代的服装演变的特征就是不断向少数民族学习的过程。今天你把对襟系扣称为唐装，但那却不是大唐汉人的装束，而是满装，是少数民族旗人穿的。旗袍更别说了，把旗袍作为中国的传统服装，十分牵强。

中国传统服装是汉服，衣裳衣裳，上衣下裳，裳就是裙子，男女都穿裙子。在汉朝以前，成年男女也都穿开裆裤，因为外面有裙子，从衣着上看不出这个人是男是女。尤其老百姓的穿着，都是灰色、黑色、白色的衣服，更难区分性别。裤最早的意思是胫衣，护腿的，相当于我们今天的长筒袜，连裤袜。死裆裤是后来跟少数民族学的，因为他要骑马不能穿开裆裤，不能穿裙子。

我们中原人的打扮是峨冠博带，老高的帽子，老长的大袖子，一走路帽子当避雷针，袖子当拖把，既省电又干净。少数民族则窄衣箭袖，又能引弓拉箭又能挥锄耕作，他的衣服更合理，所以中原王朝就不断地向他们学。

汉族人的衣服“Y”字领，没有扣，靠腰带。少数民族是小圆领，“一”字领，唐朝的服装就很明显学他们，改成了小圆领，乌纱、幞头也取代了原来的峨冠。唐宋的皇帝穿的衣服都是这样，到了明朝的时候，皇上只有祭祖时才在脑袋上顶一个大搓板，挂一串算盘珠子，脑袋好几十斤重，平时都戴乌纱了。峨冠博带的大礼服也只有祭祖时才穿，平时不穿了。到清朝更不用说，一水的都是满装，所以明朝的遗民损清朝人，说脑袋后面弄一根孔雀翎，衣服上除了飞禽就是走兽，简直就是衣冠禽兽。说归说，但是人家的衣服窄衣箭袖，打仗、生产的时候就是方便。

说了这么多，就是为了说明汉服虽然大气好看，但是不合理。所以孝文帝实行汉制到这个时候遭到一定的反对，无奈是皇上下令要一律穿汉服，穿鲜卑服的笞杖徒流死，就是拿板子抽，拿鞭子打。因此大家只好穿，解除扫街工人的痛苦。实际上汉服是不利于生产和战斗的。

除了服装外，顺便说一下饮食。原来中原人说吃饼，是汤饼，就是馄饨不放馅儿的片汤，中原人的饼就是那玩意儿。今天大家吃的饼都是胡饼，是少数民族发明的，因为他不能骑在马上端一锅片汤，要方便随身携带。中原人后来发现他的东西确实方便，今天我们爱吃的涮羊肉就是少数民族发明的。

实行汉制从强迫各位戴“避雷针”扫大街之后，皇上又让百姓改汉姓。

孝文帝拓跋宏改成元宏，唐朝大诗人元稹就是鲜卑贵族，皇室后代。步陆狐氏改成陆氏，勿扭于氏改成于氏，尉迟氏改成尉氏。包括穆桂英都是鲜卑人，从丘目陵氏改的穆氏。就这样鲜卑八大姓都改成了汉姓。

衣服和姓改完之后，皇上下旨官员都得说汉语。

30岁以上的官员年岁大了，三年内学会汉语，否则这个官别当。30岁以下的官员你们年轻，半年内学会汉语，禁止讲鲜卑语。鲜卑是历史上那么牛的一个民族，到现在连土话都不会说了。

骨灰级粉丝

还不算完，皇上快成汉室的疯狂粉丝了，还得跟汉族人通婚，进行人种改良。

皇上先把自己的皇后送进尼姑庵里，接着从北方汉族四大士族：崔、卢、李、郑，一家娶一个。李氏立为皇后，崔、卢、郑家的孩子立妃。完了之后告诉自己所有的兄弟、叔叔们（爷爷可能岁数太大了，不便参与），离婚吧，把鲜卑族元配送进庵里，崔、卢、李、郑我给你们找，一家发一个，必须跟汉族通婚，禁止鲜卑族之间通婚。

皇上娶了一个汉族皇后，太子有二分之一汉族血统，太子再娶汉族皇后，再往下鲜卑族的血统以渐近线的方式无限接近于零，最后完全被汉族血统剿灭。

少数民族羡慕汉族往往是首先羡慕汉族的生活，觉得人家住的是楼，穿的是绸，吃的是油，咱们住帐篷，穿兽皮，喝马奶。不行，必须学汉人奔小康。史学家是很赞赏魏孝文帝改革的，但是你融进了汉族你就没有了，鲜卑这个民族就灭绝了。

所以汉族人得意扬扬地得出了一个结论：胡虏无百年之运。

少数民族入主中原，你的寿命不会超过100年。因为你如果不学我，你这么落后你肯定不超过100年就完蛋了，比如元朝，那么野蛮落后，撑到90年就回草原放羊去了。而你要学我你就变成我了，快马弯刀我干不过你，子曰、诗云我是祖宗，清朝就是一个典型的例子。这两个少数民族王朝正好是两个对立的例子，不学的90年完蛋，学了的旗人都不会说满语。

北魏其实也提供了这么一个例子，彻底汉化，终至消失。

5 江南经济特区

南下大开荒

魏晋南北朝的特点是社会大动荡，民族大融合。就跟春秋战国似的，诸侯割据战争和民族融合，这是中国历史上第二个民族融合的高潮，因为越乱的时候越容易融合。

第一点，六朝的时候，江南农业的迅速开发。

六朝，指的是三国孙权建立的东吴，他定都于建业，后来东晋又定都在这个地方（就是今天的南京），改名为建康。为了避晋帝司马邺的讳，所以改名为建康。此后代替东晋的宋、齐、梁、陈，总称六朝，所以南京是六朝故都。唐诗里“江雨霏霏江草齐，六朝如梦鸟空啼”说的就是这个。

六朝时期江南农业的发展从江东扩展到了整个长江流域。现在只听说有江西的，没有江东，其实当时江东就是江南，又叫江左。要站在长江上游往下游看，往入海口看，那就是东。要是站在长江入海口往上游看，那就是江左，是不同角度的同一个地方。长江的开发从吴越争霸时期就扩展到了整个长江流域，进而波及到了岭南、两广和闽江流域（福建）。

第二点，三吴地区最发达。太湖、洞庭鄱阳湖流域和成都平原是重要的产粮区。

江南经济开发，使南北经济趋向平衡，为以后我国经济重心的逐渐南移打下基础。原来北方的经济水平比南方高很多，现在开始平衡，但重心还是在黄河流域。江南在这个时候开始发展，有下面这些原因。

第一是北人南迁带来了劳动力和先进的技术。汉朝的时候北方人口占全国的81.2%，南方占18.8%，南方根本就没有人，开车上街随便70码。关中地区人口占据当时全国总人口的五分之二，就是五分之二的人口集中在陕西。南方生产条件比北方好，气候比北方好，但是为什么发展不起来，就因为没有人。中国历史上有两次大规模的衣冠南渡，一次是西晋末年“永嘉之乱”，再有一次是北宋末年“靖康之变”。比如现在为了躲避北方五胡十六国少数民族的战乱，束发右衽的汉族就衣冠南渡了，留在北方的全是披发左衽了。南方劳动力一多，加上北方带来的先进生产技术，您别刀耕火种了，我教你怎么种地，发展自然迅速。

第二是民族融合。南方少数民族原来也会种地，但他的方法太落后，咱们教他与汉族融合，这买卖就好干了。

第三是统治者推行了劝课农桑、奖励耕织、安抚流民、兴修水利的措施。

劝课农桑的课就是考察的意思。考察地方官的政绩，有三条标准：田野辟、户口增、赋役平。地开垦得要多，人口要增加，赋税的分量要让老百姓能够承受。当然今天不能用了，田野辟、户口增和退耕还林、计划生育对着干，早撤职了！古代因为是农耕经济，所以田野辟、户口增、赋役平可以实施。奖励耕织、安抚流民、兴修水利，南方就发展起来了。

为什么早不干这事？

环保在北方

中原王朝统治中心是黄河流域，现在是被人打到这儿来的，没辙了才来开发这个地方。梦寐以求的故都洛阳被人抢了，只好南下来建康白手起家。说一个很不恰当的比喻，假如说今天是中华民国的话，你想台湾能是中国最发达的省份吗？不可能，它的中心在南京，东南沿海和上海肯定是最发达的，台湾就弯着去吧。现在想开发南京开发不了，南京被解放了，他就只能开发台湾去了。那时候的统治者重视江南也一样，因为北方被少数民族占了，成北魏的了，只能开发江南。

魏晋南北朝时期，江南得到持续的开发，经济一直向前发展，北方因为是屡经战乱，经济反而在破坏、恢复，破坏、恢复中循环。这一时期农耕规模缩小，畜牧业扩展，原因是汉人跑了，少数民族入主中原，所以畜牧业扩展。这也有好处，使得两汉时过度开垦导致的环境破坏状况有所缓解。

北方农业总体上是在恢复和发展，主要表现为新农具新技术的出现。曹魏马钧发明翻车用于灌溉。跟自行车的原理相似，就像自行车的链子，一半在水里，绑了一堆竹筒，人一踩，链条转动，竹筒就把那个水给弄上来。然后竹筒的水挨个倒到一个槽里，那个槽延伸到田地里去，就这样把水引灌翻过去。它的优点是不但可以用于灌溉，还可以用于排涝，假如地被水淹了，倒过来再弄河里去。

另外北方还兴修水利和开发边疆，开发了河西走廊和辽东地区。河西走廊就是今天的甘肃，祁连山和昆仑山之间。五胡十六国的时候，很多政权在这儿割据。《天龙八部》里写慕容复要复国，慕容氏建的那个国就是在河西走廊和辽东地区。

6 魏晋风流

魏晋“新浪潮”

魏晋时期的数学很厉害。魏晋刘徽提出计算圆周率的正确方法，南朝祖冲之算出圆周率到小数点后七位，这个成就是个世界之最。

另外，著有《缀数》。中国古代的数学充其量就是现在小学高年级，五六年级的水平，因为没有发明代数学，代数学是从洋人那学来的。

农学上，贾思勰写了《齐民要术》。它有三个特点，第一个是重农抑商。“舍本逐末，贤者所非。日富岁贫，饥寒之渐，故商贾之事，阙而不录。”经商做买卖的事儿我不写，本是农业，末是商业。如果弃农经商，那就是舍本逐末。

第二个是系统地总结了六世纪以前黄河中下游地区农牧业生产经验。汉族是种地的，怎么能记载牧业生产经验呢？因为魏晋南北朝时期民族大融合，少数民族教的。

第三个是现存最早最完整的农书。中国以农立国，从夏朝就开始种地，不能到这个时候，种了三千年地了，才想起来写一本农书，那不可能，肯定以前就有。所以当然有比《齐民要术》更早的农书，但不完整。比如说东汉的《四民月令》就不完整。

地理学的成就有西晋的裴秀《禹贡地域图》，北魏的郦道元《水经注》。《水经注》文笔优美，内容实用，后来还被历代中国画家当做研究山体脉络的经典论文用，国画大师陆俨少就很喜欢《水经注》，这个相当厉害。

文学方面，有《世说新语》，中国最早的八卦杂志书。但和现在的八卦杂志不一样，那狗仔队除了脸皮和腿脚别的什么都不行，《世说新语》那套书的文采风度可是卓然超拔，文学思想和史料价值特别高。此外还有代表魏晋风骨的“竹林七贤”，最早裸奔的名人。

7　和尚PK道士

舶来者居上

魏晋南北朝时期，道教成了为统治阶级服务的宗教。

道教原来是民间信仰，多用于给人治病的。老百姓看不起病，教道士给治治，拿一张黄纸画点儿东西，用火一烧，把纸灰兑石灰水喝了，包治百病。可能有的时候病是心理暗示，自己觉得好就好了，也有时候确实包治百病，因为喝死了。黄巾起义靠的也是道教，五斗米道。

这种中国传统的民间宗教到这时被葛洪一改造，变成为统治阶级服务的了。原本天下名山僧占多，据说中国今天有好几亿佛教徒，而道教徒统计只有60多万，就是说历来中国古代的道士就干不过和尚，最后道教基本上就等于佛教化了。道教的这些清规戒律全都是跟佛教学的，包括它的神仙体系。佛教是宗教，道教则更原始信仰一点，它干不过佛教是有原因的。佛教宣扬人有三世，前世、今生、来世，今生你修行好了，来世能往生极乐，摆脱六道轮回。而且它容易上手，一个字都不认得没关系，你只要虔诚念佛，一句阿弥陀佛一天念十万遍，肯定往生极乐。它的教义非常简单，大家都能听懂，什么都不懂，不懂文化，不懂佛教怎么回事，没关系，不用你懂，就念吧！心诚则灵，虔诚念，有前途。

道教则认为，我今生就能成仙，肉身成仙，白日飞升，而且一人得道，鸡犬升天，我把我家里所有人都带天上去玩儿。它一般通过炼丹来修炼肉身，外炼长生不老的仙丹，内炼人体元丹。外丹是中草药跟水银炼的，你吃了丹就氧化汞中毒，炼内丹绝食已经饿得半死不活，再来一水银球，当然能升天了，多少帝王是吃丹吃死的！秦始皇、汉武帝、雍正，全是吃死的。再说一般老百姓也玩不起炼丹，上哪玩儿水银去，哪那么多钱糟践名贵中草药。明朝嘉靖皇帝炼丹，光炼丹燃料一年就20多万两银子，一般老百姓有这魄力吗？只有贵族才玩儿得起。受众太小，所以道教干不过佛教。

尤其在魏晋南北朝时期，佛教为百姓找到了一条精神解脱的道路。你这辈子这么苦，是因为你上辈子造孽了！所以你这辈子要修行，修行才能消业，才能摆脱六道轮回。佛是最高级的，佛底下是菩萨，菩萨底下是罗汉，罗汉分成两类罗汉——缘觉罗汉和声闻罗汉。缘觉罗汉，因缘际会才能成罗汉。声闻罗汉，是听佛讲法才有机会能成的罗汉。但甭管声闻还是缘觉，反正做了罗汉就摆脱六道轮回，就可以入涅槃。佛教认为有不生不死的状态，就是涅槃，和咱们认为人除了活着就是死的状态不一样。

有人说自然科学是最渺小的东西，它解决不了的东西太多了。而现在最可怕的就是，凡是解决不了的他就不相信。自然科学虽了解宇宙的东西，但能了解多少？人类望远镜能看到最远的星球距离地球有多远，宇宙相对来说是无限的。只要他没看到的他就不相信，一概称之为伪科学，这个就有点儿太绝对了。自然科学诞生才几百年的事儿，牛顿、哥白尼才多长时间，他们之前时代的人类怎么活着的？就靠宗教。

轮回的六道，指的是天、人、阿修罗、畜生、恶鬼、地狱。玉皇大帝属于天道，但天也是有寿命的，八万四千岁、十万岁，或者两百万岁，这个岁数一满，还是要进入轮回，天都这样，人就更加逃脱不了轮回。天人之后是阿修罗，就是夜叉，哪吒里面拿着钢叉的那个夜叉，这天、人、阿修罗三道还算不错。然后到畜生、恶鬼、地狱，这就惨了，尤其你要一落地狱，那就完蛋了，万劫不复，再别想代言品牌接拍广告了。

信佛的目的，说是为了上报四重恩，下济三途苦。四重恩指父母恩、国土恩、众生恩、三宝恩。三途苦就是畜生道、饿鬼道和地狱道，指引你走路小心，别堕落进去。所以佛教一跟老百姓宣传这个，老百姓豁然开朗，我这辈子苦原来是上辈子造孽了。对，我告诉你，你上辈子是个国王，杀的人太多，所以这辈子苦，成了奴隶！你好好修行，来世你还是国王，少杀点人。

这个事儿太好了！原来我上辈子是国王，我想我上辈子多美，我下辈子多美，这辈子我认了。很好的例子是印度，它贫富分化比中国严重，但是人家没见有砸垃圾桶，也没见偷井盖的，没见把公园护栏给掰走的，就因为笃信宗教。虽然印度人不信佛教，信的是印度教，但佛教的教义很多是从它那儿吸收来的。所以多宣传点儿这个，对于和谐社会多有好处。如果都宣传无神论，你放心没有地狱，不要相信那个，举头三尺啥都没有，那我该贪污就贪污，无所谓，反正也没有天堂地狱，不贪也不上天堂，贪也不下地狱，这就完了。

所以宗教信仰都是教人行善，像五戒：杀、盗、淫、妄、酒，不杀生，不偷盗，不淫邪，不说谎，不饮酒，那社会多好，不就和谐了吗？若人人笃信，连法律都派不上用场了。除了乡办企业不高兴，酒卖不出去，别人都挺好。所以宗教一宣传，老百姓得到一条解脱之路。统治者更高兴了，宗教教百姓忍让，忍让好，便于管理。统治者一高兴，宗教就能广泛传播，广泛到“南朝四百八十寺，多少楼台烟雨中”。

修庙卖皇帝

可是什么事儿都不能干过了，一过了就会物极必反。佛教的盛行就带来了一定的危害。

首先，浪费钱财，花钱花得太多了。

中国历史上一共有400多个帝王，只有七个皇帝活过了70岁，这七个皇帝里有四个活过了80岁。第一个是梁武帝，南朝四百八十寺里面梁朝的皇帝，人称菩萨皇帝。他吃素不吃肉，所以从梁武帝开始，中国的僧人就开始不吃肉了。以前的僧人是可以吃肉的，连佛祖释迦牟尼都是，化缘的时候人家给什么他就吃什么。而且人们都认为给肉是最高级的，给肉好。所以南传佛教，就是东南亚的小乘佛教的僧人是吃肉的，西藏的僧人更吃肉，他不吃肉没别的吃。日本僧人也吃，吃完了还娶，可以娶媳妇。只有汉传佛教的中国僧人才不吃肉。梁武帝是菩萨皇帝，三次舍身同泰寺，出家了。大臣一上朝，见皇上已经跑庙里去了，这玩意儿怎么整，得请回来啊！请佛容易，请皇上佛可不容易，你得给同泰寺布施，说穿了就是捐钱。皇上为了修庙，想捐钱，但是皇上自己没钱，就把自个儿卖了，舍身同泰寺就是这个意思。然后让大家拿钱去赎，第一次一亿，第二次两亿，第三次三亿。皇上三次舍身同泰寺，同泰寺弄了六个亿。这个钱从哪来？老百姓身上。

其次，出家也会影响国家发展。

出家就是无家，无家就无老婆，不能繁育后代。古代要“田野辟、户口增”，理论上是要增加户口，但是出家导致的是户口往下减。打仗没人了，劳动没人了，最重要的是，交税没人了。出家就不用交税了，好多农民就是因为躲避赋税，干脆出家。如此一来，官府傻眼了，你这不麻烦了嘛！你看吐蕃帝国，我后面会讲，唐朝的时候极盛时期六百万人口，后来佛教盛行，人人出家，1950年才一百万人，还有12万喇嘛，都这么干，国家光有版图没有可用人口，朝廷吃谁去？“人人弃其亲爱，家家绝其嗣继。”这样的话，国家就没法发展了，非但国家不能发展，人种都要灭绝。

再次，寺院经济发展过度，广占田宅，侵夺百姓，与官府争夺劳动力，农民负担加重。

基于以上三点，有人就起来反佛。

出家要适度

问题是怎么反。不能说你这个佛教不好，因为你跟官府争夺劳动力，这么说就没劲了，得从根本上驳你。得说你的教义就不对，就是邪教。

所以范缜他反佛，实际上就是因为佛教妨碍到了政府的行政，但是我不说原因，我只从教义上驳你。范缜在《神灭论》一书中提出人的精神和形体是统一的，他说肉体和精神的关系，就像是刀刃跟锋利的关系，没有刀刃就没有锋利，所以没有肉体就没有精神。你说得自己再锋利，如果没有刀刃，你切个蛋糕试试。他的意思就是说，没有六道轮回，什么都没有。

因为南朝皇帝笃信佛教，所以当时一堆高僧都跟他辩论，但辩不过他。齐朝的竞陵王萧子良也跟他辩：你不相信三世因果、六道轮回，为什么我生下来是王爷，你生下来是老百姓，这不是前世注定的吗？我肯定是前世积福，所以我身为帝王，你前世造孽，所以你是百姓，肯定是这样。

范缜一指庭院当中一株梨树，开满梨花，芳香馥郁，说你看见那株树没有？看见那个花没有？一阵风出来，花都掉了，有的飘进了主人的卧室，主人把它捡起来，放在盛满清水的器皿里，让它继续散发芳香，这就是王爷您；还有的花吹进茅坑里去了，这就是范缜我。哪朵儿花进卧室，哪朵儿花进茅坑，这难道是前世注定的，有这个吗？不是吧！一株上的花，注定什么注定，纯属巧合而已，风从这边来，我就进茅坑，要从那边来，你就进去了。这个没有什么前世注定，前世果报。把竞陵王给气的，都把自个儿比作茅坑了，你能拿人家怎么着。所以范缜这个家伙比较厉害，他发展了唯物思想。

接着，北魏太武帝和北周武帝灭佛，这两个皇帝支持灭佛，都是为了维护自己的统治。中国佛教史上，有“三武一宗”之祸，“三武一宗”指的就是灭佛的皇帝。“三武”是北魏太武帝，北周武帝，唐武宗，一宗是后周世宗。“三武一宗”之所以灭佛，都是因为佛教的发展影响到他的统治。

周武帝为什么灭佛？“求兵于僧众之间，取地于塔庙之下。”200万出家人都给我还俗，这一还俗增加多少战斗力？盖房子不得用耕地吗？所以我把你塔庙给拆了，拆了之后不就有了耕地了？周武帝灭齐之后，禁齐境内的佛教。“现成寺庙，出四十千，并赐王公，充为第宅。”把庙都给卖了，四十千钱卖给你。佛教的庙宇都是七殿伽蓝，一进去山门天王殿、大雄殿、藏经阁，东西配殿，不是正好一间王府吗？送给王公当别墅。“五众释门，减三百万，皆复军兵，还归编户。”五众释门三百万，该当兵的当兵，该交税的交税，还归编户。“融扩佛像，焚烧经教，三宝福财，簿录入官，登即赏赐，分散荡尽。”庙里的东西全给分了，佛像给熔了，熔完后铜的可以做钱，铁的可以做兵器，金的就更好。一般中国古代佛像都是铜像，铜像正好砸了做铜钱，所以他总结灭佛的结果说：“自废以来，民役稍稀，租调年增，兵师日盛，东平齐国，西定妖戎，国安民乐，岂非有益？”废佛的好处是民役稍稀，租调年增，兵师日盛，所以我才要灭佛。今天连佛教界的高僧大德，都认为“三武一宗”灭佛是对的，当时佛教闹得确实有点儿过了。出家就应该修行，不应该搞经济活动，去买卖皇帝弄个五六亿。

你看尤其今天的寺庙，进门烧香吧！烧香就交钱吧！没带钱我们这能刷卡。这哪里像清修之地？还有的被逮住了，你说交一百块钱吧，就当被收了保护费。但拉住你的假和尚说，这位善人，看你面相你家里肯定是合家欢乐，钱财富足，丈夫事业有成儿子学业有成，一般按照这种大好人家至少得捐三百，这个捐出去多少和收获多少是成正比的。言下之意：我不逼你，你捐一百也行。但你丈夫事业就打个三三折，儿子学业也打折，家庭和睦也打折。你一听，妈的，为了家庭和谐，捐吧。结果一出门走两步路又是一个庙，又被拉进去了，五百！

这不是佛的本意，捐钱的心意，本来就是自由从心，任何人不能强迫。这帮伪和尚，你捐完他拿去买新手机。对付他们的办法就是跟佛面前跪下，一边拜一边告诉佛，有人借你名声来骗钱，对你形象不利，趁早收了他去。

第四章 忆昔开元全盛日

隋唐

1 隋朝上场热身

姥爷篡孙子

大家注意，接下去我开始说另一个阶段，也就是中国历史上最强盛的时期——隋唐。

今天中华民族56个主体民族，最大的民族称为汉族，海外华人聚居地China Town，叫唐人街，就是说汉唐这两个朝代的民族，雄汉盛唐，这是中国历史上最强大的两个朝代。汉的强大已经见识过了，那么唐的繁荣是谁给它奠定的基础呢？隋。

公元581年，北周外戚杨坚，改国号隋，年号开皇，都长安。杨坚即隋文帝，隋文帝是北周的外戚。所谓外戚，就是指皇帝的母族和妻族，太后他们家的和皇后他们家的人。杨坚是北周静帝的姥爷，他废掉自己的外孙子自立，做皇帝，代周自立。

估计这个北周静帝的爹北周宣帝，他娶杨坚的闺女可能也是被迫的，外戚篡权都是这样。王莽也是皇帝的姥爷，他篡了；曹操是皇帝的老丈人，他没篡，但他儿子曹丕篡了，把自己舅子给废了，自立当皇帝。和周宣帝一样，当时汉献帝娶曹操的闺女也是被迫的，因为原来的皇后被干掉了。

杨坚在北周封的隋国公，所以他废立之后定国号隋，年号开皇，都长安。公元589年，杨坚派他的次子晋王杨广，用水陆50余万大军灭陈，统一了南北。陈是宋齐梁陈这个南朝最后一个朝代，“南朝天子爱风流，紧守江山不到头”所以南朝政权更迭很快，文弱偏安，终致被灭。

水到渠成时

隋统一南北的原因，第一是各族的融合。

历史上，北方想统一南方曾经是有过好几次。在三国两晋南北朝时期，最大的一次就是公元383年的淝水之战。16国当中的前秦，前秦的皇帝苻坚率90万大军南下，准备灭掉东晋，完成国家的统一，结果失败了。就因为那会儿民族矛盾非常尖锐，南方老百姓不愿意被胡人统治。前秦是氐族建立的国家，而这90多万大军里面主要也是汉族士兵，氐族人口一共才几十万，所以汉族士兵把东晋看做是自己的祖国，不愿意做伪军打祖国，因此他们就不肯抵抗，出兵不出力，终于导致战争的失败。

而隋统一的时候，隋和唐这两个朝代虽然都有鲜卑人的血统，但是南方人已经不把他们看做是异族了，无所谓了，民族已经融合了。北方已经完全汉化，跟中原王朝如出一辙了，所以南人就没再把隋看做是异族，便宜了杨坚。

原因之二，北方农业的恢复与发展，奠定了经济基础。

北方原来生产力水平就比南方要高，虽然经过战乱的破坏，但是这个时候它已经积极恢复与发展。打仗，说实在的一句老话，兵马未动，粮草先行，打仗就得打钱，要不然美国能这么牛嘛。战争需要有厚实的经济基础。

另外有个原因，从北向南打比较容易。

中国古代所有的统一战争，几乎都是北方统一南方，唯一的例外是明太祖北伐，但也半途而废，没能彻底把北蒙残元势力给消灭，所以明一代都受蒙古的骚扰。成吉思汗的子孙一直在做蒙古大汗，直到被皇太极打败，末代蒙古大汗是林丹汗，从成吉思汗到林丹汗，482年传了35代，整个北元政权是跟明朝相始终的，最终灭掉北元的是后金，也就是清朝人，不是明朝。甚至连解放战争也是从松花江打到海南岛，从北面南下的渡江战役。所以历史上这些统一战争都是自北向南，从上往下打。

因为古代的时候北方经济发达，打南蛮子方便。后来南方也发展了，但是北方人骁勇善战，南方人好像文采风流，也是不经打。加上南方的地形是多丘陵，支离破碎，便于割据，不像北方大平原很容易就统一，统一之后形成向心力，集中力量就往外冲。南下扫荡。

这种种原因使得隋的统一是事半功倍，势在必得。

2 老子英雄儿混蛋

劳模隋文帝

得讲讲隋文帝的雄才大略了，文皇帝。

中国历史上的皇帝，多半嫔妃一大票。其中数量最多的可能是伪天王洪秀全，一百多个，没有名字只有编号，今天从零零一睡到零零七，明天从二百三睡到二百五。这些皇帝中，有两个皇帝没有嫔妃，隋文帝和明孝宗。

明孝宗没有嫔妃是因为他做皇子的时候就跟元配张皇后感情非常好，所以一登基就不愿意娶了。隋文帝没有嫔妃是因为太忙，顾不上了，那是真的工作努力。“勤劳思政，每一坐朝，或至日昃。”如果像电视剧里演的，皇上天天上朝，那就累死了，清朝皇帝是十日一朝。但皇帝每天要处理政务，那是接见军机大臣，就相当于见班干部，老师不能天天开班会，一个礼拜开一回就完了。但是老师可能天天要找班干部，找个别同学谈谈心什么的。清朝的时候，上朝不是在宫殿里面，因为搁不下那么多人，而是在乾清门，御门听政。皇上在乾清门的洞里坐着，大臣是在广场上待着。零下三十度，皇上抱一个手炉什么的，穿个貂裘，跟熊猫似的，零上三十度，华盖罩着，有人打扇子。电视里演的好玩，都在殿里面上朝。清朝皇帝处理朝政都在养心殿，那个小屋能搁下几个人，他见见军机还行，因为军机没几个人。所以乾隆、雍正、康熙这几代英主，天天坐朝，整宿整宿不睡觉地处理朝政；观书达旦，看书看一通宵，第二天不用休息接茬上朝，真来劲！〔见图4-20, p140〕

皇朝上朝的时间特别早，天还没亮，四点多钟就得起床，因为晚上睡得也早，八点半或九点肯定就寝了，那会儿没电脑没酒吧，天黑了就睡。皇帝也是一样，日出而作，日落而息，四五点钟摸着黑就起来上朝，这一上朝直接上到日头偏西，上一整天。

“五品以上，引之论事，”五品以上的官，皇上就叫你来论事。清朝能见君的官是四品，四品以上的这个官才能面君。京官都是四品，地方官是三品才能面君，五品的知府不行，三品的布政司、按察司才行。隋文帝那会儿是五品以上就能引之论事，可能是因为官少，不像清朝这么多。

“宿卫之士，传餐而食，”吃饭的时候皇上跟大家一样吃盒饭，工作餐。一般皇帝吃饭永远是吃独食，不跟任何人一起进餐，避免下毒。比如说今天皇上邀请皇后共进晚餐，两人不在一屋，皇上在乾清宫西暖阁，皇后在东暖阁，皇上吃酱肘子不错，去给皇后送一碗去，皇后一看这个都想吐，还得谢皇上龙恩，根本不吃肉的你也得感谢皇恩浩荡。隋文帝当时是跟大家一块蹲地上吃了，你想这个皇上多勤政。而且他的皇后独孤氏也是一代贤后，就更加促使他整天忙于朝政，励精图治。

陈朝的皇帝和隋文帝一比就下去了，极其腐败。陈后主陈叔宝是中国历史上有名的亡国之君，“烟笼寒水月笼沙，夜泊秦淮近酒家，商女不知亡国恨，隔江犹唱后庭花。”这《玉树后庭花》就是陈叔宝爱唱的，成了亡国之音。当隋军打进陈皇宫的时候，陈叔宝投井，隋军找不着，看井里有声，隋朝将士说，再不出来扔石头了。里面喊，别扔别扔，把我们拽上来，一拽怎么这么沉？拽上来一看仨，除了陈叔宝，还有皇后和贵妃，抱一块儿进去的。杨广看上那个贵妃了，想给收为己有，结果这个隋军的主帅韩擒虎，说陈朝灭亡不就是因为这玩意儿，你还想要！咔！一刀给劈了。

事儿精杨广

隋灭陈之后，开始进行建设。

第一，兴建两都。

隋文帝营建大兴城，不是今天北京南边那个大兴，是长安。隋炀帝营建东京洛阳。隋唐都是两京，西京长安，东都洛阳。

第二广设仓库。

这个仓库多到什么程度？有一个隋朝的粮仓叫含嘉仓，考谷学家在含嘉仓进行了挖掘，据不完全统计，含嘉仓有259个粮窖，其中一个粮窖里面就发现了碳化的谷子50万斤，那259个可想而知。而且这还不全，不只一个含嘉仓，还有洛口仓、京洛仓等。他修了这么多的粮仓，可见当时隋朝的粮仓储备很生猛。

粮食储备丰富到什么程度呢？能供天下五六十年。隋朝经历三十八年就灭亡了，所以到唐朝建国二十年，吃的粮食都是隋朝攒下来的。《文献通考》上说，古今称国计之富者莫如隋。从古至今，要说哪个朝代官府最有钱，谁也比不上隋朝，隋朝是典型的藏富于国。

第三，开通运河。

隋炀帝开凿的，分成永济渠、通济渠、邗沟、江南河这么四段。以洛阳为中心，北通涿郡，南达余杭，是世界上最早最长的大运河，是巴拿马运河的38倍长，苏伊士运河的20倍长，时间还比他们早1300年。[见图4-21, p141]

第四修筑驰道。这个很像秦朝。

结果隋灭亡原因和秦朝也一样，隋炀帝的暴政导致了隋的灭亡，也是二世而亡。

隋炀帝是个暴君，不是昏君，他干的那些事儿并非都没有好处。像运河，这个和秦修的长城一样大气磅礴，是中华民族的象征。但是相比秦始皇修长城，运河的作用要大得多，长城你，花这么多钱，搭进去这么多条人命，却挡不住少数民族。运河就不一样，在20世纪初津浦铁路通车以前，运河就是南北交通大动脉。因为中国的河都是从西向东流，往海里流，而南北地形的交通就不便了，这条大运河的出现正好解决了南北沟通问题，天堑变通途，这是挺好的事儿。但问题是你这些好事不能攒一块干，你受得了老百姓受不了。写两本一百万字的小说也得分几个月，你熬夜一个星期把两本都干出来，脑细胞不够用，人也完了。

所以隋炀帝在位时，三征高丽，营建东都，严刑酷法，事儿实在太多了，没几件办的风光圆满的。

高丽就是高句丽，中国东北的一个地方政权，也是今天朝鲜北部。它桀骜不驯700多年了，头400年都城在吉林，后300年在平壤。所以我们说高丽是中国的政权，韩国说是它的政权……反正就是没劲，韩国人什么都抢！炀帝三次打高丽，用了100多万大军，生还了2700人，因为那个高丽对付中国、对付隋军，就跟俄罗斯对付拿破仑和希特勒似的。

天气晴朗万里无云的我不跟你打，我撤、撤、撤，一到冬天我反攻，还没打你，你自己就冻死了。后来为了打高丽，光从路上行兵不行，还得走水路，走水路就需造战船。工匠整天泡在水里折腾，腰部以下半个身子腐烂生蛆，就为了造这个战船。那时候整天在海里泡着，不下去的话就斩首。

隋炀帝的暴政就是使生产遭到破坏，老百姓忍不了了，农民才起义。[见图4-22, p141]

3 站在亲戚的肩膀上

表兄弟之情

公元618年隋朝灭亡。

那时候一个叫王薄的农民，做了一首《无向辽东浪死歌》，翻译成白话文就是别去辽东白白送死歌，发表出来，把农民都煽乎起来起义。评书里什么瓦岗寨，程咬金秦叔宝，18路反王，64路狼烟，都是被《别去辽东白白送死歌》鼓舞起来的。

最后在江都，就是今天的扬州，禁卫军哗变，隋炀帝一看时辰已到，死吧。就从身上解下绢带递给部将，让部将将他勒死了。

隋炀帝在位18年，13年待在扬州，他是中国历史上第一个在南方待的时间很长的皇帝。由于他老在扬州待着，所以有人说他修运河一个重要原因就是想上那玩儿去。不是，说话要负责任，还是沟通南北为主。

隋灭之后，就是唐朝。

唐朝的开国祖宗李渊在晋阳起兵，618年称帝，即唐高祖，国号唐，都长安。李渊是隋炀帝的表弟，他们俩的母亲是亲姐俩，独孤氏，所以他们俩等于是姨表亲。李渊当时是唐国公，晋阳留守。

他一开始起兵攻进关中长安后，曾立隋炀帝的孙子为皇帝，这就是隋恭帝，遥尊隋炀帝为太上皇，然后他摄政。所以这样一来的话，李渊起兵的理就有了，因为隋唐两朝是表亲。后来他表哥隋炀帝被杀了，李渊还给他表哥发丧，隆重安葬，然后按叛变罪处理了杀死隋炀帝的那些人。

亲兄弟之变

公元626年，李世民即位，即唐太宗。

李世民即位的过程是很惨烈的，虽然惨烈但也干净利落。那就是历史上著名的玄武门之变。玄武门之变时李世民把他哥哥太子李建成，弟弟齐王李元吉全都做掉，逼着老爹退位，动作雷厉风行。然后他还篡改史书，现在那历史书一写到李建成，李元吉，就是俩混蛋、花花公子。俩花花公子怎么可能取得这么高的战功，一琢磨就是胡说。因为史书被李世民给改了，就没法看了。

而且一般来说，皇帝说的每一句话，都有史官给记录下来的。那会儿虽然没有录像，但是史官在朝廷上，皇上说的每一句话他都现场记录，成为皇帝的实录。皇帝本人应该不能看这个实录的，明清的时候够专制了吧，明清的皇帝都不看实录，因为实录就是他每一句话，尤其在朝廷上跟大臣讲的每一句话（跟妃子说的不能写），实录不能改。可李世民他就看，不但看还改，这句话说得不合适，你给我删了，你不删的话，弄死你。

不过，甭管李世民即位的手段多野蛮、残酷、血腥，多么令人不寒而栗，但是他在这个历史上贡献很大。

隋炀帝是唐太宗的表大爷，不但是他大爷，还是他岳父，唐太宗有一个妃子就是隋炀帝的女儿。等于说唐太宗是亲眼看到他大爷兼岳父是怎么灭亡的，亲眼见他怎么身死国灭。所以唐太宗吸取隋亡教训，强调存百姓。

于是，这么厉害的一个隋朝，中国历史上第二次的大一统，结果也是38年，二世而亡，跟秦朝有一拼。秦朝15年，隋朝从统一到灭亡也才30年。

4 太阳再次升起

民为邦之本

唐太宗眼见大爷被消灭，知道是因为遭到了百姓的抛弃，秦朝、隋朝太不拿老百姓当回事儿了才会超快速灭亡，所以他强调要存百姓。

史籍记载，贞观五六年的时候，“天下大稔，米斗不过三四钱”，一斗米是十升，才三四文铜钱，那就是粮食太贱了。表示农业生产发展得很好，有的是钱。

“流散者咸归乡里”，原来打仗逃离的人全回来了。

“岁断死刑二十九人”，一年判死刑二十九个。中国古代判死刑必须得皇上本人批准，而且大臣要求情三次，表示慎杀，不能随便杀人。一年才杀二十九个人，那证明社会治安好。

“九州道路无豺虎”。行旅自长安越海表，你从长安出发到广州，不带粮食，当然也不用带钱，“取给于道路焉”，你走到哪儿就吃到哪儿，因为谁家都很富裕，都热情地招待你，粮食吃不了喂猪还不如喂你！出门也不用锁门，外户不闭，家家都富，我偷你干什么。这简直就和共产主义差不多。

唐太宗的政绩，政治方面，一是知人善任，虚怀纳谏。

知人善任是唐太宗的一大优点。他认为为政之要，惟在得人。这个人指的是人才，一般老百姓叫民，民为邦本，本固邦宁，人和民不一样。他的这个觉悟，使得朝里朝外冒出一大批的人才。

贤相有房玄龄、杜如晦。哥俩一个多谋一个善断，有房谋杜断之称。名将有李靖、李勣。李靖就是托塔李天王，哪吒他爹。中国古代十大兵书里面，有一个《李卫公问对》，卫国公说的就是他。他曾以三千铁骑大破东突厥于阴山，俘东突厥颉利可汗。李勣，就是评书里讲的徐懋功。80岁高龄挂帅，灭高句丽，破吐谷浑，所以这两位名将不得了。

经济方面：轻徭薄赋，劝课农桑，兴修水利，戒奢从简。

长孙皇后带头，衣不锦绣，裙不曳地。穿衣服不穿绣花的，也不穿锦缎的，而且当时没有棉，穿的是麻布。为了节省布料，裙子做得超短，不能拖地。皇后这个样，嫔妃能越得过皇后去吗？一个比一个短吧！那文武百官能越过嫔妃去吗……太省钱了。

文化方面：兴科举，以儒为师，大办学校。

唐太宗在位时，政治清明、社会稳定、经济发展、国力增强、百姓生活改善，史称贞观之治。

臣为君之镜

唐太宗最大的优点是虚怀纳谏。

唐太宗的谏臣是魏征。魏征本是太子李建成的旧臣，魏征当时老跟太子说，要把秦王李世民干掉，秦王有异志，早晚必图之。你干掉他，不然他会坐大，会发达。结果太子不听，顾及手足之情，于是被弟弟秦王干掉了。然后秦王就把魏征抓来，你看都赖你吧，你小子挑拨离间，你想怎么死，自己挑一样死法吧！魏征说，你要是用我的话，我能像忠于太子那样忠于你。李世民觉得这个主意不错，那你就给我提意见吧！

结果魏征给皇上提意见到什么程度？庭争面折，当庭跟皇上争，撅皇上面子，气得皇上一抖袖子，不玩了，散朝。那会儿君臣坐而论道，皇上在台上坐着，大臣在底下坐着，坐得很不舒服，因为屁股压在脚后跟上，实际上跟跪着差不多。皇上不爽了转身就走，魏征就一下子站起来冲到台阶上，一把拽住皇上袖子，你别走，咱们还没说完呢！皇上说，乡巴佬，你等着，我宰了你，你信不信，我宰了你。

他是农民起义出身，所以皇上骂他乡巴佬。你听有些评书里胡说八道，中国古代总推出午门斩首，午门是杀人的地方吗？明朝在西四，清朝在菜市口，哪能动不动去午门斩首。除了明朝那些王八蛋皇帝，流氓建立的朝代，中国历史上最黑暗、血腥、恐怖的王朝之外，别的朝代哪能随便打骂大臣，皇帝是不能杀大臣也不能打大臣的，尤其有修养的皇帝。野皇上难说，开国老粗皇上赵匡胤经常打大臣，一般不能干这事儿。所以唐太宗骂完乡巴佬之后也只能回到宫里去生气。一边生气一边说，这个乡巴佬，非宰了他不可。

贤后长孙皇后问你跟谁生这么大气？皇上说，魏征，他揪着我袖子，我不宰了他行吗？然后皇后让皇上搁那生气，让女官侍候皇上。皇后回到后宫，带着嫔妃就出来了，穿着上朝的大礼服。皇上特奇怪，怎么了？今天祭祖啊？皇后说，我向陛下道贺。皇上说我有什么可贺的？皇后说，主明臣直。魏征这么直，因为你是明君圣主。隋炀帝时谁敢这样，别说抓袖子，抓鞋带就早宰了。所以为陛下道贺。再说，兼听则明，偏听则暗，皇上本来就不容易听进不同意见。大家都拍你马屁，不敢说真话，只有魏征这样的人说真话，简直是朝廷社稷之福啊！

唐太宗一看，还是我们家政委觉悟高。于是唐太宗就重用魏征了，封到正二品御史中丞，专门负责监察，给皇上提意见，跟他结成儿女亲家，公主嫁给他儿子，儿子最后也升到二品。后来是魏征提意见就更来劲了，一生提了200多条意见。皇上玩儿鸟，没见过外国进贡的麻雀，叫鹞鹰，正玩儿呢！魏征来进宫奏事儿，皇上一看，他看见我玩鸟的话，肯定得说我玩物丧志，就塞怀里了。结果魏征看见皇上玩鸟，不能让他玩物丧志啊，要对君主负责任，所以他就在这没完没了地说。皇上好不容易把他打发走，鸟也闷死了。

等魏征病重了，皇上过府探望，拉着他的手依依不舍，你可不能死。但是天不假年，魏征50多岁就死了。唐太宗感慨说："以铜为镜，可以正衣冠；以史为镜，可以知兴替；以人为镜，可以明得失。朕常保此三镜，以防己过。今魏子殂逝，遂亡一镜矣。"魏先生一死，少了一面好镜子。

子为父之患

太宗皇帝在位20多年后病死，他死之后是高宗李治继位。这个高宗真的很高，血压高，经常头晕目眩，他的高血压是让他爸给吓的，这个惊吓的过程有具体的来龙去脉。

当时太宗的五儿子李佑，和太宗那个倒霉弟弟李元吉一样被封齐王，所以也不知道是他找倒霉还是倒霉找的他，有一天（贞观十七年）李佑就伙同一帮古惑仔造反了，反自己的爹。李世民那么猛，哪能被自己的儿子反，立马就镇压了。本来事儿过去了，但在审问叛逆的过程中，牵扯到了太子李承乾，顺藤摸瓜之下发现太子也在谋反。

李承乾是长孙后所生的嫡长子，两岁的时候就被立为太子，而太宗皇帝当时才20多岁，春秋正盛。太子越长越大，心里就着急，我都发育了，皇上还身体倍儿棒，我太子就是储君，你老不死的话，我储到什么时候当皇上。自力更生吧，我帮你死！于是太子就在宫里面找一帮巫师，先跟那儿集体扎针，然后密谋造反。

太宗皇帝派人调查属实后，就把李承乾废为庶人，幽禁起来。于是就剩下濮恭王李泰和晋王李治。

按照感情，太宗应该立李泰为太子，因为这小子特别聪明，才华横溢，是块当皇帝的好料，而李治是个温吞鬼，什么事都不出跳。可是恰恰因为这个原因，最后李治被立为太子。太宗是意思是，如果李泰当太子，这小子忒有乃父之风，跟老子太像了，估计一登基为了了却后患，立马会杀了李承乾和李治，这种杀兄害弟的买卖在建国之初可以干干，太平年代干多了肯定不好。而李治即位后，虽没有李泰能干，却绝不至于害死李承乾和李泰。为了社稷，太宗就把自己最喜欢的孩子李泰也幽禁了。

这样一来的话，长孙后生的儿子就剩下晋王李治，长孙后38岁就病死了，当时李治才18岁，嫡子就剩他一个，剩下都是庶出。所以皇上说该你当太子了，派人来传旨，准备册立他为东宫太子，免冠磕头。李治一看，不干不干，谁爱干谁干，我不干，吓得哭昏过去了。

李治太怕他爸爸了，他爸爸多狠，杀哥哥宰弟弟，满门抄斩；逼老退位，把俩儿子（不管喜欢的还是不喜欢的）都幽禁起来。然后现在轮到他了，他害怕，所以每次看到太宗就能吓得说不出话来。太宗就更恨他，一个窝囊废，半点不像我。

妻为夫之纲

李治最后就落下这么一个病根，不能理政。不能理政就只好让武则天掌权。武则天本是先帝的才人，14岁入宫，这个丫头特别倔，皇上不喜欢她，结果太宗晚年病重，武则天侍候的时候，正好李治前来问安。既然太子前来问安，武则天就打蛇随棍上，傍上太子了。论辈分武则天是太子的妈，论岁数比太子小四岁，想来想去还是论年龄吧，论辈分不方便勾搭，论年龄就勾搭上了。太宗皇帝驾崩后，按照中国古代的礼法，明朝以前凡是先帝驾崩，不能生育的嫔妃一律殉葬，武则天也应该勒死殉葬的。［见图4-23，p141］

但是皇上不舍得，就给她弄到感业寺出家，暂时避避风头，后来给接回来。当然后来是皇后给她接回来的，皇后要对付萧淑妃，利用武则天来争宠。只不过武则天一得宠，淑妃就完蛋了，皇后也完蛋了。武则天把自己亲生的公主掐死，嫁祸于皇后，皇帝哪知道这女人能这么“大义灭亲”，当然上当，把皇后废了，立她当了皇后。

武则天当上皇后，李治哪是她的对手，一下就掌权，然后就称帝，改国号为周，灭了唐朝。就这样，她成为我国历史上唯一的女皇帝。

武则天一共生了四个儿子，给逼死了俩，后面那两个，就是中宗李显和睿宗李旦。过去史学家骂她牝鸡司晨，母鸡打鸣，就是说她女人称帝是母鸡学公鸡叫，而且心狠手辣，掐死亲生女儿，逼死两个儿子。甚至，中宗李显和睿宗李旦当了皇帝之后，也很快就被废了，特别是中宗李显，被废为庐陵王，贬到江西。

李显他们家房梁上永远悬挂着一根绳，随时准备上吊。只要长安一有宫使来传旨，他第一个反应就是我妈让我死，我上吊吧！幸亏他的王妃韦氏，说你先等会儿别着急。您先听听，万一赏你麦当劳，你急着上吊不是亏了啊。

有人还说武则天秽乱宫廷，生活作风也不好，但是这些都是小节，关键是她心狠手辣，可是他有李世民狠吗？她生活作风不好，皇上有生活作风好的吗？武则天虽不是一夫一妻，但比洪秀全强多了。论帝王功过，关键还是看她在历史上干了哪些事儿。

女皇帝武则天的统治，是有利于社会的进步，国家的发展，她发展农业生产，破格用人，发展科举制度，使社会经济继续发展，国力不断上升，因此综合看来她应该被肯定！有人说武则天的统治"政启开元，治宏贞观"。开元是唐玄宗的年号，那也就是说，他认为武则天在太宗、玄宗之间是一个承上启下的人物，她的统治有贞观遗风。武则天死了以后，并不是以帝礼下葬，而是以皇后礼，与唐高宗合葬于乾陵。而且她本来是皇帝，"越古金轮则天大圣皇帝"，则天是她的尊号，但她最后下葬还是以皇后礼下葬。她在位15年后，让自己的儿子继位，李唐皇室又恢复了。

武则天死后给自己立了一个无字碑，她立无字碑的原因是知道自己是一个争议性人物，所以千秋功罪，任人评说。我不评论我自己，我把自个儿吹得很好，后人把我碑给磨了，多没劲。后人去评说吧。事实证明她很明智，现在无字碑头镌字满，上面已经刻满了历朝历代的到此一游，且以本朝最多。

明皇咬虫皇

武则天去世后，他的儿子中宗李显二次即位（曾被废）。中宗李显在位的时候，韦皇后和安乐公主专权乱政，临淄王李隆基起兵诛灭韦氏一党，然后让自己的父亲继位，他的父亲就是睿宗李旦，是武则天最小的儿子。睿宗在位之时武则天的女儿太平公主又作乱，想仿效她的母亲称女皇，李隆基起兵又把他的姑姑给干掉了，充分体现了他的治国之才。

公元712年，李旦颁诏，让位给皇太子李隆基，李隆基继位就是唐玄宗，又称唐明皇。

唐玄宗即位后需要治国之才，他就找来了姚崇做丞相。姚崇说别忙，我有十条建议，你要听我的，我做；你不听，我闪。玄宗说你且讲来。

姚崇的十条很厉害，一是废苛法，施仁政。对百姓要好。

二是十年之内不与边境作战。因为之前被吐蕃打得够戗。

三是宦官不得干政。

四是皇室宗亲不能任高官。这两条都是针对之前宦官乱政，亲戚内耗乱打架乱谋反的历史教训提出来的。

五是亲近之臣犯法，要依法治罪。某个亲信宠臣犯了罪，一样要依法干掉，不能因为他陪你打乒乓球打得好，就妄纵他。

六是除了租、庸、调等赋税外，其他一切额外征收都须取消。

七是禁止建造寺观宫殿，那玩意儿太劳民伤财。这两条也是为百姓计。

八是对臣下以礼相待。

九是允许群臣实话实说，哪怕是批评类谏言也要容忍。

十是严禁外戚干政。只要这十条您都能听，我就当丞相，要不然拜拜。

唐玄宗说行啊，你这十条不都是丞相应该提的吗，你这不是提前上位了吗？来吧来吧我都答应，明天来上班。

在姚崇的帮助下，唐玄宗开始励精图治。他选贤任能，改革吏治，亲自考核县令。唐朝得有多少个县，一天考一个县令，都得一千多天，可见皇上进贤退不肖的决心。然后他发展生产、限制佛教、实行募兵制、大兴文治。好皇帝该干的他全都干了。

有一年天下闹蝗灾，大臣跟皇上说，苍天示警，皇上您得沐浴更衣，斋戒请罪。皇上说蝗虫是我的味儿招来的吗？跟我洗不洗澡有什么关系？所以到地里看看去，打蝗虫去，到地里一看没法打。结果皇上拿起一只蝗虫，搁嘴里给嚼了，活的，腿还动呢！说“尔食朕百姓五谷，如食朕之肺腑”。你吃老百姓的庄稼，就跟吃我心肝肺似的，你吃我，我先吃你，咔，给嚼了。文武百官也好，黎民百姓也好，见到这一幕，感动得鼻涕都出来了。都来这个吧，高蛋白嘛！所以虽然闹蝗灾，但没有人去反抗朝廷。

唐玄宗统治前期，政治清明，国家强盛，经济空前繁荣。史称“开元之治”或“开元盛世”。“开元之治”比起“贞观之治”来，经济上更繁荣。杜甫说，“忆昔开元全盛日，小邑犹藏万家室”。随便一个小城都有一万多户人。“公私仓廪俱丰实，”公家和私人的仓库全丰实。看隋朝富吧！但是它是官府有钱，老百姓没钱，藏富于国。开元之治则是藏富于民，对社会的发展来说，比藏富于国更有好处。再加上有一套完整的税收制度，大家就齐活了。

中国古代很少有哪一朝能做到这一点，它要么就是藏富于国，像隋朝，很快就灭亡了；要么就藏富于民，像北宋，但是缺乏合理税收，下面人有钱收不上来，国家则积贫积弱。宋朝的GDP占当时世界80%，可惜钱都在底下这些大官手里，不在国家手里，也完蛋。只有唐朝的时候，是公仓私廪俱丰实，老百姓也有钱，国家也有钱，国力空前强盛。

5 老板很靠谱 员工很得力

三省削相权

隋文帝在中央确立了三省六部制，即皇帝下设三省，中书省、尚书省和门下省。

中书省负责起草政令，门下省负责审核政令，尚书省负责执行。负责起草政令的，负责执行政令的，负责审核的，这个叫做三省。在尚书省之下，设立了六部，吏、户、礼、兵、刑、工。

六部职能各不相同，吏部负责官吏的考核任免，相当于我们今天的人事部、组织部。户部负责户口和财税，相当于民政部跟财政部加上国家税务总局，类似于这种机构。这六部里边最肥的就是户部，和珅能那么贪污，就是因为他做了20多年的户部尚书。

六部尚书理论上讲是吏部尚书最大，因为它管官嘛！但是实际上在清朝的时候，按照六部尚书晋升的顺序，最后做到户部尚书才是最牛的，户部要调任吏部，则有点儿降官的感觉。你由计生委调到发改委那不得了，你管计划生育的，跟管国家经济的那能一样吗？咱们国务院的机构改革，部委的排序绝对不是按照姓氏笔画，而是按照重要程度排序的。第一个是外交部，第二个国防部，这么排，干吗不把我计划生育委员会排第一，不可能！

礼部是管礼仪和教育，甚至还承担一部分外交的职能。兵部是管军政，包括武将的考核任免，军政就是军队的招募这些东西。刑部是管刑法，司法刑狱。工部是管建设。这就是具体的三省六部制，由隋文帝开创，唐朝的时候完善。比如说，户部原来叫民部，为了避李世民的讳改叫户部。

三省的分工，使相权一分为三，削弱了相权，加强了皇权。世界史里面有三权分立，人家那个三权分立分的是皇权，总统的权，最高统治者的权，咱们这个分权则是分相权，一者为了削弱独裁，一者为了加强独裁。因为相权对皇权的威胁太大了，比如秦汉时期的丞相，权力就非常大，有封驳谏争之权，什么叫封驳谏争呢？皇帝的圣旨、草拟的政令，需要丞相的批准，如果丞相觉得不妥，那不批准，封起来，驳回去，把自己的意见写在后面，照我这个改，这和报社编辑审稿似的，有权修改或枪毙稿子。然后皇帝跟丞相两个人春游，在外面碰上了，都要下车互相行礼，尤其是拜相的时候，宰相行礼，皇上还礼。宰相每次行完礼，皇上都要还礼。所以当时是君臣共治天下。

建立汉朝，谁的功劳最大？萧何的功劳最大。刘邦是一个痞子，无赖出身，出道的时候什么也不会。也不知道这帮人干吗保着他，他自己说，我这个人什么都不会，连军百万，攻必克，战必取，不如韩信；运筹帷幄之中，决胜千里之外，不如张良；安抚百姓，运送粮饷，不如萧何。但是这三人都听我，所以我得天下。但是，没有萧何，张良、韩信管什么用？打仗就是打钱，萧何安抚百姓，安抚后方，又给前线送粮食，把整个国家大局把握得井井有条，他的功劳是最大的。

所以萧何拜相，皇帝赐他三项特权：见君不趋，称臣不名，剑履上殿。

见君不趋：以前皇上搁那坐着呢，你进来你得跑，小跑过去才算对皇上显示出敬重。但萧何可以大摇大摆，爷来了。

称臣不名：在中国古代，你叫人家的名，跟骂人一样，只能叫他的字。你看咱们这些电视剧里，叫谭嗣同，嗣同兄……嗣同兄非抽你不可。你这么叫，你挖人祖坟不是？《走向共和》里李鸿章那么大岁数，见了梁启超，也是卓如啊！而不是启超啊。马超给蜀国皇帝上书，孟德杀我全家百余口，他杀了你一百多口，你还得叫他孟德，要不然证明你这个人没文化。公瑾如何如何，孔明如何如何，你不能说诸葛亮怎么着，周瑜怎么着，那不行。名是自称，别人不能叫，只有皇帝是可以叫你名的，并且参见皇帝也必须要自报其名的。而萧何见驾皇帝可以不报，只要说臣见驾就完了，不用说臣萧何见驾。这也是特权之一。

剑履上殿：你可以穿着鞋，带着宝剑上殿。因为那会儿都坐地下，进门都应该脱鞋的。

以后宰相一牛，皇上都赐这三个特权，所以丞相的权力太大。

丞相的属官叫十三曹，相当于国务院办公厅。这十三曹是国家的正式机构，主官秩千石，是国家给发工资的，跟县令是同级的。

皇帝的属官是尚书台。尚书，顾名思义可能就是原来给皇上管文书档案的，相当于皇上的秘书，尚书台主官秩六百石，比十三曹少四百。等于皇帝的属官比宰相的属官级别还低，不但低，还不是国家给发工资，是皇上自己掏腰包，你要不掏，你就甭雇他。

一个是国务院办公厅，一个是总统私人助理，你这个身份跟人家没法比。如此看来，还是表明相权之大。

所以皇上怎么来削弱相权呢？我就有什么事儿都跟这些尚书们商量，尚书台设立尚书，门下省设立侍中。这些人品级虽然低，但是整天跟皇上泡在一起，地位是非常重要的。发展到了东汉的时候，丞相基本上就成了一个虚衔儿了，真正掌实权的人，必然要加这么个衔儿——大将军录尚书事，大将军掌握武将，录尚书事管文官，基本上都这样。

但是这个大将军录尚书事还是一个人。它虽然不叫丞相了，实力却相当于一个丞相，对皇权还是构成了威胁。那个时候君臣共治天下，丞相跟皇帝，谁的权力更大，完全靠两个人的个性，要是秦皇汉武时期，肯定是皇权大，你要赶上个皇上窝窝囊囊，又爱玩儿什么的，又不理朝政，那就大权旁落。所以在隋朝以前，权臣篡位的事儿，史不绝书，多有记载。往往做了丞相就有机会篡位，曹操做了丞相吧，基本上等于篡位了，他儿子帮他完成了这个举动。接着曹魏几十年之后，被丞相司马氏篡了。尤其在魏晋南北朝乱世的时候，你要是做了丞相还不篡位的话，老百姓都替你着急。

隋文帝杨坚也是做了丞相后，篡了北周的位，所以他一当皇帝，就怕这种事儿发生在子孙身上，为了大隋江山千秋万代，怎么办呢？削弱相权。

名义上把相权削弱，说是一分为三，实际上不止。三省的正副长官都是丞相，都入政事堂。而只要可以入政事堂议事的官，实际上就相当于丞相。三省的正副长官大致是这些：中书、尚书两省的长官叫令，副长官叫仆射。中书令、尚书令、中书左仆射、中书右仆射、尚书左仆射、尚书右仆射。然后门下省的长官叫侍中，副长官叫侍郎。六部的长官叫尚书，副长官也叫侍郎，分左右，兵部左侍郎，兵部右侍郎。所以这样一来的话，三省的正副长官都是丞相，三三得九，一人之权瓜分为九。当然并不是每一个皇帝在位的时候，都有那么全的官制，比如李世民做秦王的时候，就当过尚书令，所以等李世民继位之后，唐代就不再设立尚书令了，因为当年太宗皇帝做过这个职务，你们谁再配做这个？就此取消。

宰相一箩筐

无论如何，宰相一般也得有六七个，七八个。到了唐朝中宗、武则天之后开始，皇帝设立了一个职务，叫同中书门下三品。这个职务是个临时性的职务，不管你现在是几品官，只要给你加上这个衔儿，你就相当于宰相。皇上若要提拔你，给你加这个衔，入政事堂议事，你就相当于宰相了。如此说来，宰相就由固定的变成了临时的。它的好处是，正式任命的宰相如果要罢免，是有一套严格程序的，现在这个是临时宰相，皇上能把这个临时工说撤就撤。

比如说国家公务员晋升应该是逐级晋升。科长、副处长、正处长、副局长、正局长、副部长、正部长，应该这样有序晋升。但是后来你别晋升了，我给你加一个衔儿就完了。假如你现在是处长，我给你加一个同中书门下三品，你就一下子相当于副总理了。优点就是哪天我看不上你，我把这个衔儿一摘，你就又回去接着当你的处长去，特方便吧。所以以后，既然设立了同中书门下三品，这三省的长官就变成了虚衔。甚至不设。

中书令该退休的时候，本来要选一个新的，现在就不选，就空着不设。即使设了，也都是给那种还有两年就快死的老臣，让他荣誉一下。一把年纪了也不入政事堂议事，也议不了事，连自己姓什么都忘了，老到那个分儿上的，给你个中书令、太师中书令，位高权不重。

真正掌权的，是同中书门下三品这帮临时替换，来去全由皇帝秉断的人。

中国古代的官员一二品穿紫袍。《红楼梦》里说："昨嫌破袄寒，今嫌紫蟒长"，然后三四五品是红袍，六七品官是蓝袍，也就是青袍（江州司马青衫湿），八九品的官就是绿袍了。所以中国有一个成语，形容一家全是当大官的就说他们家满门朱紫，除了红的就是紫的。现在所说的红得发紫，意思也大致相同。

这样的话，充当临时丞相的如果是小官，是青衫的，给你加个同中书门下三品的衔，你只要换个颜色的官服穿就是了，只换件衣服，从青衫变成紫红的就完了。等什么时候皇上不待见你了，这个衔儿一扒，你还回去穿你处长的官服去，红袍的还是紫袍的给脱下来，换青的上去。

说了这么多，就为了说明隋唐时期皇帝想出来的削弱相权的办法，它不但将相权一分为三，更关键的是后来把丞相之职演变成了临时工，成了皇上的杂工仔。中国古代就是从这个时候开始，宰相由一个变成一窝，由独相发展到群相。

英雄尽白头

孔子提倡素质教育，现在我们也提倡素质教育，中间这上千年的应试教育是怎么来的，就是从隋唐开始。

当时随着士族门阀的衰落和庶族地主的兴起，魏晋以来注重门第的九品中正制无法继续。再靠士族地主垄断官职，这个已经是不行了。所以隋文帝开始想别的招儿，开科举士。隋文帝废九品中正，开始分科考试，隋炀帝始建进士科，科举制形成，从隋炀帝开始，整整1300年，一直到公元1905年，光绪三十一年，才废止科举考试。科举制虽然废止，但这一千多年的卷子已经把中国知识分子考习惯了，所以现在的学生做卷子做得脑袋大是因为隋朝的时候被摆了一道。

虽然说纸上得来终觉浅，但当时这个制度还是十分客观有效的。

唐朝贞观时，以进士明经两科为主。武则天创武举和殿试，不光文的可以科举了，武的也可以。另外还开创了殿试，就是皇上亲自考你。明清两朝，殿试都是在紫禁城的保和殿举行，像康雍乾这三代圣主，基本上都是皇帝自己出题，自己监考。

开元年间则是高官主持考试。电视剧《宰相刘罗锅》一演就老是和珅去主持考试，和珅相当于宰相。这样一来，科举制经过文帝、炀帝、太宗、武则天、玄宗几代皇帝，逐渐就形成了，它的形成在中国历史上是一件非常大的事儿。

科举制形成的作用有这么些个。第一，冲破世家大族垄断仕途的局面，王、谢、袁、萧，那几大姓，以前这帮家伙是垄断仕途的。现在不行了，科举抑制门阀，扩大了官吏的来源。实际上也起到了缓和阶级矛盾的作用，因为庶族地主也能够通过科举做官了，不再嫉妒高门大阀里那些个一生下来就能当官的窝囊废，以后纯靠本事吃饭。

第二，提高官员的文化素质。它把读书、考试跟做官联系了起来，所以提高了官员的文化素质。原来那种目不识丁的人，再做官可能性就不存在了。当然唐朝实际上选拔官员还是以士族子弟为主，并不以科举制为主，而且即使科举制也有身份限制，农民就不行。到了宋朝才开始英雄不问出处，谁都可以参加，挖完煤去考一考，考上了照样飞黄腾达。

另外，在唐朝科举考试不是你想考，一考就能考上，它是非常难的。当时分进士，明经这两科，明经科就是填空，子曰什么时习之，你填一个“学而”就完了。但是明经好考，所以考上之后也做不了大官。

进士就特别不好考。诗词曲赋，时务策，国家大政方针，该不该开奥运，你得写一篇论文。唐朝人讲话叫五十少进士，三十老明经。30岁考中明经属于老明经，因为那玩意儿简单，50岁考中了进士却属于年轻的进士，因为那个难。唐朝人平均寿命是29岁，要50岁考中了进士，是什么概念，得跟人拼寿命吧。等你把别人都拼死了，你活得最长，叼着人参做完卷子考上之后，回顾起来等于是一辈子都在考试。文人全都一辈子去考试了，还有工夫琢磨怎么造反吗。读书人不琢磨造反，剩一帮被人卖了还帮你数钱的文盲，就更别反了！

所以唐太宗最爱干的事儿就是巡查考场。那个考试不像现在高考似的，是年年都考，那时考进士是三年一考。唐太宗每次去看考场，一看大家兴高采烈地来了，然后垂头丧气地回去；三年后又兴高采烈来了，然后又垂头丧气地回去，三年后再来一次。眼瞅着这帮人黑头发给考成了白头发，唐太宗就身心十分愉悦地说：“天下英雄，入吾彀中矣！”你们都上当了，掉我的圈套里了。然后唐朝人就写诗“太宗皇帝真长策，赚得英雄尽白头”。你让他考试，让他考不上，给他一个希望，他又考不上，这个哥们儿整天干这个，把头发都干白了。

毕竟像洪秀全这样干了一次没干上就造反的人特别少，因此有人说科举考试的一个重要的作用就是牢笼志士。特别是到了后来，宋朝农民都可以参加考试的时候，阶级矛盾就进一步缓和了。农民百姓想当官的话，不用去造反去抢了，只要六经勤向窗前读，干那个就完了。所以中国的古代传统社会，为什么顽固，为什么那么长时间不可动摇，就是因为统治阶级的力量太强大了。

后来到18世纪启蒙运动的时候，中国的科举制被介绍到了欧洲，形成了今天欧洲的近代文官制度。再后来又传回到中国，叫国家公务员考试，实际上就是科举制。比如我学历史的，结果我们党竞选赢了，我就能够担任国防部长。一个学历史的怎么能担任国防部长呢，你懂得业务吗？我不需要懂业务，副部长懂就行，因为副部长是考上来的。考试考得最高就考到副部级，正部就是政治家了，副部往下是官僚，它是职业的。

政治家不专业，不专业没关系，国防部长是拿大政策的，底下一帮考上来的专业参谋给拿大政策的提意见就行了。而且国防部长主要的任务是到国会要钱，要经费，不真指望着他去打仗去，所以谁都可以干这个。日本的内阁更迭多快，首相一年完蛋，一完蛋部长就全换，这种大换血，国家怎么没事儿？因为副部一级稳定，换再多的不专业部长都没有关系。所以近代文官都是由科举制考上来的，这让政局特别稳固。

6 小邑犹藏万家室

管地不管人

一开始隋朝沿用了北魏的租调制，规定民年五十，免役收庸。以庸代役的制度开始部分推行，但是这个有年龄限制，50岁才可以纳绢代役，不到50岁的话，该服徭役你还得去。

唐朝以轻徭薄赋的思想改革赋役制度，实行租庸调制。谷物叫租，绢和布叫调，服徭役的期限内如果想不去服役的，用纳绢或布代役叫庸。唐朝的庸不再有50岁的年龄限制，甭管多大的人，只要不想去服徭役，都可以纳绢代役。本来，在农忙季节如果大规模征发徭役，就没有人种地，会误了农时，现在不愿意去的人可以纳绢代役，留着劳动力去种地，多有好处。

租庸调有一个前提，我给你交租、交庸、交调，前提条件是你给我土地。你不给我地我拿什么交租子，布帛是地里种出来的，得种麻才能纺麻布，种桑树才能有绢子。但是中国古代的土地是私有的，归地主所有，那么国家要给百姓分配土地，这个待分配的土地是从哪来的，显然不能把地主的地给没收了再去分。途径只有两个，一个是新开垦的，再一个就是大规模的战乱之后，人口大量死亡所形成的无主荒地。不过，随着国家承平日久，人口增加，无主的荒地几乎没有了，新开的地也够戗，能开的差不多都开完了，那要去哪里拿土地分给百姓呢？

这时候政府有了新的应对措施，它规定，每个成年男子20亩永业田，80亩口分田。20亩永业田可传之子孙，80亩口分田，死后得归还给国家，然后国家好拿去再分配。拿口分田去再分配，想得是挺好的，问题是到了天宝年间，土地买卖和兼并之风盛行。

土地本是私有的，这些大地主大官僚们占有大量土地之后，还开始兼并农民的土地，没等农民死，他这一百亩地就没了，被兼并了。这一被兼并，国家就找不着口分田再往下分了，新出生的人就没地了。没地了，我的租庸调就交不了了，农民就只能逃亡，逃亡后，政府的租庸调就收不上来，国家就没钱了。整个连锁反应就是，政府直接分配的土地减少，均田制无法推行，租庸调制也无法维持，直接影响到了国家的财政收入。

为了解决财政困难，国家就得想招，不能再按照租庸调这种方法来收。公元780年，唐玄宗的曾孙唐德宗接受杨炎的建议，实行两税法。每户按资产交纳户税，按田亩交纳地税，然后一年分夏秋两次，两税指的就是户税跟地税。另外，还有一个意思就是一年收两回，夏天一回，秋天一回，一年分夏秋两次征税。

两税法改变了自战国以来，以人丁为主的征税标准。以资产为宗，不以丁身为本，表明封建政府对农民的人身控制有所放松。原来的租庸调制，它的收税标准是以人丁计算，每个成年男子授田一百亩，每年为国家交（比如）150斤粮食，两丈四尺绢布。有你这个人，就有国家的150斤粮和两丈四尺绢布。意思就是，哪怕当年国家分给你的地已经被兼并了，地都没了，但是只要你人在，照样得交。那你唯一的选择只能是逃亡。

那么被兼并的地到哪里去了？到我这了，因为我勤劳致富。我们家八个儿子，你们家就两个丫头，所以你们干活干不过我们家，最后我们家发了财了，把你家地兼并过来了。但我怎么交税？我还是按照我的人头走，就算我现在有四千多亩地，我还是按照两丈四尺绢布，150斤粮这么交，因为我就一个人，你也是一个人，我交的和你一样。

所以那时候是按人丁为主，而现在则按照土地财产为主，你有地的你多交，你没地的就少交，甚至不交。没有土地的商人，交总资产的1/30。这样一来就表明国家对农民的人身控制放松了，原来租庸调制不允许人口流动，你这一百亩地在海淀，你人跑朝阳去，我跟谁要税去，你的地在海淀，人必须在海淀，地在人在。现在无所谓了，你爱上哪上哪，因为谁占了这一百亩地，我就跟谁要税，你可以随便流动。如此一来，你在这没有地，可以上有荒地的地方开发，在海淀的地被兼并了，你可以去昌平、平谷，这就减轻了农民的负担，对生产发展是有利的，两税法实行的好处就在这里。

而两税法一实行，国家不再管这个地在谁手里了，你有地，你就多交，没地你就少交，甚至不交，这就意味着土地兼并不受限制了，麻烦也开始出现。从唐朝以后，田制不立，兼并不受限制，愿意兼并就兼并，农民没有土地就只能去租种地主的土地，一租种地主土地，地主就把税负转嫁到农民身上了。比如我是一个血汗工厂的厂主，是生产圣诞树的，全世界的圣诞树都是我们生产的，我厂里的工人每个月的工资是700块，每天要劳动11个小时，每个月可以歇3天，你看我够仁慈的吧！然后国家提高了我的企业所得税，那我怎么办呢，我只能让你们每天工作12个小时，1个月歇1天，工资600块，3个月不发。实际上就是，我为国家交所得税，为希望工程捐款（我是一个多么有爱心的企业家啊），都是你们出的这个钱。我该坐游艇坐游艇，该环游世界就环游世界。其他所有负担都是你们给掏的钱，可想而知这样一来，国家虽然减轻了农民负担，地主却又给农民加上去了，客观上还是加重了农民负担。

经济大繁荣

隋唐时期，国家统一强盛，交通发达，陆上、海上丝绸之路畅通，前期的统治者轻徭薄赋，劝课农桑，让国内各民族交往密切，政府对外开放。这些原因促使隋唐两代成为中国古代经济空前繁荣的时期。

农业的发展表现在：第一，江南地区的土地资源进一步开发。魏晋南北朝的时候，南方经济跟北方的差距缩小，安史之乱以后，经济重心开始南移。但是也有坏处，围湖造田和向山要田，对自然生态平衡有所影响，所以中国的生态问题出现得很早。第二，农田灌溉和农具的改进。新的灌溉工具筒车，另外还有用于耕作的曲辕犁。第三是农产品的商品化程度提高。比如说茶叶，魏晋南北朝的时候贵族才饮茶，到唐朝，百姓也开始饮茶了。有的电视剧里，汉朝就让老百姓一进门给你捧出茶来，甚至春秋战国就捧出茶来喝，很好玩，那会儿没有的。那会儿应该一进门喝酒，不应该喝茶，唐朝才开始大规模饮茶。

手工业发达。

它发达的表现是，中国能造当时世界上最大的海船。当然有的书记载说通过波斯湾时必须换小船，那个有点扯。这船主要是在洪州造，洪州是江西南昌，不靠海，在江里湖里造出来后再拖海里，这个船能有多大。我记得美国航空母舰都能进波斯湾，如果那时中国造的船进波斯湾就要卡住，那得多大，你以为波斯湾是北海公园哪。

唐三彩为后代的彩瓷开辟了道路。唐三彩其实是冥器，给死人陪葬的，大量烧制，不计其数，所以不值钱。我如果是唐朝贵族，我生前住的庄园，我骑的马，我用的桌椅板凳，侍候我的丫头，都给烧制成唐三彩，埋到坟里去接着侍候我。所以这个玩意儿在唐朝大量使用，太多了。唐三彩不像青瓷中的秘色瓷，全国就那么几件，你得一件，子孙万代吃不穷喝不穷。秘色瓷只有到了陕西扶风县法门寺的博物馆亲眼看到，才能明白它有多美，当然现在早失传了，做不出来。原来认为唐朝根本就没有，后来从扶风县法门寺地宫挖掘出来了，才看出来是有的。

唐三彩这种冥器，到了宋朝觉得它浪费，改扎纸人纸马，民国的时候，农民要刨地刨出这个来，就摔了。历史剧《孝庄皇后》里多铎戴着一个大耳环，一看就要吐。你见到过清朝王爷戴耳环的吗，以为是歌星吗？他还说我这一路到中原来，得了不少宝贝，拿出来一看全是唐三彩。开玩笑，谁把纸人纸马摆家里，应该给你爷爷烧的，你觉得特漂亮弄家摆着，你爸不抽死你。

咱们现在无神论了，无所谓，家里才摆这个。反正我们家不摆，谁给我唐三彩我坚决不要，兵马俑摆它干吗。这就好比太后寝宫里挂一幅柳永的《雨霖铃》，妓院里才挂柳永的词呢！到故宫里看一眼，慈宁宫里应该挂列祖列宗的圣训，弄一个《雨霖铃》挂着，整天让太后寒蝉凄切，太后还守得住吗？

当然，唐三彩也有它的好处，因为它相当于唐朝的历史照片。它都是真的，照着生前的样做完了埋在里面，挖出来一看就知道，原来唐朝的房子是这样的，原来唐朝的人都长这样，胖乎乎的。跟壁画的作用一样。

唐朝丝织品有波斯的风格，就是今天的伊朗。

中国现在特别常见的代表吉祥的动物有两种，一种是大象，一种是狮子。衙门口立着的狮子，皇帝宝座两边标示太平有象的大象，这两个动物全是波斯进口的。中国最古老的动物形象，是青龙白虎朱雀玄武，西方青龙，东方白虎，北方玄武，南方朱雀。青龙白虎大家都知道，朱雀就是三足乌鸦，玄武就是一条蛇缠在龟上，也叫龙龟。最早中国出现动物形象是这四种，没有狮子和大象。后来有一段时间倒是有，但是在“文革”以前，之后知识青年上山下乡插队，把大象都插缅甸去了；原来中国境内也有东北虎，现在都跑俄罗斯去了。

银行的雏形

隋的钱币，仍然铸的是五铢钱。秦朝的钱叫半两，汉朝叫五铢，一直沿用到隋。学历史有一个特别重要的途径是以诗证史，因为古诗里面有大量的咏史诗。刘禹锡的《蜀先主庙》中说“天地英雄气，千秋尚凛然。势成三足鼎，业复五铢钱。得相能开国，生儿不象贤。凄凉蜀故伎，来舞魏宫前。”光复汉室天下（当然是偏安一隅），归功于诸葛亮，刘禅是一个笨蛋，所以造成蜀国的灭亡。其中他说的那个业复五铢钱，就是汉朝的钱。

唐高祖时流通的开元通宝钱到现在几毛钱就能买一个，以后历代的货币，都以它为范式。开元通宝的“开元”意思可能是国家刚刚建立，开辟新纪元，它不是年号，否则的话开元通宝就成了唐玄宗的钱了。以年号铸钱是北宋开始的，北宋以前的有唐一代，就是说整个唐朝，它的钱都叫开元通宝。

唐朝城市里有固定的交易场所叫市。市中有邸店和柜坊，设官员管理。

邸店，兼营旅店货栈、交易场所。电视剧《大马帮》里，他们到哪都能住的就是邸店。这个地方还可以存他带来的货，烟叶子，在现场进行交易。

柜坊，是我国最早的银行雏形，比欧洲早几百年。银行的出现证明了商品经济发达，货币需求量大。金属货币过于沉重，携带不便，才有了银行。

电视剧《碧血剑》里面，一个小姑娘背着两千两黄金，从岸上嗖一下就跳到河里的一个小船上，那是不合理的。第一，背得动吗？古时是十六两一斤（所以有半斤八两之说），那么两千两就是一百多斤，一百多斤背着还跳那么远，开玩笑，奥运会要是在那时候办，就没有悬念了。她武功高强我不怀疑，即使她背得动，但她背了一百多斤的钱从岸上嗖一下跳到河里的船上，那种跳法跟大口径榴弹炮命中了一样，那船还不沉，有鬼啊！明显违反物理定律。

另外电视剧里还有很多从袖子里摸出一锭银子的人，说这是50两银子。第一给50两的大元宝只可能是官府的官银，百姓一般不带这样给的，他没有渠道弄到。再者50两银子是三斤多，你搁什么袖子里，走路不打晃都会抽到自己的大腿，没走几步就把袖子扯坏了，除非袖子是防弹背心材料做的。当时真正掏得出来的银子全应该是碎银子，十两以上就要给银票了，哪见过给那么大真银子的。到清朝的时候，韦小宝动不动拿几千两银票来送给敌人，用来解围，要是他身上几十万两银票都换成银子，他得身体倍儿棒。如果这五六千斤他能扛得动，天地会总舵主就改他当了。

所以那时候大笔头买卖全是用银票，银票的意思就是我把钱存在一个地方，那地方给我开个证明，跟存款单似的，我拿这个证明到下一个地方把它取出来。所以发展到北宋，就出现了纸币，我也甭去取它了，我直接给你纸币就完了。人类接着发展，到现在连纸币的需求量都不太大了，纸币携带不便，动辄成千上万，而且容易弄脏弄破，传染细菌，于是开始刷卡。中国还没有大量普及，有些小店买东西的时候先得问能不能刷卡，你要在美国的话，买东西之前得先问人家你收现金吗？因为一般他们都用信用卡和旅行支票，很少有地方收现金的，所以欧元、美元，尤其日元，取出来都是崭新的，这就证明它很少流通。中国的人民币的纸币太旧，就是流通量太大了，净拿胶水粘的，胶带粘着，缺一个角。

超市的前身

现在你做买卖，想干到几点就干到几点，24小时没人管，那会儿不行，官府不允许，有限定，比如一些繁华的大城市里有了夜市，农村有草市。

还有一个特点是胡商遍布。那会儿中国是很开放的，没人抵制这货那货，没人抵制外商，外商来华的特别多，胡商就是外商，指的是少数民族，也有西域，还包括阿拉伯人，波斯人。

隋唐两朝长安洛阳是全国最大的政治经济文化中心，也是商业大都会。长安城内有坊有市，坊市分开，坊是住宅区，相当于我们的居民小区，有围墙，有门。市是商业区，做买卖只能在市里。

市有东市、西市，你只能在这两个地方做买卖，这跟今天的情况一比，又证明了当时的商品经济不够发达。今天咱们北京就两个地方能做买卖，一个西单、一个东单，你们家如果在怀柔，想吃饺子买壶醋，打车去西单吧！打车钱都够你吃牛排了。

那么古时候的人吃饺子不吃醋吗？他也吃，自己酿的。那会儿什么都可以自己做，比如像我小时候，家里自己擀面条，自己做包子，自己蒸馒头，自己做花卷，这些玩意儿现在在超市都能买着。这就说明今天的商品经济比我小时候发达，更别说比隋唐时候。那时候的市场是一击鼓，大家就开始来做买卖，一打锣，就得散。一般太阳一下山就开始打锣，然后就开始打静街鼓，静街鼓800响，鼓声一响，赶紧往家跑。鼓声一停，你还在大街上，鞭子抽。冬天太阳走得早，四点多钟就下山了，那四点多你就回家闷着去吧！古代都是这样，一到晚上就静街了，怕你聚众谋反什么的，不在家的，上街的人都得有腰牌，比如官员什么的，才可以上街。尤其到了唐朝，晚上上街也没事儿干，因为所有商店都关门了。

长江流域的商业都市，以扬州、成都为两个中心。扬一益二：扬州第一，益州第二，益州就是指成都。

在唐朝，扬州的地位就跟咱们今天的香港地位似的。所以你看唐朝人写唐诗写到扬州的地方太多了，比比皆是。李白的“故人西辞黄鹤楼，烟花三月下扬州”。另外比如“天下三分明月夜，二分无赖是扬州”、“人生只合扬州老”、“宁求死看扬州月，不愿生归驾九龙”。什么都是扬州的最好，月亮也是扬州的圆。那个地方经济之所以如此发达开放，是因为它不像在长安洛阳，有条条框框那么多限制。

7 条条大路通大唐

收编东突厥

唐朝的疆域三面都靠着海，东到大海，西到咸海，南到南海，东北到外兴安岭、库页岛，极盛的时候是1600万平方公里，可惜只维持了三年。咸海虽叫海，实际上是一个湖，在今天的哈萨克斯坦境内；外兴安岭，今天叫斯坦诺夫山脉，在俄罗斯境内；库页岛今天叫萨哈林岛，也在俄罗斯境内。〔见图4-24，p142〕隋唐时期，中央王朝的统治者，尤其是唐朝前期的统治者，比如唐太宗，比较重视民族关系，实行了开明的民族政策，交通的发达也使得中原边疆往来密切。北方有突厥和回纥、靺鞨；西南有吐蕃、南诏先后建立政权，他们开发了祖国的边疆。〔见图4-25，p142〕

突厥兴起于阿尔泰山，它可能是匈奴的后裔或者别种。阿尔泰山是今天蒙古国跟我国新疆交界的地方，它又叫金山，产黄金，所以蒙古人一夸你，就说你纯洁得跟阿尔泰山的金子似的。现在估计也没了，都是沙土了。六世纪中期的时候，阿尔泰山的人建立了突厥汗国。到隋朝初年，分为东突厥、西突厥，其中东突厥特别强大。

贞观初期，唐太宗大败东突厥。这是前面讲过的，唐朝名将李靖以三千铁骑，大破突厥于阴山。颉利可汗正喝酒呢，李靖神兵天将，俘虏颉利可汗，东突厥灭亡。

东突厥降众有好几十万人，这要怎么处理。魏征上奏皇帝，突厥狼种，这帮人是狼的后代，因为他们的国旗就是一个大狼头，不可以仁义教，不可以刑法威。这帮人软硬不吃，所以建议杀尽其酋首，分散其子民于大江南北。另一个大臣给唐太宗建议，把他们移到内地来，好监视他们，弄到山东。就像唐朝灭了高句丽，灭了百济，都把人迁到中原内地来了。

但是要把它移到内地来，就出现了一个问题，它的故地怎么办？把突厥人从阴山那个地方移过来，阴山那个地方怎么办？那地方派汉族人去驻守，谁都不愿意。如果放弃那个地方不要，被别的游牧民族占领的话，如何保证占领该地的游牧民族一定跟唐朝是友好的。所以又有大臣给他出主意，“全其部落，顺其土俗，以实空虚之地，使为中国捍蔽”。这叫兴灭继绝。眼看这个国家已经快灭，要绝种了，你兴灭继绝是最了不起的，在中国古代的是最高尚的事儿。唐太宗采纳了他的建议，突厥的可汗贵族还都是在长安居住，但让当地人任都督，管辖当地自己的部落。等于我打败了你，我还让你当官，我还让你管辖，就跟诸葛亮七擒孟获一样，以夷制夷。

唐太宗不改变原有部落组织风俗，设都督府管辖，所以这些人对朝廷感恩戴德，尊唐太宗为天可汗。可汗是北方各族对君长的尊称。唐太宗自己讲，“自古皆贵中华，贱夷狄，朕独爱之如一，故其种落皆依朕如父母”。我对他们一视同仁，他们才把我当做了父母。

因为李唐王朝也是大有胡人气，皇帝都有鲜卑语的名字，本就是鲜卑人和汉人的混种。而且唐太宗说过这么一段话，“汉武穷兵三十余年，疲弊中国，所获无几，岂如今日绥之以德，使穷发之地，尽为编户乎”。汉武穷兵三十余年，长城万里尽烽烟，结果也没拿到什么好处，还不如像我一样，以德服人，把落后的少数民族地区收编，全都作为国家的编户，入了版图，我比汉武帝还厉害吧！是那么一个感觉。

其实唐太宗这话有点大了，你不是先把他打败了才收编的吗？如果不把他打败了，不先以武服人，后面哪能那么容易以德服人。没有武力光有德，谁理你呢，那帮人都是缺德人，不打服了不行。先以力，后以德，才能将他们彻底征服。

东突厥处罗部的可汗阿史那杜尔，为叔父所迫，率部投奔唐太宗，尚以南阳公主，授大将军，历侍太宗、高宗两朝，一生战功卓著，堪与李靖等名将比肩。他横扫西域，杀得那些突厥同族哭天喊地的；灭大小国二十四个，为唐朝安西、北庭两大都护府的创立者。太宗每天晚上让阿史那杜尔佩刀执槊站在寝宫门口，给自己站岗，他不在那站岗，唐太宗睡不着。阿史那杜尔拿着长矛，挎着刀戈站着，如果他心中想起国仇家恨，进去一下子，唐太宗就完了。皇上躺在那儿，一会儿一听，呼噜声响起来了，不是考验你呢！真睡着了。对他这么信任，阿史那杜尔对皇上能不是感恩戴德吗。所以阿史那杜尔为唐朝出生入死，死后陪葬昭陵，也是跟皇上埋在一块了。这就是突厥贵族。

唐王朝，开阔、宏博、多彩，各个民族，各个国家的人，都有在唐朝当官的。突厥人、契丹人、回纥人、朝鲜人、日本人、伊朗人、阿拉伯人，都能在唐朝当官。所以唐太宗一去世，北方各族君长，如丧父母。戳瞎自个儿眼的，拿刀割自个儿脸的，脑袋上点香的，自杀殉葬的什么样的都有，无法形容自己心中有多悲痛。由此可见，唐太宗时期的民族关系非常开明。

打跑西突厥

东突厥灭了以后还有西突厥，西突厥当时在新疆地区，控制了天山以南各国，影响了丝路的畅通。唐太宗先征服高昌，置安西都护府，到公元657年，唐高宗派苏定方等征讨西域。苏定方是个猛人，之前曾经和李靖一起灭了东突厥，现在又俘获贺鲁，灭了西突厥。

那个时候朝廷对西域特别重视，因为丝绸之路是中国对外交往的唯一通道。东南都是海，北边是蒙古大沙漠，大戈壁，你翻过去干吗去？西南青藏高原你翻得过去吗？陆上只能从西域那一块走。

朝廷在西边设立的管辖机构一般叫都护府，这个就是维护丝绸之路的，用汉族担任都护。然后东边儿的一般设立的叫都督府，是任用这个当地民族，用本地人担任都督，实际上等于是一种怀柔羁縻之策。所以武则天置北庭都护府与安西都护府，分治天山南北。

都护府是有品级的，正式朝廷命官。“胡天八月即飞雪……将军角弓不得控，都护铁衣冷难着。”“大漠孤烟直，长河落日圆。萧关逢候骑，都护在燕然。”它都写这个，表示那个地方受都护府们管辖。班超就是西域都护。

北庭都护府，顾名思义，肯定是管北边了。安西都护府就管南边，主要管辖今天新疆地区，下辖四镇，疏勒、龟兹、于阗、碎叶。李白就出生在安西都护府管辖的碎叶镇，今吉尔吉斯斯坦托克马克。所以要按出生地定国籍，李白是吉尔吉斯斯坦公民，三岁才回到中原内地。但是吉尔吉斯斯坦好像没人知道李白，也不以这个为骄傲，不然可以申请一下，说李白是他们国家杰出的公民。

突厥人被打败了之后，就往西迁了，其中的一支迁到了今天的安纳托利亚高原，也是在这个时候，他们皈依了伊斯兰教，其中的一支在首领的奥斯曼率领下建立了国家，就是奥斯曼突厥帝国，又叫奥斯曼土耳其帝国。土耳其和突厥发音很相似，其实是一回事，“土耳其”是英语发音，“突厥”是突厥语发音，就跟“China”和“中国”是一个国家似的。

土耳其建国，地跨欧亚非，纵横三大州，盛极一时，然后从17、18世纪开始走下坡路。他跟中国一样，比中国衰落得还早，苟延残喘了那么多年，属于西亚病夫。

到了20世纪初，青年土耳其党进行改革的时候，为了重振土耳其的国威，一部分人就提出来，历史上突厥民族曾经统治过从日本海到黑海的庞大领土，使整个日本海到黑海都是亚洲北部民族的语言，都属于突厥语系。所以它就认为，凡是讲突厥语的地方，全都应该统一建立成一个国家，等于整个亚洲北边都应该归他们管，这种思想被称为泛突厥主义，属于极端民族主义。后来跟泛伊斯兰主义，极端宗教势力相结合，形成了今天的东突问题。为什么现在这帮民族分裂分子，建立什么东土耳其斯坦，这个东土耳其斯坦哪来的？就是极端民族主义跟极端宗教主义相结合的产物。

实际上我们知道，维吾尔人是回鹘人后代，他并不是突厥人的后代。回鹘语虽然属于突厥语系，但属于突厥语系的语言多了。咱们汉语还属于汉藏语系，但是汉语跟藏语有相同的地方吗？

维吾尔女婿

唐朝时期，北方的民族就是回纥，后来音译为回鹘。回纥原居色楞格河一带，色楞格河就是在今天的蒙古国境内了。唐太宗的时候，设立翰海都督府，册封这个回纥的首领为翰海都督府的都督。翰海一般指沙漠，“翰海阑干百丈冰”。

八世纪中期，骨力裴罗统一回纥各部，唐玄宗册封他为怀仁可汗，怀仁这个词明显是汉语，表示回纥可汗是受唐朝的册命。安史之乱时，回纥还助唐平叛过。当然回纥助唐平叛是有条件的，不是白帮你，破贼之日，土地城郭归大唐，金帛子女归回纥。就是说收回来的这些地归你，里面的人和东西我全拿走。连人口都拿走的话，等于收回来都是一座一座的空城，那有什么用，这就是安史之乱导致唐朝由盛转衰的原因。

唐肃宗时期，开始同回纥的可汗和亲。肃宗是玄宗的儿子，玄宗安史之乱奔蜀地的时候，肃宗于灵武登基，然后遥尊玄宗为太上皇。所以唐玄宗的晚年也是很凄凉的，因为肃宗怕他复辟，一直看着他。

回纥比较聪明，总结了从匈奴到突厥灭亡的教训，他得出一个结论，就是不能与中原王朝为敌，因为中原王朝国力强盛。就是说，除非少数民族武力强大到一战就能把中原王朝给灭掉，如果灭不了，只要中原王朝缓过劲来，他就可以弄你，因为他经济强大。打仗就是打的经济，北方游牧民族是畜牧经济。大雪灾一来，你的草全被盖住了，牲畜没得吃，全冻死了；人住的帐篷是靠畜皮搭的，衣服是兽皮做的，喝的奶也好，吃的肉也好，都是靠畜牧，如此说来，一场雪灾或者一阵龙卷风，就能要一个政权的命，就能造成政权灭亡。

所以他们虽然武装力量强大，但是他经济基础太薄弱，离不开中原王朝的支持。回纥就聪明在，它绝不与中原王朝为敌，所以唐朝和回纥的关系，大概是历朝历代中原王朝跟北方民族关系最好的了，双方在边境都不设防，不以对方为假想敌。回纥一百多年，一共传了十二位可汗，这十二位可汗里面，有十位是娶的唐朝公主。等于回纥的可汗都有唐朝的血统，有汉族的血统。

“是时可汗上书恭甚，”回纥可汗给唐朝皇帝上书，非常的恭敬。合骨咄禄可汗说“昔为兄弟，今婿，半子也，”原来咱俩是哥们儿，现在我成你女婿了，所以我是半个儿子，对你很恭敬吧？“陛下若患西戎，子请以兵除之。”你要是觉得吐蕃讨厌，儿子替你打去！

公元八世纪的时候，回纥改为回鹘。

九世纪，汗国瓦解。回鹘遭到了外族的进攻，又遇到了严重的天灾，所以回鹘汗国瓦解，部分西迁新疆的回鹘人就是维吾尔族祖先；西迁甘肃的就是裕固族祖先。所以今天维吾尔族就是当年回鹘人的后代，裕固族也是。

册封南北诏

七世纪中期，黑水、粟末两部强大，黑水在北，粟末在南。

粟末靺鞨族在松花江、黑龙江流域，以渔牧为生。其实粟末靺鞨就是今天满族的祖先。

粟末政权始建于公元698年，由大祚荣建立。玄宗封大祚荣为渤海郡王，忽汗州都督。这样一来，粟末靺鞨就变成了渤海政权，渤海国又叫北诏国，与南诏国相呼应。今天韩国跟咱们争这个，说渤海是他的政权，我们就说是我们东北少数民族建立的，其实应该是两个民族共有的历史。因为当时跨地而居，到底属于哪儿没法评说。渤海国一直存在了将近300年，到公元925年，被辽所灭。但是渤海人一直还在，到金之后还有渤海人，皇族姓大。当年岳飞抗金，金朝有一员名将叫大托卜嘉，他就是渤海人。

南诏国。南诏的崛起是在七世纪前期，它后来发展成了两个现代民族，彝族和白族。南诏的诏是当地语，王的意思。当时一共是六诏，其中蒙舍诏比较强大，首领皮逻阁在唐玄宗的支持下，统一了六诏，建立了南诏政权。玄宗封皮逻阁为云南王。当时皮逻阁请封，唐明皇玄宗念其地悠远，属彩云之南，所以封他为云南王，云南这个省的得名，就是因为这次的册封。南诏政权极盛的时候，领土不仅包括今天的云南、贵州，可能还包括今天的老挝、柬埔寨、泰国一部分，今天的泰国王室也是南诏的后裔，是南诏政权后来到那边去建立的。

唐蕃的和亲

吐蕃，也就是今天的西藏。

中国虽有五十六个民族，但无可否认他们的发展程度是不一样的，有些少数民族的发展程度比较落后。像1949年的时候，有的还处在原始氏族制。五十六个民族里面文明程度最高的当然是汉族，剩下和汉族文明有一拼的，其实就应该是藏族。汉文的书籍有多少，数不清吧！跟天上星星一样多，浩如烟海。藏文书也差不多，当然这是说古籍，藏文古籍非常古老，一直传到今天。藏族的神话传说当中，人是神猴和罗刹女结合生下来的，这个传说是最符合达尔文的进化论了。

而这个文明程度仅次于汉族的藏族，祖先就是吐蕃。吐蕃的王叫赞普， 松赞干布就是吐蕃赞普。他统一青藏高原，定都逻些，就是拉萨，拉萨作为西藏的政治中心，到现在都没变过。他仿造唐朝官制，创制吐蕃文字。吐蕃文字是在梵文字母的基础上创制出来的。唐太宗把文成公主嫁给松赞干布，文成公主入吐蕃，代表了唐蕃和亲。金城公主也嫁给了吐蕃赞普，但跟文成公主不是一块过去的，金城是唐中宗的时候过去的，嫁的是吐蕃的尺带珠丹赞普。

九世纪初，唐穆宗的时候，吐蕃与唐会盟，史称长庆会盟。“患难相恤，暴掠不作。”暴掠不作，证明这事儿以前没少做。唐蕃打了那么多年的仗，吐蕃四次攻入长安，安西四镇全部沦陷，都被吐蕃给占了。吐蕃帝国极盛的时候，疆域非常辽阔。当时的大食帝国，也就是阿拉伯帝国，在向东扩张的时候遭到了制止，正是由于吐蕃帝国的存在。骁勇善战的吐蕃人挡住了阿拉伯人，避免了中国被伊斯兰化。

洋人当大官

隋唐时期，对外交通发达。

陆路从长安出发，可达朝鲜。当然陆路要是往东也只能到朝鲜，再往东就掉海里了。向西经丝绸之路，可达印度、伊朗、阿拉伯，以及欧洲、非洲等许多国家。海路，从登州、扬州出发，可达韩国、日本。登州就是山东蓬莱，韩国人跟咱们套磁的时候，就说中韩两国隔着浅浅的一道海，天气晴朗的时候，我们能够听到山东半岛的鸡叫声，也不知道什么鸡，叫那么大声。然后从广州出发，经海上丝绸之路，可达波斯湾。海上丝绸之路在汉朝的时候只能到印度最南端，到唐朝就可以抵达波斯湾了。

唐政府鼓励外商来中国贸易，允许他们在中国居住、任官、通婚。唐朝前期强大的时候，平均每个皇帝在位时做官的外国人多达三千，波斯人官拜宰相，伊朗人官拜宰相；高丽人官拜大将军，当然高丽人我们认为是自己的民族，不过韩国人认为高丽人是韩国人，那就算韩国人吧！高丽人高仙芝是安西节度使，相当于兰州军区司令那样高的职务。

最有名的有一个日本人，阿倍仲麻吕，他19岁来华，唐玄宗非常喜欢他，给他起汉名叫晁衡，在中国任官，官居秘书监监正。用我们今天的话讲就是国家图书馆和国家档案馆馆长，从三品，这个位置太重要了，你想国家档案馆馆长，国家档案归他管，这都是绝密信息和国家机密。晁衡在中国三十多年，娶妻生子，他儿子可能二三十岁时才知道父亲是日本人。原来我爹是日本人，日本在哪儿？你给我讲讲日本吧！晁衡觉得自己年事已高，就向唐玄宗辞行，想回日本，唐玄宗不放，晁卿归国真不舍得，不让他走。结果那年中秋节，兴庆宫大宴文武，群臣赋诗，轮到晁衡的时候，作诗云“翘首望长天，神驰奈良边。三笠山顶上，想又皎月圆”。我人在长安，心在奈良，我家乡的那个山，顶上的月亮也升起来了，月亮圆的时候人也团圆。所以玄宗见他既然这么想家，那就回去吧。他这才跟着遣唐使的船回国。

晁衡跟李白、王维都是哥们儿，他走的时候李白、王维都给送别，依依不舍。王维赋诗《送秘书晁监还日本国》，“积水不可极，安知沧海东。九州何处远，万里若乘空。向国唯看日，归帆但信风。鳌身映天黑，鱼眼射波红。乡树扶桑外，主人孤岛中。别离方异域，音信若为通。”晁衡一出海就遇到风暴，传回消息说晁大人遇难，李白都快哭死过去了，作诗云：“日本晁卿辞帝都，征帆一片绕蓬壶。明月不归沉碧海，白云愁色满苍梧。”后来消息传来没死，给刮到越南去了。那会儿那船是帆船，风一刮，又没指南针，就只好跟着感觉走，登陆之后一看是越南。晁衡说明身份，安南都护一看，原来您是秘书监晁大人，赶紧给送到长安去了，结果绕一圈又回去了。晁衡后来终老长安，客死在中国，终身没能回到日本国。因为你再出海，刮到印尼去就完了，好歹越南当时是中国领土，属于安南都护所管，你要是刮印尼去，当时那边不是中国地儿，麻烦了，再让土人吃了你。

晁衡是中日交流的典范，日本有很多这样到中国来做了官的留学生。〔见图4-26，p143〕

韩国进化史

唐朝与新罗的友好往来有十分重要的意义。

新罗就是今天的朝鲜，隋朝时朝鲜半岛上还是三个国家，高丽、新罗和百济。其中高丽是最大的，在今天中国的东北都有它的领土，而新罗和百济就是在今天的韩国地区，半岛的南部。这三国鼎立。

隋朝的时候，隋炀帝三征高丽无功而返。唐太宗征高丽也是无功而返，他赫赫武功，征高丽的下场和隋炀帝相同。可能主要原因就是那个地方太冷，交通不便。唐高宗时，一开始打高丽也多次失败，曾派唐朝的名将苏定方带领猛将契苾何力多次征讨，以苏定方之能耐，虽然把高丽军打败了无数次，但最终都因为天寒路远，功亏一篑。于是唐高宗改变了外交策略，远交近攻，联络新罗去攻高丽和百济。

唐高宗娘兼老婆的武则天掌权时，派薛仁贵和李勣最后一次往伐，当时李勣已经73岁了，高龄挂帅出征，终于把高丽给灭了。灭掉高丽之后，高丽的王族勋臣这帮人就迁入中原，搁在山东，最终融入汉民族。后来朝鲜历史上又出现一个高丽王朝，那个高丽王朝是当地朝鲜人建立的王朝，跟这个高丽完全不是一回事，只不过打着高丽的旗号而已。

唐朝还跟新罗联手去灭百济，唐罗联军一共是19万，其中唐军15万，新罗军4万，所以主要是唐军灭的百济。今天韩国人供奉的民族英雄，一个是李舜臣，那是抗日的，确实值得供奉，还有一个叫阶伯将军，韩国有很多他的画像、铜像，相当于韩国的文天祥，他就是百济的大将。当唐罗联军19万进攻百济的时候，百济王都投降了，就阶伯率五千勇士抵抗，最后全军覆没，战死沙场。

新罗是在唐王朝的帮助下，完成的统一，所以新罗跟唐朝的关系就非常的友好。新罗王朝的领土，不是今天全部的朝鲜半岛，当时唐朝和新罗的边界并不在鸭绿江，而是应该在大同江。今天的平壤以北，在当时还是中国的土地。中国皇上一过生日，新罗的女王都给皇上绣衣服，还得写赞诗，很恭顺。唐朝的留学生中以新罗的最多，最有名是汉学始祖崔致远，好像在扬州那个地方当过地方官。关于留学生问题，好像今天也差不多，你看哪个学校一说招外国留学生，基本都是新罗的。在韩国高考压力比咱们中国更重，所以那帮人哪儿也考不上，只好跑中国混，混好了混一个北大。其实他们的水平，别说北大了，北小也考不上。咱们中国的教育体制也不值钱，像哈佛、牛津、剑桥、麻省理工，这样的学校会因为你是外国人，你有钱就能给你上吗？北大无所谓，北大、清华等于就是贱卖了，韩国人给钱就来吧！于是出现咱现在的状况，新罗的留学生最多，哪儿都有，到处听到前轱辘不转后轱辘转思密达。

新罗立国，参用了唐朝制度，设立国学，教授儒学。要是在古代朝鲜，1910年被日本帝国主义吞并以前，如果不认识汉字，想做官是没戏的，扒拉土坷垃去吧！直到朝鲜王朝第四代世宗大王的时候，颁布训民正音，才有了朝鲜文字，所以韩国人特别崇拜这个世宗大王。但是他颁布训民正音的时候，当时很多大臣就反对，说夷狄才创文字，吐蕃才创文字，我们各级的制度都是跟中国一样，我们是中国人，中国人不应该另外自创一套文字。

新罗还从唐朝引入茶种，印刷术，制瓷，制铜工艺。今天到韩国某地旅游，它的什么特产，就是铜筷子、铜器、青瓷。高丽青瓷非常有名，实际上中国的瓷器最早就是青瓷、白瓷，后来才出现了彩瓷、粉彩，韩国可能一直还停留在青瓷这个水平，现在看起来显得很古拙，很古旧，实际上是因为后面的制作技法没学过。另外，读唐诗、写唐诗也是他们的一大习惯。朝鲜人写唐诗的水平确实相当高，日本人也能写，但日本人写的没有韩国人纯正，再往下的话越南人也能写，那基本上就是打油诗了。1910年，朝鲜被日本帝国主义吞并，很多志士流亡中国，其中有一位在江苏南通居住的时候，留下一首非常有名的诗篇。这哥们儿在晚上睡觉时看到天上飞过大雁，一琢磨就写下这首诗："一声南雁搅愁眠，独上高楼月满天。十二何时非故国，三千余里又今年。"一年十二个月，一天十二个时辰，我都在思念着故国。朝鲜号称三千里江山，又过了一年，还没能光复。"弟兄白发依依里，父祖青山历历边。待到槿花花发日，鸭江春水理归船。"槿花就是木槿花，韩国的国花，等木槿花开放的时候，从鸭绿江回国，就是说我的国家虽亡，但是光复祖国的志向不息。人家也是抒发出一种抱负，但是他不是喊，不是横扫一切反动派，所以韩国人的汉诗写得很不错。

另外，在姓氏、服装、节令、风俗等方面，新罗也有浓重的中华文化色彩。

日本独立记

汉朝时日本就和中国有友好往来。

后来在日本的本州岛西南部，兴起了一个强大的政权，叫邪马台国。这是咱们汉文书籍把它翻译成邪马台国，邪马台实际上就是大和，因为大和日语是YAMATO，我们就把它音译成了邪马台。当时大和的统治者都是女王、半巫、半人、半神那种东西，终身不能结婚，等于靠神神鬼鬼来统治。邪马台国的卑弥呼女王在魏明帝在位的时候，曾遣使到中国，魏明帝非常高兴，册封卑弥呼为亲魏倭王，安东都督府都督。所以，以后甭管中原的政权怎么更迭，日本都向中国称臣，甚至中国魏晋时宋齐梁陈六代，六朝皇帝都册封日本的统治者为倭王安东都督府都督、安东将军、使持节，都督六国军事，封他类似于这些名字的官衔。

到了七世纪初，就是隋朝的时候，日本的圣德太子进行改革。圣德太子这个人在日本的地位就相当于咱中国的周公，他仿造中国的制度进行改革，国名由YAMATO改成了（ni beng)（日语音），写成汉字就是日本。并把统治者由大王改成天皇，然后把前面几代的鬼神王都追封为天皇，实际上那会儿都是倭王。圣德太子办的这件事儿要报告给中国，于是遣隋使过来，那个使臣叫小野妹子，但是这是个男的。这个小野妹子哥们儿来华之后，给隋炀帝递上了国书，隋炀帝打开国书一看，写的是“日出处天子致书日没处天子无恙”。一下子隋炀帝就火了，你原来是臣子，臣子你现在敢自称天子，而且你日出处，我日落处，你不咒我吗？所以隋炀帝非常不高兴，但是面子上还过得去，后来就跟官员说，小邦无礼，以后别让他来了，日本人我看着烦，就别来了。

又过了几年，圣德太子再次遣使来华，这次来又给隋炀帝递国书，隋炀帝打开国书一看火更大了，因为这个国书上写的是“东天皇敬白西皇帝”，中国皇帝称天子，你称天皇，你不成我爹了吗？所以隋炀帝就派一个姓裴的侍郎，到日本去骂他们去。姓裴的一看波涛汹涌吓得没敢去，于是就绕道朝鲜，把诏书递给朝鲜人，你替我骂他就完了，回去复命去了。那时候不像今天，说中日两国一衣带水，就隔着那么浅浅的一个海，当年那浅浅的海是难以逾越的天堑，你想那个小破帆船，一百多吨，可能几十吨，去横渡那大海简直是长征。所以他必须有岛屿的，让小船可以一站一站地停，船漏了好补，人也好休息。要是没有这个，风对着帆一顿猛吹，一停发现到了西伯利亚，也可能是印度尼西亚。基于这个缘故，隋朝两次遣使日本都无果而终。

从贞观年间，日本派出遣唐使，一共是准备了十九次，成行的是十六次，有三次可能是没凑够钱。成行的十六次中，成功到达中国的是十三次，没到达的那三次估计就是吹跑了，去了西伯利亚、印度尼西亚、赤道几内亚，船散人喂鱼，这都有可能。

日本的大化改新是由留学唐朝的人回国策划的。公元646年，孝德天皇开始大化改新，日本就是从这一年开始有的年号，以前日本天皇没有年号。大化改新到1868年明治天皇的明治维新，中间这1200多年，在日本历史上称之为唐化时期。日本一直把中国叫做唐国、唐土，后来日本看不起中国的重要原因，就是他认为中国只有在唐朝的时候才可以称中国，唐朝以后中国就不配称中国了。他认为他才是中国，因为他继承唐朝这套东西继承得很好。尤其对于中国宋、明两朝被少数民族灭掉，唐汉被蛮夷所制这两段历史，日本是非常看不起的，所以他才敢出兵打中国。既然蒙古人可以入主中原，女真人可以入主中原，我日本人也可以。比如，从甲午战争日本发表的文告来看，都是以中华正统自居，号召反清复明。包括孙中山他们在日本设立大本营，也是反清复明的感觉，表示日本是中华道统之所在。以至于后来入主中原好几次没成功，他就恼羞成怒，开始篡改教科书。

中国在唐朝之后跟日本官方的往来就断绝了，一直到明朝永乐皇帝的时候，官方往来才恢复，私人往来比如商人，也开始恢复。当时日本有个足利幕府，就是一休里面的将军足利义满，他派使臣到中国来。明朝皇帝问这个使臣，日本国什么样，然后这个使臣就写了一首诗，回答明朝的皇帝，答大明皇帝问日本风俗："国比中原国，人如上古人。衣冠唐制度，礼乐汉君臣。银瓮焙新酒，金刀脍锦鳞。年年三二月，桃李一般春。"衣冠唐制度，礼乐汉君臣，礼制风俗完全跟中国是一样的，而且年年三二月，桃李一般春，开花的季节也跟中国一样。所以有良心的日本人讲，中国是日本2600年文化的母亲，且不说日本的文化有没有2600年，中国是母亲，日本是儿子没错。

朝鲜人也是这么认为的，当年我们抗美援朝，帮助朝鲜夺回江山的时候，朝鲜的宣祖大王激动得不得了："中国父母也，我国与日本同是外国也，如子也。以言其父母之于子，则我国孝子也，日本贼子也。"他说我们和日本都是你们的儿子，但不一样，我们国家是好孩子，日本是贼孩子。其实现在韩国更贼，狼子野心，他得亏是两半，得亏现在还小。他要是强大起来更惨，极端民族狂热，死要面子活受罪，为了赢什么缺德事儿都干得出来。

日本的大化改新是由唐朝人策划的。新政中的制度，以唐制为蓝本，唐朝设立三省六部，日本设立二官八省一台。直到今天，日本的部级单位仍然叫省，防卫省、财务省、文部省，都叫省。日本都城则完全仿造长安，日本的平安京就是袖珍的长安城。学校教授儒学，这都跟中国一样。中国的铜钱在日本可以直接当钱花儿，日本战国时代有一个名将，他的家徽（日本的每个武将都有一个家徽）就是六枚永乐通宝，见钱眼开这哥们儿。日本很少发行自己的钱，都是用中国的钱。

对中日交往作出突出贡献的人物是日本的吉备真备和中国的高僧鉴真。吉备真备和日本留学生空海创立了日本文字，平假名和片假名。日本原来没有文字，没有文字怎么办？用汉字表音，但是用汉字表音的话，写出来的书虽然每个字都认得，连一块儿你却不知道什么意思了。汉字是单音节，我，一个字一个音，日语是（wa ta xi），写出来是瓦塔西。整句话，我是个日本人，你写出来就是一大串瓦塔西叉叉叉。单纯汉字表音行不通的话，那怎么办？他的办法是用汉字的偏旁部首，创立了平假名和片假名。日本人很有自知之明，他的字叫假名，而汉字叫真名，一个小学毕业的日本人，也能够掌握一千多个汉字，而且人家还是主要的正体字，不像咱们这种简化字。要到了日本大街上的话，基本上你不会有文字障碍。找路什么的时候，路标上几乎都是有繁体字的，感觉就像在香港，到东京什么感觉，在香港就什么感觉，因为香港和东京都只有语言障碍（这两个地方说的话你全都不懂），但是绝对没有文字障碍。

大和尚东渡

中国高僧鉴真，这个人太了不起了！

我那年去扬州比赛，当地的教育部门请我们在饭店吃饭，一进去一个横幅，把我乐坏了！“纪念鉴真大师东渡日本及豆腐传入日本1250周年”，要不说学历史有用，你学数理化，学那么多东西，跟人聊天用不上。吃饭的时候不会聊人的咬合力和鳄鱼的咬合力有什么区别，为什么鳄鱼生吞河马，人却吃豆腐，谈那个没劲。应该谈历史，豆腐是谁传入日本的？鉴真大师。有学问！

鉴真大师是大菩萨转世，与佛有缘，三岁出家，属于律宗的高僧。中国佛教分为十宗，律宗是持戒律最严的一派，比如律宗高僧都是过午不食，一天两顿饭，近代著名的高僧弘一大师也是律宗。

鉴真大师55岁那年，两个日本高僧，普照和荣睿，来到中国求法。日本佛教戒律不完备，僧人不能按照律仪受戒。普照和荣睿来到中国就请鉴真大师东渡扶桑，传播佛法，鉴真大师毅然答应。当时他已经55岁高龄了，今天55岁不算什么，40岁到70岁算中年，70岁以上算老年，当时是人活七十古来稀，55岁就不得了了。所以弟子们都劝鉴真大师不要冒这个险，鉴真大师为了弘扬佛法，毅然六次东渡。唐朝的法律是不允许国民出国的，出国都是偷渡，所以鉴真大师六次都算偷渡，头四次都没能成行，不是被弟子告密就是船漏了回来。第五次一出海刮大风，风一停，海南岛。

荣睿去世之后，鉴真大师在双目失明的情况下第六次东渡扶桑，成功！在日本的博多湾登陆，日本天皇动用了好几十万人来迎接鉴真大师，鉴真大师一路就是踩着鲜花进入日本，一直到的日本国都，他的脚都没有沾到泥土。鉴真大师到了那边之后，日本天皇封他为大僧都。天皇亲自登坛受戒，皇后也登坛受戒，一起做了鉴真的弟子。日本天皇还亲自给他撰写碑文，这个碑文一直保存到今天，叫《唐大和尚东征传》，和尚是尊称，大和尚更是尊称。并非是个出家人就叫和尚，就跟大学里是个老师就叫教授一样，不对，和尚、喇嘛都是尊称，高僧才能叫和尚，一般人刚进去叫沙弥，还不能算和尚。鉴真是大和尚，天皇写大和尚“戒行高洁，白头不改，远涉苍波，归我盛朝”，出生入死来到日本国，难能可贵。

鉴真到日本不光是传播佛法，还把中国的先进文化传播到了日本（包括豆腐怎么做）。这些都对日本的贡献相当大。日本人说原来的日本文化就是一锅豆浆，中国文化就像卤水，点进去之后才能变成豆腐。日本文化基本上可以看做是中华文化的一个分支。

九分唐三藏 ［见图4-27，p144］

以佛教为纽带，中国和天竺（印度）的交往增强。贞观时，天竺遣使来朝，中国的十进位记数法传到了天竺。

高僧玄奘和义净作用非常大。

玄奘就是唐僧，孙悟空的老师。玄奘大师也是两岁出家，精通佛法，在诵经的过程当中，他觉得佛经有些地方不对，翻译得不准确，所以他就想去西天取经，学习真正的佛经。为了传播正版，于是他二十多岁的时候偷渡出国，十九年游历印度，在印度的那烂陀寺跟106岁的高僧戒贤法师学习。戒贤法师本来要圆寂了，阿弥陀佛给他托梦，说从中土大唐要来一个高僧，跟你学法，你得等他来了把这个法教给他，你再圆寂。所以他就等等等，等了三年终于把唐三藏给盼来了。

三藏指的是什么？就是把这个佛经分成三部分，经、律、论。

经就是释迦牟尼生前讲的，佛经浩如烟海，基督教就一部《圣经》，伊斯兰就一部《古兰经》。但是佛经，跟不同的人讲不同的法，跟天人怎么讲，跟凡人怎么讲，跟阿修罗怎么讲，各有说法。

律是他制定的戒律，给僧团指定的戒律，其中最高级的是受菩萨戒。和尚是三百多条戒律，尼姑更多。

论是后来高僧大德对它的阐释，唐三藏主要就是学的《瑜伽师地论》，是弥勒菩萨在兜率天宫讲的法，精通50部，所以才被称为三藏。佛经穷尽一生都很难读懂一部，懂50部的人，太了不起了！

印度各国的国王看唐三藏这么神，就劝他别回去了，你的学问太大了，就留在这儿吧！他说我必须弘扬正版的佛法，所以要回到东土大唐。于是他满载了600多部佛经回到中国，这时候皇上也不追究他偷渡了，专门给他盖了大慈恩寺，盖了大雁塔，让他译经。佛经其实是一种文化的传承，咱们今天的汉语，两次大规模引进外来语，其中一次就是佛经。比如说心心相印，大千世界，一刹那，一弹指，醍醐灌顶，天花乱坠，这全是佛经里的。

顺便说一下另一次语言引进就是20世纪初的日语。那时候我们也大规模地把日语引进汉语中，我们今天说的话，比如军事、经济、文化、政治，这些词基本上全是日语，什么积极、消极、干部这些词还是日语，现在说的物理、化学、生物这些词也全是日语。它和佛经的引进属于两次大规模的语言引进，所以愤青应该不说这种词，愤青抵制日货不够，应该抵制日语，他应该说古汉语才对。物理是日本话，化学也是日本话，愤青要创一个词代替物理和化学的词，编一个。

唐三藏来翻译这些佛经，穷一人之力是翻译不完的，所以他得收徒弟。他收徒弟不是孙悟空、猪八戒什么的，他们只会打架。很多僧人想拜三藏大师，但是佛家最讲缘分，一看咱俩没缘，我就不收你。皇帝都有点着急了，意思就是你再不收徒弟，回头你歪过去，这事儿怎么算？但也不能催他，您看您收谁合适？三藏大师就去找徒弟，他时常漫步长安街头，慧眼炯炯。一天，他在闹市之间看见一位魁梧少年，眉清目秀，安详而行。蓦然间若觉似曾相见，前缘有识。又回想起在印度计划回程时，曾在尼犍子占得一卦，说他东归必得哲嗣，便连忙打听这少年家世。打听出来，原来是当朝开国公尉迟宗的公子。玄奘感叹道："如此灵慧的孩子生在将门，不可思议！也是有缘，我的衣钵可以传下去了！"即刻前往国公府拜访。

尉迟宗得知法师来意，虽然不忍骨肉分离，但想到一代高僧如此器重，也颇为得意。那时代，佛教不仅是清庙净僧的空寂之事，还是一种普遍的信仰，鲜活的事业。所以虽贵为国公，一见大法师器重儿子，自然大为高兴，便答应了玄奘的要求。只不过三藏法师看上的那哥们儿死活不肯出家，都气晕了，你说我堂堂将门之后能出家吗？但是父命难违，这哥们儿最终还是出家了，出家的时候带着一车酒、一车肉、一车美女进的大慈恩寺，人称三车和尚。三车和尚后来成为一代高僧，就是三藏的弟子，窥基大师。

三藏大师圆寂之后，他的遗体火化，形成了舍利子。今天有人说这个舍利子是结石，扯！你烧一个！有结石的人多了，你烧完了有这个吗？黑的是发舍利，白的是骨舍利，红的是肉舍利，谁的肉烧完了能结石？玄奘圆寂于长安玉华宫，葬于白鹿原，后迁至樊川。墓地毁于黄巢起义，灵骨迁至终南山紫阁寺，公元988年被僧人可政带回南京天禧寺供奉。

1942年，日本侵略军在原大报恩寺三藏殿遗址处，挖掘出一个石函，石函上刻有文字，详细记载了玄奘灵骨辗转来宁迁葬的经过。由于玄奘灵骨的名声显赫，各地都想迎请供奉，致使玄奘灵骨一分再分。

1943年12月28日，玄奘顶骨舍利在“分送典礼”后被分成三份，分别保藏于南京汪伪政府、北京和日本。

此后，汪伪政府把掌握的这部分又分别供奉在鸡鸣山下的伪政府中央文物保管委员会和小九华山（今南京玄奘寺的所在地）。而文物保管委员会保管的这部分，在1973年后被迎至灵谷寺佛牙塔中供奉。

北京迎请的那部分被分为四份：一份供奉在天津大悲院，1957年被转赠给印度总理尼赫鲁，安放在印度那烂陀寺的玄奘纪念堂中；一份供奉在北海观音殿，文化大革命时被毁；第三份则被供奉到成都文殊院；最后一份被供奉到广州六榕寺，亦在“文革”中被毁。

被日本请回的那份，先是安奉在东京增芝上寺，后被移至慈恩寺。1955年，从这份舍利中分出一份，被迎请到台北日月潭玄奘寺供奉。而后，日本的那份又被分出一份，迎请到日本奈良的三藏院供奉。第八份玄奘舍利供奉在台湾新竹玄奘大学，1998年迎请至南京灵谷寺。2003年，西安大慈恩寺又从南京灵谷寺迎请了一份玄奘大师灵骨舍利安奉在新建的玄奘三藏院大遍觉堂中。

目前，玄奘舍利在南京玄奘寺、南京灵谷寺等全世界九个地方被供奉。相对而言，南京九华山的那份舍利，自1943年封存后，就一直留在三藏塔下，没有动过，最为完整。如今，南京在九华山原青园寺、法轮寺遗址，重建了玄奘寺，玄奘大师的灵骨舍利成为该寺镇寺之宝。

四面套交情

隋朝和波斯互遣使节。

唐朝的时候，波斯被大食侵扰，他的王和王子来中国求援。大食就是阿拉伯，本来波斯请求中国出兵，帮着他打一打大食就完了。结果当时玄宗在位，唐玄宗觉得这个事儿没法干，所以就没去，这样一来波斯就被大食所灭。波斯要是不灭的话，其实是挡住阿拉伯人入侵的最佳屏障。

波斯人信奉拜火教，就是明教，所以金庸先生写那个《倚天屠龙记》关于明教那部分就是虚构了。因为明朝的时候波斯早就灭绝了，七世纪波斯就被阿拉伯给灭了，被他们伊斯兰化之后哪儿还来的这种东西。后来波斯的国王贝鲁斯和它的王子就留在长安定居，今天，他们的后代就在中国。

唐高宗时，大食开始与中国通使，也就是阿拉伯人与中国开始通使。

当时阿拉伯帝国在向东扩张，唐王朝为保卫自己的属国不受这帮人的蹂躏，于是唐朝的军队就奋起反抗。当时两国在怛罗斯开战，这是中国古代史上很少有的对外战争。怛罗斯这个地方应该在今天的哈萨克斯坦，当时唐军四万，大食军七万，唐军统帅就是安西节度使高仙芝，大食军统帅叫优素福。唐军里面汉族士兵只有一万多，剩下都是西域各附属国军队，虽然大食七万军队也有附属国军队，但不幸的是，开战时唐军是迎风列阵，大食军是背风列阵，所以一打起来的话，唐军睁不开眼，迎面被风吹的。所以唐军就不支，唐军一不支，属国军队就叛变了，跟着大食军一块儿打唐军，所以高仙芝只率几十名骑兵退守安西。他退守安西之后又招募一支军队，准备跟大食再战，这个时候“安史之乱”爆发，朝廷调安西精兵去平叛，所以这个事儿就不了了之了。很多唐军士兵在怛罗斯之战中被俘，被俘的唐军士兵里面有很多工匠，中国的造纸术就在唐朝时传入了大食。

另外，唐朝和拜占廷帝国（东罗马）有使节往还。东罗马的皇帝贵族都特别喜欢唐朝的丝绸，同时把一些医术和杂技传到了中国。

和非洲也有来往。不光史籍上有记载，更关键的是考古证据。唐墓里的唐三彩，出土的小黑脸小卷毛，就是非洲人。唐朝的时候，很多富裕的家庭大量使用黑奴劳动，这个黑奴在当时被称为昆仑奴，因为咱们中国人认为昆仑是最西面的，从那来的就该叫昆仑奴。所以唐朝传奇小说里，有很多描写昆仑奴的。

8 先进文化的代表

书生不文弱

隋唐时期，中华文化辉煌灿烂，光照四邻。原因首先在于国家统一强盛，经济繁荣，其次是因为唐朝统治者开明兼容的文化政策，再者国内各民族的交往也为中华文化增添了刚劲豪爽、热烈活泼的多民族色彩。

李唐王朝大有胡人气，所以李唐王朝的特点是中国历史上开阔宏博多彩的王朝。当时的社会风气是非常开放的，有的公主下嫁，然后生活了一段时间，回去跟他爸说，这个驸马不好给我换一个，那就换一个。寡妇再嫁，女子离婚这些事儿很普遍，妇女裹小脚这种规矩从宋朝才开始。唐朝的时候女的出门都骑马，当时最流行的体育活动是打马球，女的也都能参加。那么女的如果要打马球，能裹小脚吗？裹小脚连道都走不了。

唐朝的书生也不是文弱书生，书生文弱都是宋朝以后的事儿了。由边塞诗人所说的“将军角弓不得控，都护铁衣冷难着”可见，他也是穿上了都护铁衣，才能写出这些句子，相当于随军记者。要是没有两下子，当不了边塞诗人，那时候没有汽车没有防弹背心，一文弱书生到战场上去，你不作吗？所以这帮书生都是挺了不起的。

唐朝别的诗人，比如李白，诗仙、酒仙、剑仙。他十年学剑才得来剑仙之名，这家伙一个人云游天下，不怕劫道的。你劫他一个试试？你看李白诗里面有很多“愿将腰下剑，直为斩楼兰”之类的句子。而且那会儿唐朝人的风尚是“宁为百夫长，胜作一书生”，书生都特别想建功立业，所以像他这种文人的秉性脾气，跟当时多民族的色彩和文化政策是有关的。

科技潜力股

那时候的科技，第一个要说的就是雕版印刷术和火药。

我国是世界上最早发明印刷术和火药的国家。隋朝时雕版印刷术的出现和中国古代的两个传统文化有关，一个是篆刻刻印，再一个就是拓片。

篆刻就是用篆书刻成的印章。最早的时候，中国人用刀在龟甲上刻字，后来发展到在竹子、铜片、玉石上面刻。

所谓拓片，就是先把文字刻在石头上，做成石碑。然后在石碑上刷一层墨，拿纸往上一贴，揭下来之后就等于把碑文都复印了，这张纸就叫拓片。可说是最早的盗版活。就是这两样传统文化造成了雕版印刷的出现。

当然，那个雕版印刷在我们今天看起来是很麻烦的，因为书有多少页，就要制多少块板，刻错一个字就废了。要是你觉得有新的构思了，要改稿子，就得重刻。即使是这样，雕版印刷都比手抄要强多了，所以它是一项很了不起的发明。

和印刷一样重要的是火药的发明。

火药一开始其实是炼丹家发明的，想成仙的道士们在那炼丹，结果这个炉子就炸了，所有的道士一下就成仙了。一次两次，他们就总结经验，怎么老成仙呢，最终明白了，硫黄、硝石、木炭千万别搁一块儿炼，一块儿炼就爆炸。这样的话就发明了火药，这个和X射线和青霉素的发明道理是差不多的，意外。火药发展到唐末的时候，开始用于军事。

第二，天文历法。唐朝的僧一行制定了《大衍历》，僧一行是一个和尚，是密宗的高僧，也就是今天的西藏密宗。中国古代佛经被翻译成汉语，主要靠四大译经家，除了唐三藏之外，剩下仨全是外国人：金刚智、善无畏和鸠摩罗什。这个一行和尚就是金刚智的弟子，他制订了《大衍历》。他的另一个成就是世界上第一个用科学方法测量地球子午线长度的人。子午线，就是经线，他测量这个是为了编历法，编历法是为了指导农业生产。前面我说过，任何研究都要坚持做下去，大和尚如果坚持研究经纬线，说不定就能发现地球是圆的了，那么哥白尼和麦哲伦就歇菜了。中国古代很多科技就因为没有深入研究，最后都为人作嫁衣，成为别人的研究经验。

第三，医学进步。孙思邈著的《千金方》，全称叫《肘后备急千金方》。意思就是肘子后面备用的紧急千金药方。古人什么东西都往袖子里装，他们不怕袖子一抖把东西都抖出去吗？其实他们后面系着一个口袋，有东西都是装在口袋里的。所以肘后备急，就是把千金方装在这个口袋里，跟那个手机、钱包、IC卡、公交卡搁一块儿。把千金方和那些重要东西搁一块儿是为了救急。中暑了，赶紧翻，吃什么，按着方子说的赶紧买去。别买错了，中暑买黄连素那不管用。孙思邈活了101岁，人称神仙。他从北周一直活到武则天时代，所以魏征写南北朝和隋朝的历史时，就把他叫去问，老孙，当时怎么回事儿？老孙就说，犹如亲睹，他都经历过这事儿，可不犹如亲睹。唐朝人平均寿命29岁，他101岁，所以唐朝人都说他是神仙。这也证明了人家的招儿管用，你把《千金方》天天带肘子后面，照他这个做，也能活到101岁。

除此之外，吐蕃的元丹贡布著的《四部医典》也有一定贡献。这是藏医，今天好多的藏药都叫元丹贡布牌，元丹贡布就是著《四部医典》的吐蕃医学祖宗。然后，唐高宗时期朝廷20多个人一起编的《唐本草》，是世界上最早的由国家颁行的药典。

唐诗绩优股

唐朝是古典诗歌的黄金时代。

文学上把唐诗分初、盛、中、晚四个时期。诗坛四大天王王勃、杨炯、卢照邻、骆宾王，被誉为“初唐四杰”。山水田园诗人有孟浩然和王维，王维的名句“明月松间照，清泉石上流。”开创了诗中有画，画中有诗的境界。“行到水穷处，坐看云起时”特别有禅意。王维是佛教徒，字摩诘，他取的字出处是一个大菩萨：维摩诘菩萨。

边塞诗人有高适、岑参、王昌龄，多有描写边疆战场上幽怨苍凉，将士勇武豪气，以及战争给人带来的苦难。那个文学成就很高，比现在部队里的军歌歌词写得好太多了。

然后是“诗仙”李白、“诗圣”杜甫这两个传奇人物。俗话说韩柳文，迁光史，苏辛词，李杜诗就是中国文学的象征。作为一个读书人，如果要学习写文章，就看韩愈和柳宗元，学完走遍天下都不怕了；如果学历史，就学司马迁的《史记》或司马光的《资治通鉴》，学完你可以去当政客；如果学宋词，就跟苏东坡和辛弃疾学，学好了可以干掉方文山和林夕；如果学写古诗，一定是学李白和杜甫。

李白和杜甫的创作水平是不一样的，李白是浪漫主义诗人，杜甫是现实主义诗人，因为他们所处的时代不一样。李白的黄金创作期是国家最强盛的时候，到处莺歌燕舞，他写他看到的东西，大部分就是花、酒、剑、歌、月，洒脱无极限。杜甫最有名的那些诗，创作的时间就惨了，“安史之乱”八年，一年没差全赶上了，所以就特别忧国忧民。他说“剑外忽传收蓟北，初闻涕泪满衣裳”。收蓟北关你屁事儿，他心系国家，看这个仗终于打完了，高兴到哭。李白一写诗就特别浪漫，“飞流直下三千尺”，高兴！杜甫一写就“卷我屋上三重茅”，郁闷！总的说来，李白的诗虽然也发过牢骚，但基本上都是写自己高兴的，这小子没什么发愁的事儿；而杜甫就是动不动伤感到掉眼泪，见到老同学了，也掉眼泪，见到花瓣落了，也哭。这就好像现在的人喝酒喝醉了，有文醉武醉，李白是一醉就乐，乐了就掀桌子；杜甫一醉就愁，愁了就哭。

但是，这两个人厉害的地方并不是个人情绪，而是那种气度。并不是任何掀桌子和掉眼泪的诗人都能写出这些诗来的。李白“天子呼来不上船”的俊逸洒脱，杜甫“会当凌绝顶，一览众山小”那个胸怀抱负，一般人哪及得上！

中唐代表作是白居易的《讽喻诗》，白居易的诗要损人。可是你要损人的话，最起码得让他能听得懂。你损了半天他都不懂，你有什么劲儿？我刚在中学教书的时候，特别的搞笑，那帮孩子特讨厌，我骂他们寡廉鲜耻，底下的孩子一个个睁着眼睛看我，什么意思老师？我说臭不要脸，这下才明白了！老师不能骂脏字，好不容易找个文词来表达心情吧！寡廉鲜耻还听不懂，搞得我特郁闷。所以白居易的诗都是劳动人民语言，但是语言虽俗，意境不俗。

白居易去给李白扫墓，六句诗：“采石江边李白坟，绕田无限草连云。”第一句能当导游图使，“可怜荒陇穷泉骨，曾有惊天动地文。但是诗人多薄命，就中沦落不过君。”就这六句，谁敢说我写李白比白居易写得好，你看着都是大白话，把要点都说出来了：别看这破地儿，破坟，埋这么一个伟人。所以白居易的诗意境很高，在日本、韩国广为流传（因为太复杂他们学不会）。

晚唐杜牧、李商隐咏史诗。我个人认为，唐诗最高的艺术成就就是小李杜，杜牧和李商隐。他们把律诗发展到了极致，尤其是李商隐。“蓝田日暖玉生烟”、“此情可待成追忆，只是当时已惘然”，这些句子的情感很细腻复杂，没人能说清楚。别相信书上的注解，都是胡说八道的。他感叹自己一生的境遇，不是感叹找对象没找着，小李子都是借事儿来说自己的事儿。

唐朝知识分子，感叹自己做不上官，写了一首诗：“蓬门未识绮罗香,拟托良媒暗自伤。”就是说一个穷女孩嫁不出去，“谁爱风流高格调，共怜时世俭梳妆。敢将十指夸针巧，懒把双眉斗画长。”你把眉毛画长了没有用，没有人娶你，你只能给人缝衣服，“苦恨年年压金线，为他人作嫁衣裳。”每年辛辛苦苦做的漂亮衣服，都是给别的新娘子穿。表面上看起来是写服装行业的，其实就是写他自己，因为他做不上官。古人写诗没有直说“我当不了官很痛苦”的，都是托物言志。比如说，那姑娘做衣服很痛苦，所以我很痛苦；那哥们儿电脑又蓝屏了，所以我很痛苦，都是这样表达象征意义的。李商隐也是一样。

李商隐的咏史诗写得非常好，他写杨贵妃跟唐明皇：“海外徒闻更九州，他生未卜此生休。空闻虎旅传宵柝，无复鸡人报晓筹。此日六军同驻马，当时七夕笑牵牛。如何四纪为天子，不及卢家有莫愁。”你唐玄宗做了四十年皇帝，国破家亡连媳妇都保不住，你什么玩意儿。“如何四纪为天子，不及卢家有莫愁。”他不是损这个皇帝，但是意境在这儿摆着，所以诗歌写得好不好，就看意境。

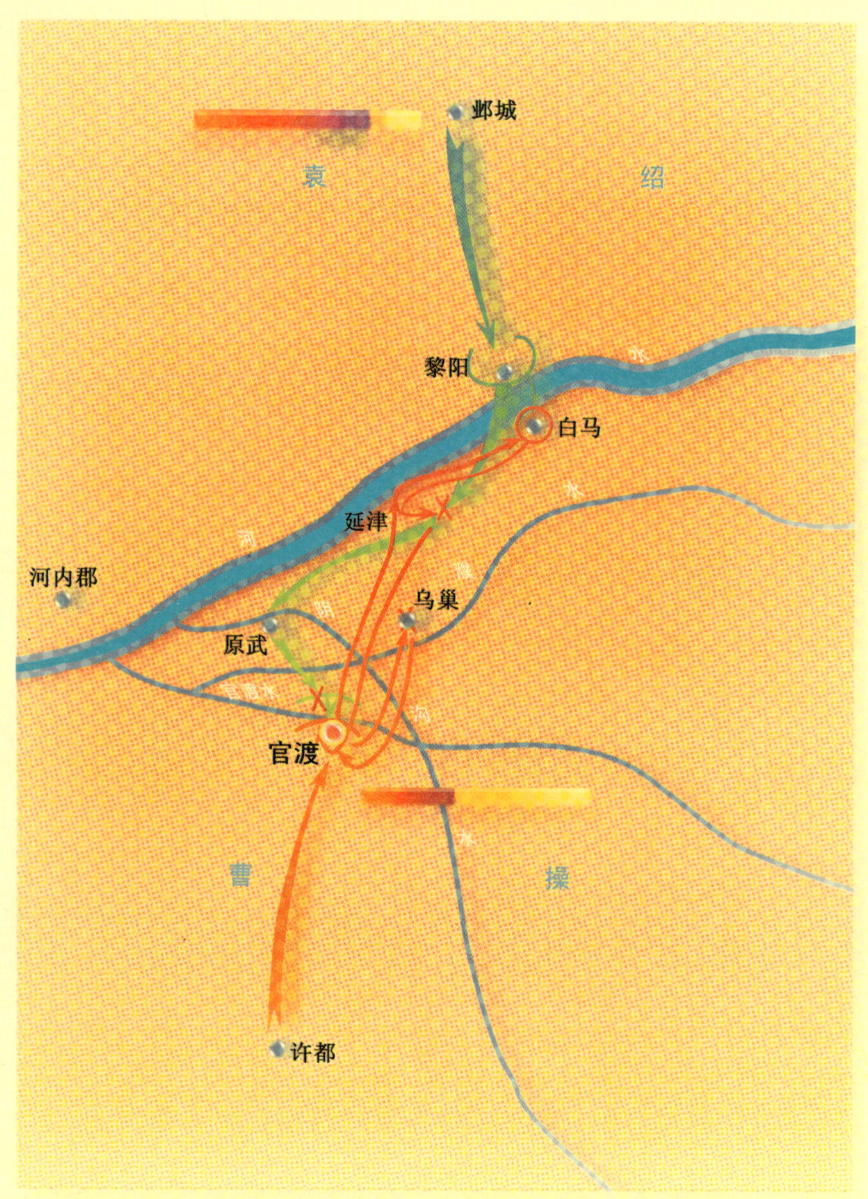

3-16 官渡之战

官渡之战后不久，曹操陆续消灭一些军阀，基本上统一了北方，而后积极为统一全国作准备。

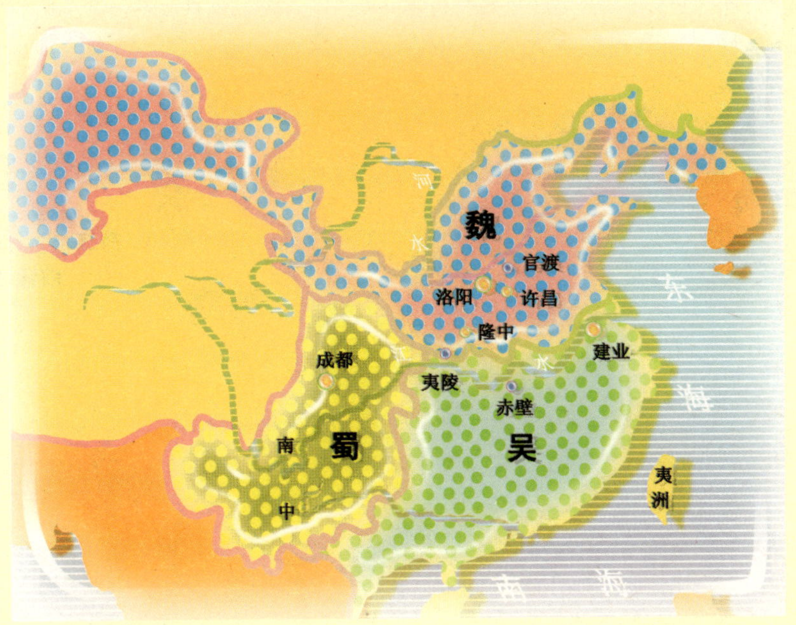

3-17 赤壁之战

赤壁之战是我国历史上以少胜多的著名战例，它促成三国鼎立格局的初步形成。赤壁之战导致了孙、刘联盟抗曹，刘备得以苟延残喘，发展自己的势力，拖延了曹操统一的步伐。

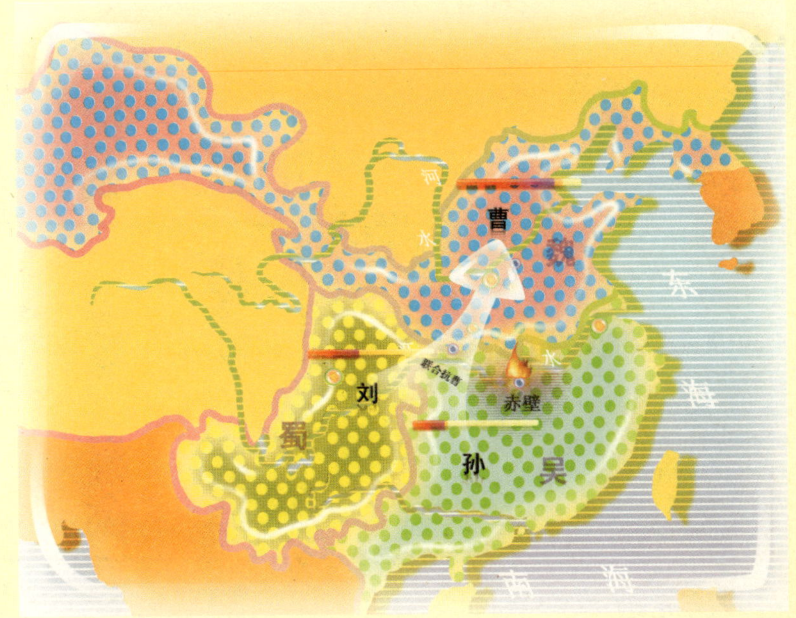

3-18 三国鼎立形势

220年，曹丕废汉献帝，在洛阳称帝建魏。东汉灭亡。此后，刘备、孙权先后称帝做王，魏、蜀、吴三国鼎立局面正式形成。

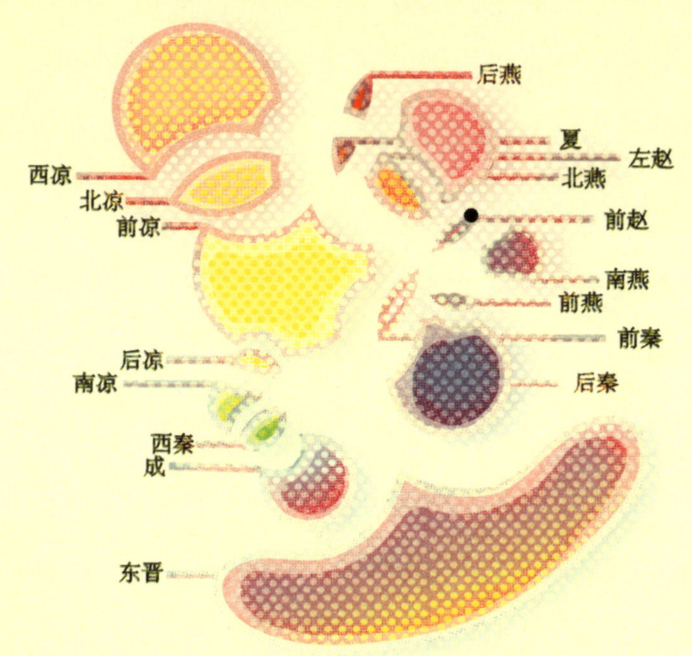

3-19 东晋和十六国形势

东晋统治南方的时候，我国的北方和西南地区先后出现过十几个少数民族割据政权，史称这一时期为“十六国”。

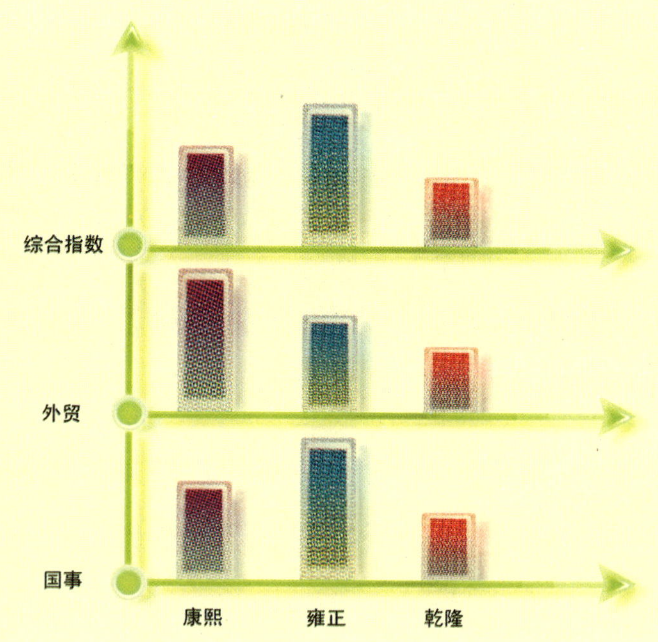

4-20 皇帝勤奋指数对比

康熙、雍正、乾隆这几代英主，天天坐朝，处理朝政，整宿不睡觉，看书看一晚上，堪称历代皇帝的楷模。

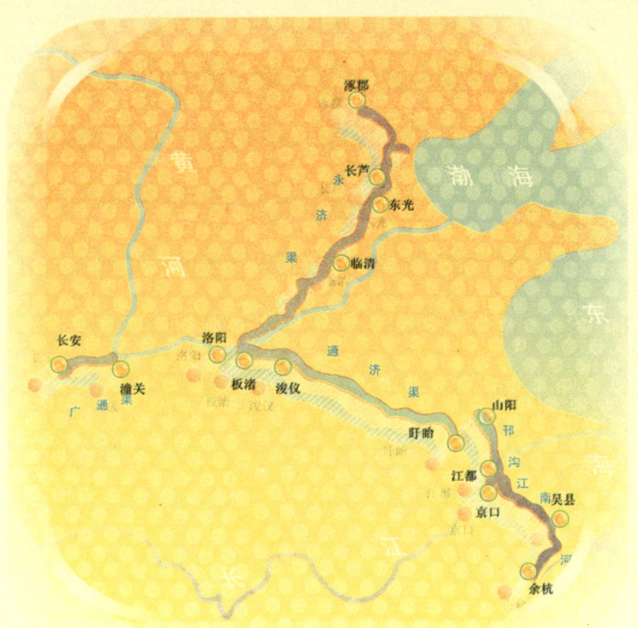

4-21 京杭大运河走势

隋炀帝于605年至610年，开通了永济渠、通济渠、邗沟和江南河，连成了一条贯通南北的大运河。全长四五千里，以洛阳为中心，北通涿郡，南达余杭，是世界上最早、最长的大运河。

4-22 隋文帝和隋炀帝

虽说“龙生龙，凤生凤”，到了隋文帝这边就成了例外——老子是英雄，儿子是混蛋。

4-23 武则天功过对比

在古代“唯女子与小人难养也！”的人文环境下，女人很难参与社会政治生活。而武则天不得不说是个奇女子，她凌驾于所有男人之上，政启开元，治宏贞观，并对中国历史的进程有重大影响，即便与有作为的男性君主相比也毫不逊色。

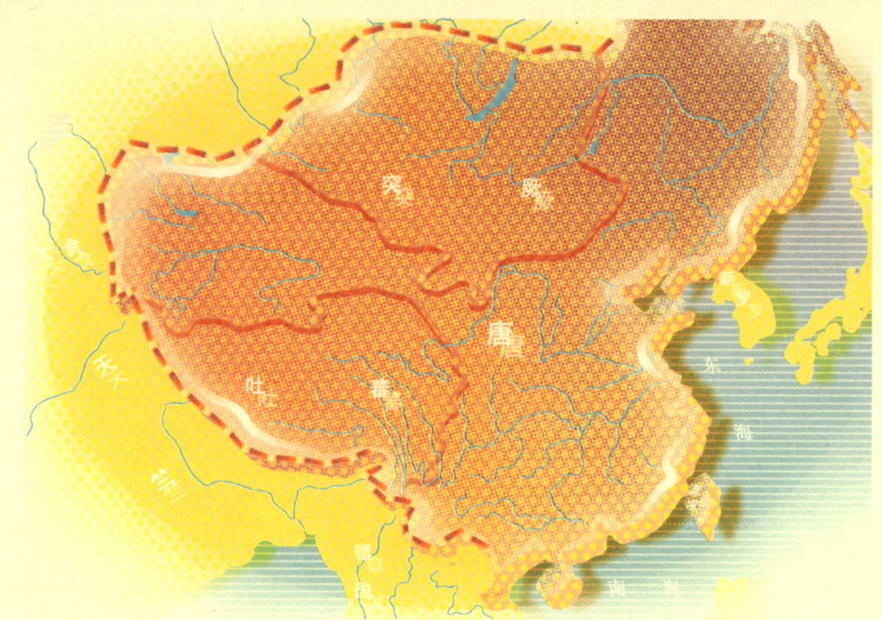

4-24 唐朝地图

唐朝的疆域，东到大海，西到咸海，南到南海，三面靠着海。西到咸海，咸海叫海，实际上是一个湖，在今天的哈萨克斯坦境内。东北到外兴安岭，今天俄罗斯境内的斯坦诺夫山脉和库页岛。库页岛今天叫萨哈林岛，也在俄罗斯境内。极盛的时候是1600万平方公里。

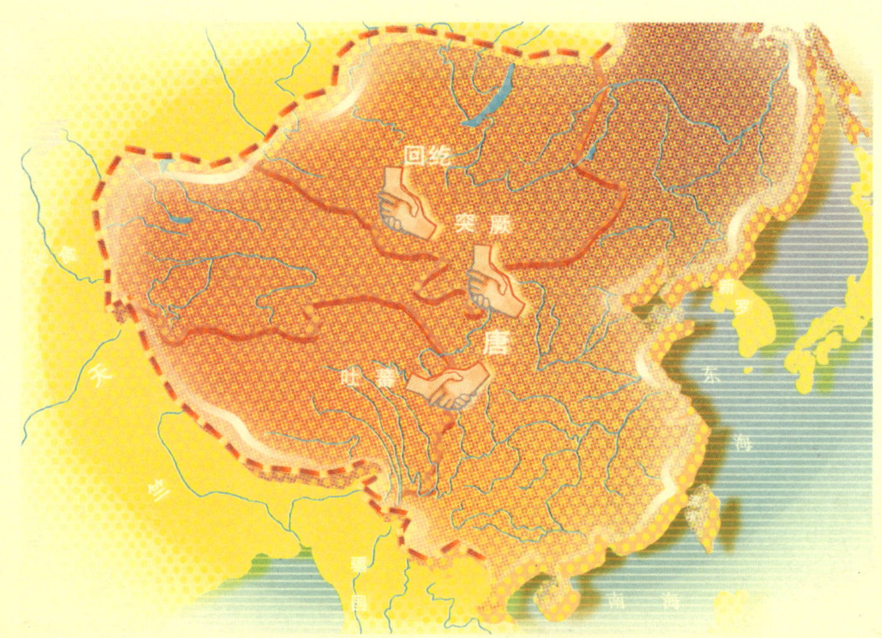

4-25 唐朝和少数民族关系

唐朝开发了祖国的边疆，使得中原和边疆往来密切，尤其是唐朝前期的统治者，重视民族关系，施行开明的民族政策。

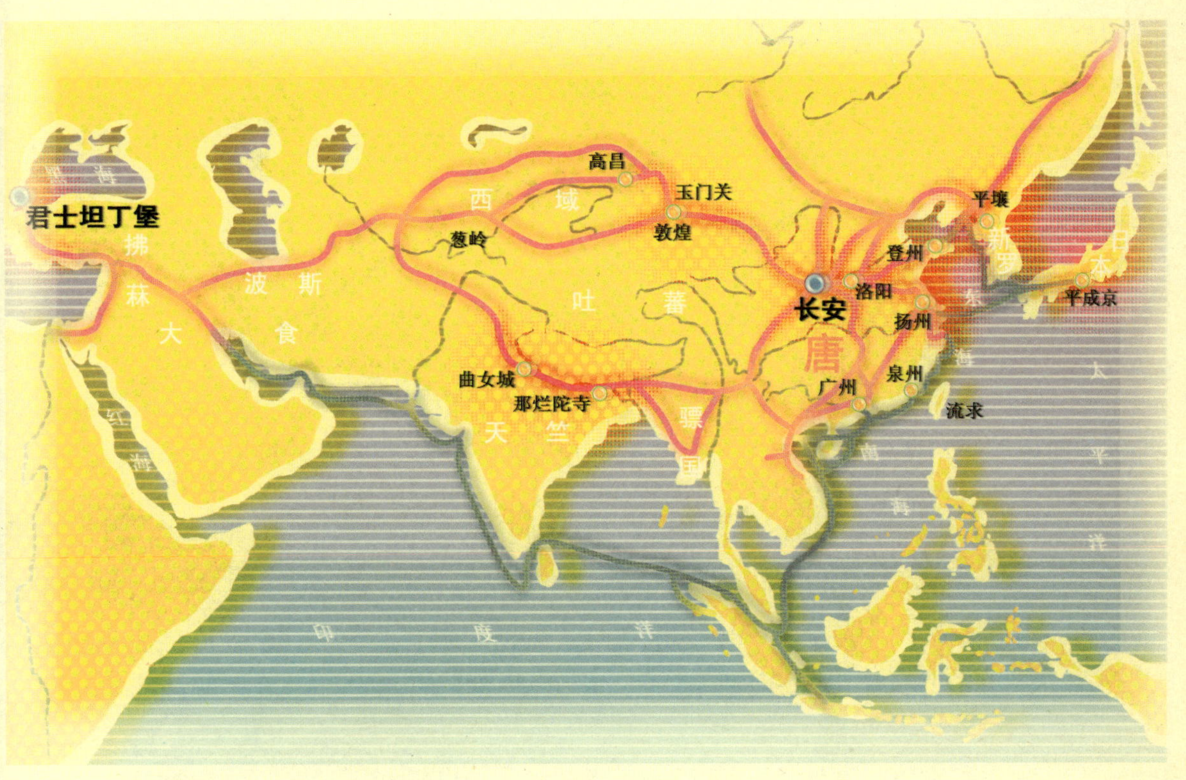

4-26 唐朝对外主要交通线路

唐朝政府鼓励外商来中国贸易，允许他们长期在中国居住、任官，和中国人通婚。长安、洛阳聚集了各国的使节、商人，成为当时的国际大都会。唐朝的对外经济文化交流，远远超过以往各代。

4-27 玄奘路线

唐代高僧玄奘历时19年，到印度取得真经，并穷其一生译经1335卷。他的足迹遍布印度，影响远至日本、韩国以至全世界。

第五章 你唱「霸」来我登场

五代 辽宋夏金元

1 不和谐的大合唱

大葱同化法

开始讲宋元了。

宋元时期是我国历史上第三个民族融合的高峰期。

先秦是第一个民族融合的高峰，第二个是在魏晋南北朝，匈奴、鲜卑、羯、氐、羌，五胡乱华的时候，把五胡都给胡进来了。

第三个就是在宋元时代。中华民族五千年来一脉相承，其他国家很多古老民族都灭亡了，为什么我们中国这些民族发展到今天能够薪尽火传、子孙不绝？一个重要的原因就是中华民族是不断的融合的产物。

我们的民族比较庞杂，比较杂就意味着相互学习的机会和各自文化交换的几率比较高，这样整个中华民族的人就都比较聪明，遗传基因越来越优秀。你看印第安人他跟我们同属于蒙古利亚人种，但为什么哥伦布发现美洲的时候，他还处于史前文明时代？其中一个重要原因就是，他太封闭，没有交流。他一千多个部落有两千多种语言，张村说的李村不懂，李村说的王村不懂，不懂还不去统一语言，各自摸黑发展。缺乏交流的后果就是张村知道螃蟹可以吃，李村还把它当毒虫；李村知道鳄鱼不能惹，王村还老有人去喂鳄鱼。如此一来，繁衍下去总是舅舅外甥女、表哥表妹、姑妈跟侄子这种系，那这民族不就完蛋了嘛。黑人也一样，他的民族这么落后，就因为他没有国家概念，只有部落的概念。

中国最大的民族汉族，本身就是一个不断经历民族融合的产物，先吸取少数民族更合理的知识和优点，然后再用自己的文化把他们同化。就像南方人来我们小区住仨月，我学习你优秀的地方，学完了之后顺便给你同化了，你以前吃的是米饭，我把你弄得和我一样吃面条烙饼，吃香菜大葱和包子。中国经过前面两次大规模的民族融合，现在迎来了第三次香菜大葱同化法。

播乱五十秋 [见图5-28，p267]

公元907年，李唐王朝被他的藩镇宣武节度使朱温所灭。朱温灭唐之后，建立了梁。17年后，梁被后唐代替。后唐完了是后晋、后汉、后周。等于这黄河流域53年的时间换了五个朝代。梁、唐、晋、汉、周这五个朝代最长的是后梁，17年，最短的是后汉，只有4

年，4年还换俩皇帝。〔见图5-29，p268〕

所以后人写诗就说“朱李石刘郭，梁唐晋汉周，都来十四帝，播乱五十秋。”50年14个皇帝，那你想这些皇帝大多数都是怎么死的？就是非正常死亡，被人做掉了那种。如果是盛世王朝，汉武帝在位就长达54年，比五个朝代加起来还多一年，康熙爷是61年，乾隆爷要算上太上皇是63年，辽朝还有好几个皇帝在位四五十年的，西夏也有。一朝的一位太平天子就堪比五朝，可见这五朝有多乱。

为什么他能那么乱？就是因为他每一个皇帝都是前一朝的大将、藩镇。他们手握重兵，打仗的货全在手里，干吗不抢位子。比如那个成德军节度使安重荣他就公开讲：“天子宁有种耶?兵强马壮者为之尔。”这不是说当皇帝的没种，而是说，当皇帝的难道天生就是当皇帝的吗？还不是谁胳膊粗、谁拳头大谁就当老大呗。所以这样一来，国家不像个国家，倒像个帮派，谁能打谁当头儿，当然更替得很快了。

天上掉馅饼

公元960年，后周禁军大将赵匡胤在今天的河南陈桥兵变，建立宋朝。

年号建隆，都东京。这个东京不在日本，而是指开封。宋朝有四个首都，西京洛阳，东京开封，南京应天（商丘），另一个是北京大名。

赵匡胤就是宋太祖。

赵匡胤建立宋朝的时候，中国还在五代十国这种分裂局面下，北宋建立之后，宋太祖削平了南方。宋太祖也是因为做了禁军大将，手握重兵，才能削平南方，篡权换代。

削平南方之后，公元979年，宋太宗消灭北汉，结束了五代十国。

太祖皇帝驾崩之后，皇位采取兄终弟及，由他的弟弟赵匡义（后改为光义）即位。这个人即位之后就是宋太宗，所以北宋经历了太祖太宗两代皇帝才算把五代十国分裂的局面结束，但是并没有完成中国的统一。

宋朝跟汉唐这样的王朝是没法比的，因为他并没有完成中国的统一。我们可以看到跟北宋并存的政权有北边的辽、西边的西夏、云南的大理，另外还有回纥和吐蕃。

这些个政权里边，地盘最大的实际上是辽，辽就是契丹人建立的。今天俄语里边的中国两个字，就是发契丹的音，念不好就听成是你大爷。所以说北宋并没有完成中国统一，他连中原王朝疆域的主体部分都没有得到。

2 史上代价最大的一顿酒

天才看一半

宋太祖陈桥兵变之前是后周禁军的最高统帅，他篡权的时候那叫一个水到渠成。

当时正好后周世宗柴荣驾崩，柴荣英年早逝，儿子恭帝柴宗训即位，年仅七岁。所以赵匡胤等于是欺负人家后周孤儿寡妇，这样的话他篡取政权的时候几乎兵不血刃，没有遇到什么障碍。当然，他篡权之后得保证自己的政权长久。自己是造反派，当然怕造反的人，所以他就问宰相赵普，之前的政权为什么不能长久。

这个赵匡胤本人呢是高干子弟出身，他爸爸和他爷爷都是军区司令一级的干部，然后他的曾祖也是知州、知县，就是那种地委书记或者县长之类的干部，所以他属于军区大院长大的孩子。

赵匡胤从小就整天不好好念书，打架，打到进公安局。公安局一看这是军区赵司令的儿子，不敢管，给他放出来。他又是一个比较豪侠的人，精通武艺，今天咱们中华武术里还有太祖长拳这种套路，还有64路盘龙棍，都是当年赵匡胤发明的，他是一个武将。

赵匡胤认定了一个谋臣叫赵普，这哥们儿天资聪颖，是一个典型的无师自通型知识分子。怎么个无师自通法？就是赵普这哥们儿不看书，一共就看过半本《论语》，所以人们才常说半部《论语》治天下嘛，物尽其用的话，天才看半本就够了。赵匡胤跟赵普聊天，赵匡胤问赵普，他说“为何唐季以来，帝王凡易八姓。”为什么自从唐朝末年以来，那帝王换了八个姓。“吾欲为国家建长久之策，卿谓计将安出？”你给我出个主意，咱们怎么做能把国家政权维持得久一点。这个赵普一听非常高兴，马上就跪下回答：“陛下之言及此，天地神人之福也。此非他故，藩镇太重，君弱臣强而已。”老大，你说这话是天下所有人的福气，前面的国家更替那么快，其实没别的原因，就是藩镇权力太大的缘故。藩镇就是那种手握重兵的大将，尤其武将，他们的权力太重，比皇帝的权力还重，故而助长政权更替。“今若治之，亦无他奇巧。惟削夺其权，收其精兵，制其钱谷。则天下自安矣。”你现在要想治他们，也没别的，就夺他们权，收他们兵，控制他们的钱粮，天下就肯定没事儿了。宋太祖听到这儿非常高兴：“卿勿复言，朕已喻矣。”你不用再说了，我听明白了。所以他就开始这么做，从三个方面入手治这帮人，权、兵、钱。一个藩镇没权，没兵，没钱，能干个甚？谁还听你的，这不就完了嘛，问题解决了。

我是被逼的

宋太祖决定改变唐以来藩镇割据的局面。

唐前期实行府兵制，府兵制的意思就是，没有职业军人。唐朝以前中国的兵都哪来的，就是平时您种地，然后到打仗的时候您就上，不用为了打仗成天在那儿练兵。府兵制的基层组织军府的名称叫折冲府，一个折冲府是1800人，由折冲都尉一人管辖。如果有战事爆发，朝廷临时选将率领折冲府的部队去打仗，打完仗之后兵散于府，将归于朝。比如这次打突厥，皇帝调山东的折冲府，然后由左卫大将军指挥。下次可能打回纥，还是左卫大将军指挥，但可能调的是陇西的折冲府了。这样的话，兵不识将，将不识兵，相互有了短暂感情也能转瞬分开，就不会造成叛乱。

平时他的业余的身份是军人，他的主要身份是农民，职业农民业余士兵，平时种地，打完就散，而且兵和将之间没有长期的磨合，大将都不知道派给自己的军队有没有战斗力，这样的军队战斗力肯定不强。所以到唐朝的时候就开始搞募兵，你自己招募军队，招募职业军人。职业军人一存在，战斗力是上去了，问题就是谁招的兵他就听命于谁，容易对中央构成威胁。

安史之乱其实就是这么一码事。安禄山身兼范阳、河东、平卢三镇节度使，管辖咱今天的河北、山西、辽宁这三省，然后麾下精兵十五万，中央军才十二万，典型的君弱臣强，所以他一下就能够爆发长达八年的叛乱。后来唐朝灭亡，等于是亡在这个藩镇的手里。宋太祖一明白这个事儿，还能好吗，马上开始动手，从权、钱、兵这三个方面把叛乱的可能性降到了最低。

首先是要集中军权，解除禁军将领的兵权，这就是中国历史上著名的杯酒释兵权。跟太祖皇帝一块打天下那帮人都是他哥们儿，什么政治处主任的儿子，参谋长的儿子，后勤部长的儿子，全这么一帮人，原来都是军区大院长大的。太祖皇帝就召集他那帮哥们儿来喝酒，喝到高兴了，宋太祖说，我天天睡觉就睡不踏实，我睡不着觉。然后这帮大将很奇怪：“陛下富有四海，何出此言？”太祖说：“因为当初你们贪图富贵把这皇袍披我身上，让我当皇帝。你们想做开国元勋，才把我逼到这份上。万一有朝一日你的部下贪图富贵，要逼着你当皇上，你怎么办？”你说这话多不讲理，我当皇帝是被逼的……

当然，这帮大将一听吓坏了，跪地下就磕头。那您说我们应该怎么办？

宋朝的皇帝宅心仁厚，贵族出身的皇帝对大臣一般不错。流氓出身的皇帝全不行，像刘邦、朱元璋、李自成，洪秀全就更甭说了，这要搁明朝这些人就全被干掉了，发动一场大革命就全干掉了。

这个宋朝皇帝说干脆这样吧，咱们打仗的目的不就享受嘛。现在你们就回家待着得了。你们也别打仗了，都这么大岁数了，回家待着去。你要房子我给你房子，你要地我给你地，你要钱我给你钱。你买几个歌儿舞女，得尽天年。然后咱们君臣之间结成儿女亲家，我的公主嫁给你儿子，你的闺女我儿子娶了，这样一来的话，君臣无猜多好。

这帮大将第二天纷纷上表。我不能骑马了，脚有问题，骨裂了，或者前列腺出毛病了，于是全都纷纷上表，不来了。不能骑马了是吧，那你到外地做节度使去吧，但节度使的实权其实又是被剥夺了。岳飞后来就算身兼三镇节度使，12道金牌一调，还不乖乖地回来？回来就干掉。所以那会儿的节度使只是一个虚衔，没有任何实权了。

3 党指挥枪 要文斗不要武斗

雇用的司机

宋太祖巩固政权的第一步是把军区大院一块长大的哥们儿都办了，第二步呢就是把禁军统领权一分为三，对皇帝直接负责，然后又设立枢密院。

枢密院的设立是为了和禁军统领互相牵制，调兵的不指挥军队，指挥军队的不调兵。禁军是什么？大家都认为这个禁军就是禁卫军，其实不是。北宋的禁军就是正规军，相当于中国人民解放军。禁军都在中央，地方上的兵被称做厢军，就相当于各地的武警部队，再往下就是乡兵，相当于民兵预备役。然后是藩兵，藩兵一般就是在边境上招募的少数民族。

所以北宋军队由这么四种构成：禁军、厢军、乡兵、藩兵。正规军的禁军统帅叫殿前都点检，相当于总司令。赵匡胤之所以能够篡权，就是因为他之前做的是这个殿前都点检，正规军总司令造反，那不是易如反掌。而且那时候他妹夫高怀德是副点检，他们俩就能够轻易把这江山给篡了。

赵匡胤深知禁军统领的厉害，所以他做了皇帝之后首先就把这个职务给废了，变成了三衙：殿前司、侍卫亲军马军司、侍卫亲军步军司。这就是把这禁军统领权一分为三的过程，等于总司令由一个变成了仨。他们仨都对皇帝负责，但是你能统帅军队，调兵不归你，归枢密院。

枢密院有点像我们今天的总参谋部，调动军队都由他负责。意思就是，38军军长虽说统率38军，但他能调动38军吗？你说我调一个连帮我回家盖房子去，那不可能，你调一个排都得中央军委批准。你38军军长能指挥38军但调动不了38军，中央军委可以调动38军但不直接指挥38军，所以统兵的不调兵，调兵的不统兵，这样的话军权才能够分散，要不然的话就容易造反。这样，禁军统领就好像是雇用司机，派不派车不归你管，车不是你的，但你能开。

而且，枢密院的长官一定是文官。北宋多半是文官治军，这个有点跟今天的西方国家相像。今天西方国家的国防部长一律穿西装，称呼起来也是什么什么先生，不是什么什么将军，而且西方审判战犯的时候，战犯一般也都是穿西装，很少有穿军装的。用文官治军，就是怕你武将来干预，武将干预政治是很容易的。所以北宋的时候就这么做了，用枢密使调兵。

缺失的精神

第三步，实行更戍法。

更戍法就是禁军定期更换驻地，但统军的将领不随军调动，以防止武装叛乱。这是什么意思呢？比如现在38军驻保定，27军驻石家庄，54军驻济南。然后现在，三个军的军部不动，54军调到保定去，27军去济南，38军去石家庄，如此一来，你指挥的部队跟你原来的部队就不一样了。他目的还是想达到兵不识将，将不识兵，这样的动作几年一换，避免军将感情一好，勾结了造反。

第四步，地方精壮编入禁军，强干弱枝。

厢军、乡兵里边的精壮之士，都被选入禁军。这样做的结果就是说凡是这个地方身高体壮，武艺高强的都被编入禁军了，那地方的部队精英一被抽调，当地的实力就变得很弱，只能捕盗根本不能打仗，捕盗还经常被盗贼给累死，基本是一帮老弱病残。

所以后来少数民族政权，金也好，辽也好，元也好，跟宋朝打仗只要一突破边防马上就能马上打到京城。因为你中间这些州郡都没用，中间州郡全是老弱病残，贼都抓不到，不能抵御游牧民族的军队。

而且从北宋开始，中华民族绵延了几千年的尚武精神就越来越萧条。

中国的对外战争在近代以来屡战屡败，除了制度腐败，装备落后，最关键一个原因就是缺乏尚武精神。没有尚武精神，好男不当兵，好铁不打钉，你一心系国家的秀才去背弓拉箭，那什么玩意儿。为什么日本几十万人能纵横中国，人家那读书人腰里是插着两把刀的，咱们读书人是插着扇子。

西班牙那个什么马德里皇家武器博物馆在故宫有一个展览，看完之后我真的觉得震惊，你看人家皇帝玩什么玩意儿。盔、剑、盾牌，整天玩这个。你看咱们皇帝整天玩什么，蝈蝈、蛐蛐，高雅一点的就是笔墨纸砚。一个民族尚武精神的集体缺失，就从宋朝开始了，原因就是宋朝怕被造反，把武将的地位压得太低了。

八十万禁军教头豹子头林冲，让高俅给欺负成那样。你说八十万禁军教头不是很牛嘛，练枪的怎么能被一练足球的欺负？不是的，八十万禁军教头不是中国那解放军武术总教练。在当时禁军教头有5700多个，林冲只不过1/5700。这教头上面是都教头、虞侯、都虞侯、指挥使、都指挥使，都指挥使是正五品，教头从八品下。古代官品每品分正从两级，四品以下的官，每级又分上下两阶，他是从八品下。县令正七品上，这一比较，搁今天的话讲是连排级干部，他要真是中国人民解放军武术总教练，他至于上梁山嘛。

宋朝的士兵经常逃亡，防止士兵逃亡的办法是在脸上刺字，但是脸上刺字是犯人，那就等于毁容嘛。在脸上刺上：第八营第一连第二排，跟刺肩章似的。宋朝只有北宋的狄青，南宋的岳飞是武将熬上枢密副使的，这个是挺不容易的。狄青当枢密副使的时候脸上还有字。皇上给他药水要他洗下去，他说我留着，我留着要激励将士，跟他们说我这样脸上带字的也能当上枢密副使。但是就你这一个，没别人了，激励不着将士。

就因为宋朝把武将的地位压到这么低，所以他对外战争老打败仗，没人尚武，打仗都让文官去。文官又不会打仗，皇上给你一个阵图，照着打。你拿着阵图到了前线，打开阵图就傻了眼了，按皇上的布置根本没法打，再请示皇上吧，没等你请示到，敌军到眼前了，下辈子再请示吧。

只要不造反

第五步，集中行政权。

参知政事做副相。宰相本来在隋唐的时候就由一个变成一窝了，独相变群相嘛，到了宋朝又设参知政事，作为副相。那这个宰相的数量就越来越多了。参知政事这个副相可以临时设立，然后设枢密使管军事。原来的丞相是上马管军，下马管民。因为兵部是归丞相管的，归三省尚书省管的，现在他设立枢密使，你这三省尚书就管不着了。就这样把宰相的军权给夺出来了，所以枢密跟宰相就叫东西两相。又设三司使管财政。原来的户部是隶属于尚书省的，现在又设了一个三司使管财政，这样一来相权就更加的被削弱了。

然后在地方上，州的长官知州由中央派遣文官担任。

原来的地方官虽然也要中央任命，但他是当地自己人，比如，四川省省长是四川人，安徽省是安徽人，是从本地人的县长、市长晋升上来的。但是从宋朝开始变了，是朝廷委任京官出去当地方官。比如，我的本职是大理寺少卿，我应该是最高人民检察院，最高人民法院副院长，结果大理寺少卿知端州事，高检的检察长到端州做知州去了，我还干我这大理寺少卿吗？不干了。

所有的地方官都由中央派出来，那我知端州使的地方官就一定是端州人了。我拨来的官跟你这地方不是一处的，如此一来，地方上要想作乱就特别难。从宋朝开始一直到现在，基本上都这样。实际上你看省一级干部他都是中央往下派的。

中央派人去当地方官之后，还设了通判监督。通判监督知州，所以通判又叫监州。有人跟宋太祖说呀，你让这个文官下去当地方官，你给他们这么大的权力，他们会贪污的。你猜宋太祖说什么？他说一百个文官贪污也不如一个武将造反对国家的危害大。所以您愿意贪您就贪，只要您不造反。可见他自己造反得的江山，被自己给吓坏了。

于是知识分子最幸福的时代就来临了，只要不造反，干吗都行。汉唐很可敬，但是一将功成万骨枯，活在那样的朝代很惨。明清就更崩溃了，尤其是明朝，生活在那种朝代真是生不如死，属于中国古代史上最黑暗的二百多年。明清的可怕和可恶，反衬出了宋朝的可爱。

宋朝的财政总收入很吓人。北宋是明朝的十倍，南宋是明朝的六倍。直到《辛丑条约》那会儿，清朝的财政收入才赶上南宋。你想两宋那富裕到什么程度，都是重商主义发展的，特有钱。如果宋朝不是被蒙古人给灭掉了，咱中国早就按部就班发展到近代社会了，可惜历史是不能假设的。

爱干嘛干嘛

宋朝是很可爱的王朝。

太祖皇帝有遗训，刻在碑上。这碑在宫中的一个秘殿里面，每一个新登基的皇帝都要去看那碑。碑上刻了三条：

第一条，不得杀害柴氏子孙，咱江山是从柴家抢来的。这要搁别人，我从柴家抢了江山，我得把柴家连根刨。结果宋朝是不得伤害柴氏子孙，有罪不得加刑，何况他也不可能有罪。水浒里面有个逼上梁山的柴家后人，小霸王柴进，那个是虚构的，不能算。

第二条，不得杀害士大夫，上书言事者无罪。在宋朝你只要是读书人你就没有死罪。所以文官没有被判死刑的。这一没有死罪，你说贪污怎么办？杀还是不杀？祖宗家法是不许杀士大夫，那就流放吧，他又说士可杀而不可辱。流放就是一种侮辱，还不如杀了。皇上说那无罪释放。皇上就说哪一件快意事儿我也做不得。宰相说这种快意事你不做也罢。

不能杀士大夫，士大夫给皇上写信说事，无罪。你回头给打成右派这不行。所以知识分子最幸福的朝代就是宋朝。那待遇真高，宰相的工资一年三百万人民币，差不多是两万四千亩土地的总收入，除此之外你还可以贪污呢，那三百万是小头，大头在后边呢。所以，宋朝就是再著名的官员他的生活都是特别豪奢的，包括我们知道什么寇准、欧阳修，这帮人都特讲排场，到了可劲造，花不完的地步，如果换了你也是一样花不完。宋朝厚待士人，知识分子的生活很好很强大，所以才会有空去研究理学，去写宋词，这个宋词和唐诗的风骨就完全不同了。

知识分子有钱，皇帝可够惨。宋朝皇帝惨到都没钱给自己修坟的份上。皇陵特别简陋，在河南巩县，跟汉唐那种因山为灵，跨山连谷的皇陵没法比，跟明清也没法比。别的朝代都是皇上一登基就开始修坟，皇上不死这坟不能修完，不能说我完工了，您入住吧，那哪成。所以皇上活着的时候你不能停。而宋朝是皇上活着不能修坟，皇上死了之后七个月内必须完工，只要别豆腐渣，尽快干完就是了，要不然皇上的尸体都烂了。所以那皇陵都很简陋。

祖训的第三条是不加田赋。当然这一点就没做好，要是不加田赋皇上和文武百官吃啥？何况他们还得吃得好！

没人会抵抗

巩固政权的第六步，为集中财权和司法权，在各路设转运使。

这等于是把这个地方的财政都转运到中央来了。然后地方司法人员由中央派文官担任，这就是提点刑狱使。

死刑要报请中央，一直到今天都是。比如，在安徽杀了人了，判死刑，须最高人民法院核准。当然一般不会被驳回，准能够核准，但是提刑一定要把死刑报给中央，由皇帝亲自批。

在清朝，就有懋勤殿勾到。皇帝在懋勤殿给这死刑犯打钩，用朱笔将死囚姓名勾去，表示核准，又称“勾决”或“勾到”。勾决咨文下达便可执行死刑。勾一个人，大臣就要下跪三次给他求情，上天有好生之德，请皇上恩准。皇上说这家伙太坏，勾了，但大臣还是每一个人要请求三回，别杀他，有好生之德。其实也就做个样子。因为一般判死刑的都是大奸大恶之人，勾了就完了。

这么六条下来，包括大院子的藩镇在内，朝内朝外和地方上的权、兵、钱全都没了，中央集权得到大大加强。

藩镇割据的基本铲除维护了统一安定，有利于经济的发展。强干弱枝又把地方都给削弱了，所以除了清初特殊的三藩之乱，宋朝以后确实没再发生过关于地方反叛中央的事儿，这个问题解决得很好。但是官员冗滥，财政开支庞大，又是伴随而来的弊端。官员冗滥到什么程度？前面说了，枢密使虽然管军事，但是三省六部不能变成三省五部呀，兵部还是有的。三司使管财政，户部也还是在的。如此一来兵部和枢密使，户部和三司使的机构就重叠了嘛，重叠就会产生扯皮呗。这事是你干还是我干，所以这效率反而低下。而且由于北宋朝廷厚待士人，这帮大爷脾气大，一般人都不好弄他们，惯得这个毛病，官员冗滥造成机构重叠了，还不好处理。

再有一个毛病，就是军队的战斗力下降了。当兵的脸上刺字，当官的昨天晚上才开始看《孙子兵法》，你想想天亮这仗怎么打。

要说地方财政困难，积贫积弱。它并不是真的贫，真的弱。他有钱，他是中国历史上最有钱的王朝，只不过这钱都花得不是地方。所以说北宋初年加强中央集权那些措施有利有弊，《朱子语类》中朱熹总结的“本朝鉴五代藩镇之弊，遂尽夺藩镇之权。兵也收了，财也收了，赏罚刑政一切收了，州郡遂日就困弱。靖康之役。虏骑所过，莫不溃散。”就说了，你什么都收了，造成的结果就是地方的军事力量薄弱，没人有能力去抵抗，最后被外族一打就垮。

北宋的灭亡，就是因为上面那些看起来可以巩固江山的政策。

进化科举制

相对于唐朝，宋朝选拔官吏的方法有所变动，科举制度得到了发展。

考试分作乡试、省试、殿试三级。

省试就是后来的会试。有些外行的书写成会考，高中毕业才会考呢。它说康有为在北京参加会考，康有为哪个中学的，康有为高二几班的？后来，他又分为院试、乡试、会试，会试就是省试和殿试。院试是最低的，中了的叫秀才，没中就是童生，古代没有毕业那一说。

小孩五六岁进学，进学之后你就可以考秀才去了。你要是七岁考上就是神童，不过您七十考上也可以，范进不是五十多岁才考上秀才吗？老考老不上，老没名分的，就是老童生。洪秀全为什么造反，就是他考了一辈子秀才都没考上。你想他那学问要能考上有天理吗？他没考上说明大清不腐败，他就是考不上，搁哪个朝都考不上，从十八岁考到三十多都没达到小学毕业水平。

院试考中了秀才的可以去参加乡试。乡试在省城举行，中试的统称为举人。举人的第一名叫解元，唐伯虎就是唐解元嘛。这边你又考上了，你就可以去参加会试。三年一次由礼部主试，中试的都叫贡士。贡士的第一名叫会元，不是汇源果汁。你PK了三次都没淘汰，中了贡士，于是你就可以去参加殿试。所有的贡士去参加殿士肯定都能中，只不过就是分成三等，第一等叫甲赐进士及第，一共三人，第一名叫状元，然后榜眼、探花。第二等叫甲赐进士出身，上榜人数若干。第三等叫甲赐同进士出身，上榜人数也是若干，就这么三等。

你要乡试以上的三次考试全中，就叫连中三元。中国的一个成语叫连中三元，干吗不连中二十六元或者七十元两毛五分，它不是连续中奖可以兑换三元牛奶的意思，它三元的意思是解元、会元、状元。科举制1300多年，连中三元的只有明朝的商辂。只有哥们儿一人能连中三元，因为这太难了，哪那么巧都是你呀。有的最后拿了状元，但前面考的不一定是第一名，考场还有状态问题和发挥问题嘛。所以连中三元这哥们儿很了不起。

殿试的录取权由皇帝掌握，所以进士及第者叫做天子门生。

以前是高官主试，高官决定录取，这帮新科进士一旦被录取就对高官感恩戴德，容易跟高官结成朋党。你们都是我录取的，你们就是我的门生嘛，所以都得听我的。现在不一样，录取权由皇上掌握，你跟皇上结党去吧，不碍事。

明清两朝殿试在保和殿，尤其清朝那些康熙爷什么的，那真是亲自出题，亲自监考。

那考试一考，早晨起来一直考到天黑，点着蜡接茬考，皇上也跟那坐着监考。到后来有的皇上像咸丰，到考场转悠一下，说声“同志们辛苦了”就撤了，意思意思。

宋朝科举实行糊名法，糊名就是我们现在的密封，你的姓名、年龄、籍贯、性别都挡上，严格保密。到了明清还得誊卷，考官看不到你的亲笔卷子，他是由十个中书舍人给抄一遍，考官看到的笔迹全都一样，以免万一我的学生我认识他字迹，就给个高分。当然那作弊的方法也多了去了。

在录取名额上，宋朝比唐朝增加了。特别是宋太宗他在位20年，录取的进士超过唐朝三百年的。唐朝一次录三四十个，三年一次，宋太宗是一次录五六百，年年考。三年一考很难，全国好几千万人，读书的就算有几十分之一的人也好几百万，三年一考录取那么几百人，很难办。结果宋太宗在位的时候老开恩科，今年我生了一个胖儿子，我高兴，今年科举开恩科。明年我又生一个，再开。后年娶一个小媳妇挺好，接着开，再后年我们家那树上长灵芝了，他老有事儿。恩科一般都皇上整寿的时候，今年不应该科举，但我整寿，就开一个恩科。1894年没有科举，但慈禧太后六十大寿，朝廷就开了恩科。这就为各阶层读书人进入仕途开辟了道路。

唐朝都是官宦人家的孩子能科举，白丁子弟不行。到了宋朝农民都可以去参加科举，商人子弟也可以参加。只有犯人的孩子和娼优的孩子不行。

过去小孩念私塾，老师教你念：“朝为田舍郎，暮登天子堂。将相本无种，男儿当自强。”“天子重英豪，文章教尔曹。万般皆下品，惟有读书高。”说的是读书就能科举当官，读书的品格是最高的，那你还能造反吗。所以真宗皇帝御制《劝学篇》劝士子们“六经勤向窗前读。”你干吗要读书呢？因为“书中自有黄金屋，书中自有颜如玉。书中自有千钟粟，书中车马多如簇。”你只要念书，什么玩意儿都有：黄金屋、颜如玉、车马簇、千钟粟。

今天也一样，也是“六经勤向窗前读”。英语、数、理、化、生、史、地、政，正好六个。你连大学都没上，你就看超市缺不缺扛货的。大学没毕业工作都找不着。你读大学的，黄金屋、颜如玉、车马簇、千钟粟。不读，铁皮屋、柴禾妞、棒子面、自行车。

宋朝的科举制等于是扩大了政权基础，这么多个人都让你给吸入到朝廷里来。但是官本来就够多了，你还把这么多人都招来，招来你就得让他做官。做官你就得给他钱，北宋的知识分子待遇那么优厚，给钱还不能给少。所以造成一个结果，冗员，官吏多而杂，这帮人就更不地道了。

4 多余的官兵多余的开销

“饿”向胆边生

到了北宋初年中期，发生了很严重的社会危机。

唐以后田制不立，没人管了，百姓有多少地就给国家交多少税，没地的就甭交了。而到了宋，北宋太祖皇帝是高干子弟出身，他当上的皇帝是因为趁着人家孤儿寡妇篡的权嘛，所以他不了解民间疾苦，他也没见过农民起义的伟大力量，所以北宋还是不给老百姓分地。

特别是北宋皇帝有这样的一个认识，宋太宗说：“富室连我阡陌，为国守财尔。”有钱的人越多越好，正因为有钱的人多了，国家可以征税呀。你说的那是美国，美国的个人所得税60%是年收入十万美元以上的这些个大款们交的。中国的个人所得税主要是工薪阶层交的，你说让那公司老总交个人所得税，他交什么呀？他把自己工资定到1600，不够交税标准。你那飞机头等舱你月工资1600买得起吗？他肯定花什么钱都走公司账，我月薪1600，不交个人所得税。这在国外是非法的，比尔·盖茨每月工资400美元，你信吗？

为富者不仁，所以中国不可能指着有钱人为国家出力，北宋也这样。造成的第一个社会危机就是贫富分化越来越突出，差距越来越大。富人有弥望之田，穷人无立锥之地，到了这种地步国家还不管，你不管这个贫富矛盾，最后矛盾就指向了政府。

第二，百姓被地主剥削得饥肠辘辘，就得被逼造反。农民没得吃那行吗？他肯定反抗。

第三，冗官、冗兵、冗费，三冗。冗官就是养的这官太多没用。冗兵，北宋养兵的目的是为防止内患，宋太祖认为“可以利百代者唯养兵也，方凶年饥岁，有叛民而无叛兵。”我养兵的目的就是让你别叛乱，有叛民而无叛兵。结果每逢荒年政府都派人到灾区去募饥民当兵。那你这个部队等于根本就没有战斗力，兵全是饥民构成的。过去有这么一个口号叫“竖起招兵旗，自有吃粮人”。我一竖旗就有人来，吃粮。不是来保家卫国的，要吃不着粮，就哗变了。

所以北宋的军队爱哗变，你想他能吃得着粮吗？长官怎么着都得克扣军饷吧。你看他长官坐着奔驰600，你自行车也没有，长官一顿饭鲍参翅肚，你煎饼果子吃不起，于是这帮人就哗变了。岳家军为什么后来打仗那么棒，“冻死不拆屋，饿死不掠抢。”老百姓就支持人民子弟兵嘛。北宋别的军队老百姓不支持他，觉得他比金军、辽军还混蛋，就会抢老百姓。见着老百姓如狼似虎，见着敌人就耗子见猫那种感觉，御敌无方，扰民有术，这部队哪行。

冗费就好理解了，你80%的钱花在养官，这就叫冗费。

5 王安石死磕

搜刮有钱人

于是，宋神宗任用王安石变法。北宋一共九个皇帝，太祖、太宗、真宗、仁宗、英宗、神宗、哲宗、徽宗、钦宗，神宗是第六代皇帝。

王安石变法有三方面。

第一，理财措施。理财措施核心是这么一句话：“民不加赋而国用饶。”不增加老百姓的负担，但是要增加国家的收入。不打老百姓主意，国家又要拿钱，这摆明了就是从有钱人身上下刀子。所以他这个改革既属于调整阶级关系，也属于调整统治阶级内部的关系。

首先是青苗法。每年青黄不接时，分两次贷款给农民，收成后加息20%还官，免受高利贷盘剥，增加政府收入。相对于现在来说，20%利息太高了，现在都是千分之多少。你嫌高你可以不借，但是你要不跟政府借，只能向高利贷和地主借，那就是200%的利息。所以这样一来的话，“民不加赋而国用饶”这一句话就把官僚地主搞惨了，这些人想盘剥百姓没法盘剥了。

其次是募役法，政府向应服役而不愿意服役的人收取免役钱。雇人服役，不服役的官僚地主也要出钱，减轻农民差役负担，保证生产时间。这样一来，原来可以不服役也不交钱的官僚地主，现在不服役就得交钱了。

再次，农田水利法。复次，方田均税法。政府重新丈量土地，按每户的多少肥瘠收税，官僚地主不得例外。官僚地主的土地肯定又多又肥，农民的土地又少又瘠，那就肥的多收，瘠的少收。

最后，市易法，政府设置市易务，出钱收购滞销货物，市场短缺时再卖出。这就限制大商人控制市场，有个成语叫囤积居奇，本来是商人的敛财之道，现在等于是政府在干这个事儿了。这有利于稳定物价和商品交流，又减轻了百姓的负担，增加政府的收入。政府在夏季收购羽绒服二百块钱一件，以免你积压仓库，所以商人都把羽绒服卖给政府了。到冬季政府以六百块钱卖出，然后政府挣四百对吧。但如果商人卖，他可能卖八百，九百，一千。因此这样造成的结果是政府得到了钱，老百姓物价也能够便宜点，然后商人吃亏了，就这个意思。所以整体的理财措施都体现着这个思想核心“民不加赋而国用饶”。［见图5-30，p268］

短暂的变法

变法第二是军事措施。

首先，保甲法。政府把农村住户组织起来，每十家（后改为五家）一保，五保为一大保，十大保为一都保。然后你们家有两个男丁的，出一人为保丁。农闲时练兵，平时种田，战时编入军队抵御辽夏进攻，减少军队开支。这种兵实际上叫民兵，是保卫本乡本土的，中国最适合这样的军队。因为有人说中国人轻家国而重乡土，勇于私斗，怯于公战。打架勇敢着呢，你看我媳妇一眼我跟你没完。外敌入侵就胆小，异形打过来了，我躲着。中国人有强烈的乡土观念，一出国，你北京的，我也北京的，你上海的我也上海的，没有说你中国我也中国的，组织的也是北京同乡会，不是中国同乡会，缺乏国家概念。所以这民兵非常适合，你保卫的是你媳妇，你家乡。

将兵法。禁军驻地固定，然后固定地将官加以训练，充实边防。

变法第三是教育措施。

改革科举，废明经，设明法。明经就是死记硬背的东西，没用。整顿太学，使学校成为为变法造舆论，育人才的地方。所以王安石的作用是通过变法，一定程度地扭转了社会危机。可惜最后还是失败了，失败的原因是用人不当，危害百姓。而更主要的原因是触犯了大地主大官僚的利益。司马光当政，就是小时候砸缸的那个，王安石的新法就被废除了。

好心办坏事

王安石变法为什么用人不当？

王安石干这事压力很大呀。因为咱们中国一直是以儒家思想为主导思想，而儒家的政治主张是法先王。要尊重先朝和先王的规矩，你要改革，一般就被认为是离经叛道，大逆不道。所以王安石他就顶着雷，压力很大。他明确地表示说我这个变法是本着这么一个原则，温家宝总理在一次记者招待会上引用过的这三句话：“天变不足畏，祖宗不足法，人言不足恤。”

“天变不足畏”。因为你王安石变法，你看地震了，7.9级，属于天变。王安石说我不相信，我接着变，弄个8.3级我看看。

“祖宗不足法”。祖宗之法以守祖宗之地，今祖宗之地不守何谈祖宗之法。

“人言不足恤”。大家都埋怨你，他们越埋怨证明我越正确，真理往往掌握在少数人手里。

所以这三条宗旨一来，往好听里说是大无畏，一往无前，往难听里说就这老哥太愣了。你谁都不怕，天、祖宗，就没人能管得了你了，那往往他的事就容易走向极端。这时候就奠定了用人不当的基础。

很多人并不见得赞成新法，但是因为王相公坚持要用新法，所以我就假装支持。我求官，为了求官我假装说我重视新法，因为那时候支持王安石的人太少，所以我一下子就当官了。当官之后我把这新法作为敛财的手段，明明那青苗法应该是20%吧，我收30%的利息。“提举使以多散为功。”我多收，应该是老百姓需要借钱，我才借给他们，现在是我逼着你老百姓，你借也得借不借也得借。如果借了还不上，富户为穷人作担保。你们村有地主吧，有地主就给所有的农民作担保，还不上我找你要。最后那村里不但农民跑干净了，连地主都跑了。

孔圣人曾经曰过，“君子喻于义，小人喻于利”。所以这个杀身成仁，舍生取义是君子，逐利的是小人。所谓士农工商，商人居四民之末的一个重要原因就是他逐利。《琵琶行》“商人重利轻别离，前月浮梁买茶去。”人家不轻离别没法养活你，白居易很瞧不起人家，商人重利轻离别，而你王安石整天琢磨的也是这个。民不加赋而国用饶，你整天逐利吧，你就是小人，小人怎么能治国呢？

中国古代一个最突出的特点就是官不与民争利。你当官了，不能做买卖跟老百姓争利。其实今天很多国家都是这样，我当了市长，我们家人要开公司，你能竞争过我吗？你一点辙没有。所以官不能干这个，不能与民争利。而王安石他干的这些事就是与民争利，民不加赋而国用饶。那么那些地主难道不算民，他也算呀，你这就算与民争利了。所以这些东西就成了保守派攻击他的口实。后来很多保守派讲王安石变法有种种弊端，那个并不是人家凭空编的，他确实存在这些问题。

王安石变法之后，朝中的大臣就分成了新党和旧党。新党上来就打旧党，旧党上来就打新党，党同伐异，这样的结果就使得北宋大臣之间的党争越来越激烈，也是后来造成他亡国的一个重要原因。

王安石变法在历史上评价不高，但为什么在教科书上给无限拔高，因为我们误读了列宁的选集。列宁说王安石是中国的改革家，列宁这么说，其实是括弧里边的一个注解：王安石是中国11世纪的改革家。伟大的无产阶级革命导师其实没有给王安石这么高的评价，列宁是为了向俄国人介绍谁是王安石，说明王安石的身份，才说他是中国的一个改革家。

事实上王安石在很多地方都是被写入奸臣传的。历史对他的评价不是很高，天下骚然，党同伐异，党争视同水火。原来朝廷的矛盾没这么厉害，现在一下子各种矛盾都给王安石激发出来，所以他的变法最终还是失败了。甚至有人说这北宋灭亡都是王安石惹的祸。

6 引狼入室 与狼共舞

草原上称帝

北宋只是结束了五代十国的分裂局面，并没有完成国家的统一。同北宋并立的少数民族政权，有契丹的辽、女真的金、党项的西夏。

契丹在辽河，当时叫西拉木伦河上游，是游牧渔猎的这么一个民族。唐末的契丹势力开始发展，汉族农民迁到长城以北，契丹人学会了种植、建城、农耕。

十世纪初，契丹首领耶律阿保机统一契丹各部，提倡农业接受汉族文化。耶律阿保机明显是契丹话，他建国之后改名叫耶律亿，名字也改成汉族的名字了。公元916年，耶律阿保机称帝，建立了契丹国，定都上京，他就是辽太祖。少数民族的领袖都有各自的叫法，匈奴叫单于，突厥叫可汗，吐蕃叫赞普，他们只有入主中原之后才会建立帝号。像五胡十六国时期，五胡也是入主中原才建立帝号。而这个契丹人在草原上就建国称帝，一切还都跟中原一样。

辽有五个首都，整个游牧民族和他的皇帝就在五个首都转着住，上京是临潢府今天内蒙古的巴林左旗。

契丹人创制了契丹文。它是在汉字的基础上创立的，但比汉字复杂得多。契丹文现在已经变成一种死文字了，就是怎么都不会有人读。契丹文常用的是3000多个字，我们现在能够认出来的是500多，因为这个辽朝书禁甚严，他跟北宋的往来全是汉文，所以连北宋人都不认得契丹文。

汉字是单音节字，契丹语是多音节，所以他用汉字来记述是很不方便的。比如说天，咱们写出来就是个天，念就念作天。契丹人要念成腾格里（音），写出来也非常的麻烦。一个字念仨音很别扭，所以等辽一灭亡，这个契丹文也就随着辽的灭亡退出了历史舞台。电视剧《天龙八部》里萧峰他爹被人误杀了，在那个墙壁上刻字。香港拍的剧，萧峰他爹刻的是蒙古文，我很佩服导演，没让他刻英文。大陆拍的，刻的就是契丹文。

耶律德光时期契丹得到了幽云十六州，改国号为辽。

耶律德光就是辽太宗，辽的第二代皇帝，德光这名字已经完全是汉字了。幽云十六州的幽州就是咱们北京，今天的宣武、丰台两区。辽不是五个首都嘛，辽的南京叫析津府，就是北京；辽的西京是云州，就是山西大同；东京是辽阳；中京大定，就是内蒙宁城，出宁城老窖那地方。它五个首都，俩在幽云十六州，这是后晋皇帝石敬瑭割让给辽的。他让辽帮他灭后唐，他就把幽云十六州割让给辽，然后四十五岁的石敬瑭拜三十六岁的耶律德光为义父，就是中国历史上有名的儿皇帝嘛。辽得到幽云十六州后受益匪浅。

长城失天险

首先是长城以南农耕开始发达。

原来少数民族打不过中原王朝，一个重要原因就是他经济不行。你游牧经济，那玩意儿没谱，一场大雪灾就能造成你举族灭亡。那现在，我游牧民族也会种地了，而且我在长城以南。过去修长城就是为了挡住这些少数民族，现在这些少数民族都在长城以南，长城天险尽失。骑兵从北京出发，骑着马往南跑全是平原，就中间黄河挡了一下，别的无险可挡。宋辽的边境在雄州、霸州，就是北京往南300里而已，这个优势对辽有重要作用，却要了中原王朝的命了。

这样一来，辽就面临着很多新情况和新问题。

就是说我新扩充的这些地盘，我新增加的这些人口，怎么进行管理。中原王朝的华夏民族有这么一个认识——胡虏无百年之运。就是说咱们认为少数民族如果入主中原，他的统治不可能超过一百年。因为你一进入中原，你就势必面临着两个选择——汉化还是不汉化。汉化不汉化你都完蛋。

比如像匈奴、鲜卑、羯、氐、羌一入中原都汉化了。隋唐王朝都有这鲜卑的血统，鲜卑民族就没有了。满洲人实际上汉化了，还有几个满族人会说满语，认得满文的？要是不汉化你就会被打跑，那么落后的经济文化没法统治这个人口众多，经济发达，文化发达的地方。统治不了，就只能被打跑。蒙古人不汉化，90多年回草原放羊去了。而无论汉化还是不汉化，过程都超不过一百年，无百年之运道理就在这。

但是，辽很好地解决了这个问题。你说“胡虏无百年之运”嘛，辽一共210年，而且换了9个皇帝，每个皇帝在位的时间都很长。五代53年却换了14个皇帝，相比之下辽很生猛吧。

辽能这么生猛，是因为一国两制。他实行藩汉分治，设立南面官、北面官。南面官统治汉人和渤海人，北面官统治契丹人和其他少数民族。《天龙八部》里萧峰就是南院大王。

辽的上京临潢府，它已经被金人给毁掉了。但是因为在蒙古草原上，遗址保存得非常好。在遗址里明显能看到上京是由两部分组成的，南部叫汉城，北部叫宫城。南部汉城的街道、房屋，有坊有市跟隋唐长安非常相似，看遗址就能看得出来，北部就是契丹人住的地方，除了宫殿什么都没有。那证明契丹人住的还是帐篷。你不能让汉族人住帐篷，契丹人又不习惯住房子，最后的协调结果是不协调，汉族人还住房子，契丹人进城还搭帐篷。以国制待契丹，以汉制待汉人，一城两制。

被海扁两次

契丹建立之后，跟北宋接壤上了，难免就会在两者之间产生矛盾。

宋太宗统一了中原和南方后为了夺取幽云十六州，向辽进攻。公元979年高梁河激战，宋军大败。[见图5-31，p269]高梁河就是现在的北京紫竹院公园附近，10万宋军在这个地方同辽军激战。辽国名将南院大王耶律休哥率9000铁骑把10万宋军打得全军覆没，太宗皇帝中两箭，坐驴车逃回南方。马可能都给打死了，才坐的驴车。太宗皇帝箭伤年年复发，最后就死于这个箭伤，其实他真正的死因可能是死于心病，高梁河一战在他心里埋下了永

不磨灭的阴影，10万宋军被9000辽军打得几乎全军覆没，天天想着都来气。〔见图5-32，p269〕

那时候宋刚灭了北汉，挟灭北汉之余威来攻辽，惨成这样。四年以后辽景宗耶律贤病逝，辽圣宗耶律隆绪即位，年仅12岁，他的母亲萧绰就是萧太后，开始执政。宋朝趁着人家主幼国疑，20万大军兵分三路二次伐辽，东路军是主力，由平定五代十国时候的大将曹彬亲自指挥，田重进出中路，潘美、杨业出西路，杨业就是后来评书《杨家将》里说的杨老令公。

东路军一出遭到辽军主力的痛击，南国名将南院大王耶律斜轸的4万铁骑把10万宋军又打得全军覆没，曹彬带了几十人逃离战场。中路军田重进吓得就没敢出去，东路军的主力都覆没了，我去不是作死。所以田重进可能在边境上扫荡了一番，砍了契丹老百姓的脑袋，提着回去冒功。说我没碰到契丹主力，只碰到小部队了，所以杀了点，我回来了。杀良冒功。

西路军这边潘美、杨业他们出去之后，幽云十六州占了山西四个州，应该说是大捷。但辽军主力是骑兵，等东边的战场一平定就迅速回师西线，然后西路军的补给跟不上，潘美只能后撤，杨业就打掩护。最后西路军可能逃了一部分，杨家将全军覆没，杨业兵败被俘，关在昊天塔，绝食殉国而死。

大宋在公元979年和公元986年的两次北伐，几乎都被人打得全军覆没。第二次要不是田重进撤得快也完了。所以这样的结果，使得宋统治者确立了“守内虚外”的政策，把主要力量转向对人民的防范和镇压。等于宋朝就不敢再跟辽国打仗了。但是你不打人家，人家可就要来打你了。〔见图5-33，p270〕

7 金钱外交 花钱买和平

寇老儿救国

公元1004年辽军南征。

迅速地打到了黄河岸边的澶州，澶州离东京已经是近在咫尺了。因为宋朝中央集权强化，地方实力太弱，所以外族过来非常快，一下打到澶州，简直跟吃桃子似的，一口就咬到了桃核。

宋真宗召集百官问怎么办，宰相王钦若是金陵人，主张迁都金陵。宰相陈尧叟是成都人，主张迁都成都。反正这两个宰相都是一个主意，跑！陈尧叟说当年安史之乱明皇幸蜀，江山社稷得以保存嘛，所以咱们应该往那儿跑。王钦若说，不往那儿跑，咱们跑到南京。南京有长江天险，契丹人过不来。真宗就晕了，还有一个宰相是寇准，今天请病假，行，去问问他。他一琢磨这寇准是陕西人，八成主张我迁都长安吧。最后没想到寇准一来慷慨激昂，敢言迁都者斩！都城乃天下之根本，根本动摇人心尽失。你皇上都跑了，你只招别人为你卖命，别人都是二百五吗？再说咱们怎么跑，能跑得过契丹人。你两个腿，人家四个蹄。到这份上你必须抵抗，御驾亲征。

宋真宗也就真的勉勉强强御驾亲征，过黄河的时候怕死，他不愿意过河，在这个轿子里磨叽。我什么事还没办，我钥匙落家了，MP4没带，我不能走。寇准特生气，但也没辙。太尉高俅拿着鞭子抽抬轿子那帮人，瞎了眼赶紧把皇上抬过去。他不敢骂皇上，他抽那个抬轿子的，就把皇上抬过去了。

皇上没辙了，过去之后就到了澶州城。一到澶州城，皇上就躲在州衙里不肯出来。然后寇准跟他说，您上城转悠一圈，您让老百姓看看，您来了。皇上说是，老百姓都看见了，辽国人也就看见了。弄个狙击手给我一下子，我就玩儿完了。寇准说没那事，赶紧把钢盔、防弹背心给皇上准备好，金盔金甲，外罩锦袍。然后金甲武士里三层外三层围着你，保证没问题。皇上穿得跟未来特警似的，勉强到城上转了一圈，宋军将士一看到金瓜、钺斧、朝天凳、黄罗伞盖，连呼万岁，士气大振。

守城的宋军30万，围城的辽军9万。这时四方勤王之师抵达，第二天开战。辽军统帅被宋军用床子弩给射死了，床子弩就是底下是一张床，床上搁着一张弓，拿绞车绞开了并射五支箭，每支箭将近3米。那箭头就是长矛，本来是射马、射城垛子的，这次拿来射辽军主帅萧达赖，钉地下拔都拔不出来。等于一开战辽国的主帅就战死了，变成了大地标本。

主帅死了，辽国有所惧怕，提出求和。辽国跟这个北宋议和，只要北宋每年送给辽岁币，然后辽撤兵。这个叫做澶渊之盟。

寇准就跟宋真宗说一鼓作气收复幽云，以慰太祖太宗在天之灵。真宗说你拉倒吧，这就把我吓得够戗，辽只要不让咱割地，给点钱没关系我给得起。宋朝不是最有钱嘛，花钱买个天下太平。

于是宋真宗派了一个使臣叫曹利用，你去辽营谈判，只要不割地，割地对不起祖宗，给钱我可以。一年答应给100万，岁币嘛，一年给一回。曹利用就去了，出门的时候寇准告诉他，皇上让你给100万，你要敢超过30万，回来我剁了你。所以曹利用到了辽营一番唇枪舌剑，答应了30万，每年10万两白银，20万匹彩绢（就是帛）。

然后曹利用回营复命。皇上吃饭呢，不便接见，就派了个太监出来问，给了多少钱。这个曹利用一想这么机密的事怎能跟太监说，就伸出三个手指头，太监回去就说300万。皇上吓得筷子都掉地上了，给这么多钱，300万！转念一想，嗨，300万买个天下太平没关系，我认了。等一会儿把曹利用叫来一问是30万，把皇上高兴的，授你五一劳动奖章。你太厉害了，30万天下太平了，从此之后就不打仗了。

给辽的压岁钱一开始是30万，后来涨到了50万。

以文化扩张

澶渊之盟后，宋辽维持和平，边境安定贸易兴旺，使者往来。这个钱给的跟晚清对外赔款的概念是不一样的，因为契丹族属于中华民族。今天这个民族已经没了，但根据基因鉴定，今天中国东北达斡尔族跟契丹人的基因是最接近的，有可能达斡尔人是契丹人的后代。末代皇后婉容就是达斡尔族。所以他是中国的民族，这个不能叫屈辱，什么丧权辱国谈不上。另外，每年给辽的岁币相当于北宋两个县的财政收入，那北宋有多少个县，得有一千几百吧，你花两个县的财政收入买一个天下太平，挺值。要是打起仗来，兵连祸结，烽火频年，那可不是这两个县的钱能够解决，搞定得了的。

所以我认为对游牧民族采取的政策其实最合适的就是两宋，两宋立国三百多年。像汉唐那样对付少数民族是不可取的，因为彻底消灭他根本就不可能。你消灭了他之后，他还有新的强大的游牧民族兴起，那打起仗来没完。

他们来这，不就抢点东西嘛。你别抢，哥们儿给你。给你之后，我给你的钱是白给吗？我往你那卖书、卖瓷器、卖茶叶，贸易一往来，很快把那钱就赚回来了，你还得倒贴呢。

岁币30万的钱，我有办法弄回来，你拿什么给我呀。你不就给点牛马、骆驼、毛皮嘛，那值个什么钱，我这一个瓷瓶就应该换你几匹马。你不愿意，不愿意的话你家里就摆马吧，这瓷瓶我不给你。你说这玩意儿不平等，平等不平等我不管，这瓷瓶你做不出来，只能跟我买。所以很快这贸易往来，就把钱给赚回来了，而且双方关系和好了，119年没有战争。

宋辽澶渊之盟签订之后，边境上“生育繁息，牛羊被野，戴白之人，不识干戈。”意思是头发都白了的老人，一辈子没见过打仗的。这样一来促进了民族的融合、友好。后来北宋联合金灭辽时候，属于北宋背盟，背信弃义。

辽的统治者自己说，“吾修文物，彬彬不异于中华。”这里文物指的不是出土文物，而是典章制度。我的典章制度，跟中华是一样的，你不能把我视做蛮夷，我也是中华。他要是认可了自己是中华，他待的这块地就是中华的了，这块地就并入我们中华版图，成为中华大家庭了。所以中国领土的扩张，跟美国、俄罗斯是不一样的。他们是靠军事扩张，咱们是靠民族融合，文化的认同，用先进文化和先进生产方式向边疆地区的扩张。

人多不怕打

西夏是羌族的一支党项族建立的。

党项族原来在宁夏甘肃陕西西北游牧。公元1038年党项族首领元昊称帝，都兴庆，史称西夏。

元昊建立的西夏其实叫大夏国，因为他在宋朝的西边，所以这个大夏就被称为西夏。兴庆就是今天宁夏回族自治区的首府银川。元昊并不是开国的皇帝，他的父亲德明，爷爷继迁的时候，夏朝的政权基本上就形成了。所以元昊死后庙号景宗，并不是太祖、太宗。他爸爸是太宗，爷爷是太祖，以前都是称王，到他这才正式称帝，然后往前追封。

西夏仿效唐宋建立政治制度，推行科举制，创制西夏文字。西夏文字也是在汉字基础上改造的，笔画比汉字复杂得多。西夏文也是一种死文字了，无人能念。但是1908年内蒙古额济纳旗的黑城遗址，俄国考古学家发现那里边都是西夏的文物，全给打包运走了，所以这个是敦煌第二，吾国文化之伤心史。今天中国的学者如果要研究西夏学，必须得去俄罗斯留学去。后来在考古时候发现了一本西夏人骨勒茂才编的西夏文跟汉字对照的字典《番汉合时掌中珠》，所以这西夏文现在是能够看懂了，但是音还是不会读，没有人会说西夏语。

元昊称帝，与宋交兵，双方损失重，宋更重。

只不过宋不怕，我们有的是人。地域广大，人口众多。三川口之战宋军是10万人，全军覆没，三统帅都被活捉了。好水川之战宋军也是10万人，全军覆没，主帅任福战死。

但是西夏损失也很大，西夏全国人口也就三百万不到，不像宋朝好几千万可劲儿造，西夏死一万人就不得了。所以元昊请和，双方和议，夏对宋称臣，宋好歹闹了一个形象工程。因为夏虽然对宋称臣，但是人家关起门来照样，南面称孤当皇上，他只不过就是给宋朝个面子，你厉害，你人多，群殴不是对手，我称臣。

然后宋要反过来给夏岁币，只不过宋给这个岁币也是嘴上占了便宜，我每年赐给你，你是我的臣子，所以我每年给你25万压岁钱，玩去。于是每年白银7万两，茶叶3万斤，绸缎15万匹，每年都赐，谁让你穷得不开眼。

8 是金子早晚要发光

伏虎完颜氏

宋跟辽澶渊之盟之后对峙100多年，双方势力均衡，谁也吃不掉谁。100多年以后在东北白山黑水之间崛起了一个强大的民族，就是女真族，建立了金国，把宋跟辽两个政权全都给消灭了。

女真族由黑水靺鞨发展而来。唐朝曾经在黑水靺鞨的地盘上建立黑水都督府，粟末靺鞨建立了渤海国。公元925年，渤海国被辽太祖耶律阿保机所灭，渤海国的地盘就并入到了辽，黑水靺鞨地盘后来也归辽统治，他们是在松花江黑龙江一带居住。

女真分为很多部落，其中完颜部在11世纪的中后期统一了女真各部，但是统一之后的女真族也是受辽的统治。当时女真人是非常强悍的一个民族，根据《大金国志》记载，说女真人“俗勇悍，喜战斗，耐饥渴苦辛，骑马上下崖壁如飞，济江河不用舟楫，浮马而渡。”他们喜欢打仗，耐饥渴辛苦，这些困苦别想难住他。骑马上下崖壁如飞。不但人厉害，马也厉害，会轻功。济江河不用舟楫，过江都不用船，浮马而渡，马都能过去。这些人要参加奥运会得多厉害！在辽统治女真的时候有一句话叫做“女真不满万，满万不可敌。”女真人，当然指成年男子，不能满一万，满一万就无敌于天下，可见他战斗力之强悍。所以这样的民族是不可能永远受别的民族的压迫的。［见图5-34，p270］

为了反对民族压迫，完颜阿骨打抗辽。完颜阿骨打的爷爷完颜乌古迺完成了部族统一，他爷爷传给他父亲，父亲传给哥哥，哥哥传给他，到他的时候时机成熟，起兵抗辽。

天生打架王

完颜阿骨打抗辽在中国冷兵器战争史上，乃至世界冷兵器战争史上都是一个奇迹。冷兵器时代打仗完全就是靠体力，完颜阿骨打抗辽的时候只有800人，起兵对抗一个幅员万里的帝国。辽帝国比北宋大多了，“东临于海，西抵流沙，北逾胪朐河，南至白沟，幅员万里”。东到大海，西抵金山，今天的阿尔泰山，北逾胪朐河，在今天的蒙古国，南抵白沟，那个地方是小商品集散地。幅员万里的大帝国，人口怎么着也得成百上千万，结果800名女真人起来造反。辽军也没拿它当回事，来了2500人镇压，3∶1，结果被杀得剩下一两个，跑回去报信去了。

女真人的部队发展到了2500人，辽国来了2万人，8∶1，又给杀得只跑回去几个的。他的部队发展到3700人，辽国枢密使驸马萧十三率10万大军来镇压，当然这十万可能是虚称，怎么也得五六七八万吧，40∶1。两军一开战，完颜阿骨打一箭把萧十三射死了，辽军统帅没有了，队伍就乱了，这时候他的部队就发展到了1万多人将近2万。女真不满万，满万无敌于天下。

因此，阿骨打称帝建金，都会宁，阿骨打就是金太祖，这时候他已经称皇帝了，年号收国。金史上有一段记载，为什么以金为国号，“辽以宾铁为号，取其坚也。宾铁虽坚，终亦变坏，惟金不变不坏。”所以以大金名之。也有一种说法是完颜部出处是按出虎水，按出虎的汉文的意思是金，等于用族源的发源地做了一个国号。

完颜阿骨打推行猛安谋克制，兵农合一。这种制度非常像后来的女真人的八旗制度。女真人出则为兵，入则为民，既是老百姓又是当兵的，可以做到全民皆兵。

9 前怕狼 后怕虎

大辽灭国史

辽国在跟女真的战争中总是打败仗。

辽国的末代皇帝天祚帝耶律延禧，听说女真建国之后非常生气，所以亲率70万大军前来征讨女真。当然这个70万也是虚的，估计二三十万人应该有，女真是一二万人。两军激战于黄龙府，今天的吉林农安，天祚帝耶律延禧只率几十名骑兵逃离战场，基本上全军覆没。因为他这个部队里面，契丹人也不多，主要是渤海人、汉人，渤海人认为自己跟女真是同族，同出靺鞨，所以在战场上不愿意卖命，宋人更不愿意为辽人打仗了，这样一来就导致辽军大败。

辽一败宋特别高兴，你小子也有今天，你老欺负我，你老向我敲诈压岁钱，岁币这时候已经涨到50万了，你要那么多岁币，看现在你倒霉了吧！于是宋徽宗就派使者渡海，到金境内跟金国签订了海上之盟，说咱俩一块联手对付辽，灭了辽之后我收回幽云十六州，每年该给辽的岁币我给你。金听了当然特别高兴了，白得一笔钱。这幽云十六州谁知道在哪儿？反正也不是我的地儿，你收回幽云十六州就收回去呗，钱你给我，我还能得到中原大国相助，这事能办。

金知道宋是大国，比辽还要强大，当然除了军事力量其他确实比辽要强大。他可不知道宋朝腐败虚弱到什么程度，觉得挺好，同意了，双方约好了去打辽。结果一打起来，北宋的表现应了老百姓的话“有多大脸现多大眼”。辽是五个首都，上京临潢府就是内蒙古的巴林左旗，中京大定府就是内蒙古宁城，东京辽阳府，金军负责占领这仨；西京大同府就是山西大同，南京析津府就是北京，正好在幽云十六州里面，所以你们宋朝是占这俩。说好了一块出兵，结果宋朝出兵日期一拖再拖。他凑不齐人，刚把兵凑齐了，南方方腊造反了，军队得镇压方腊。所以金国就看，您怎么老违约啊，你们说话算数吗？金军势如破竹，把辽那三个首都给占了，实在按捺不住了人家把西京也给占了，打到燕山脚下，就等着看宋朝怎么去打南京。

宋朝这次终于出兵了，15万大军进攻辽的南京，指挥官是枢密使宦官童贯，一个宦官太监领兵。南京的辽军是1万多人，一看宋军就火了，同仇敌忾，你都敢欺负我？我打不过关张，我还打不过刘备？于是辽军发动突然袭击，15万宋军大败300里。也就是辽国不愿意跟宋朝彻底撕破脸，所以追了一阵就不追了。

宋军退回到境内，接着整军，15万人又来了。辽国派使臣跟宋朝谈，我你打得过吗？宋说好像够戗。辽说我你都打不过，一个比我还强大的挨着你有好处吗？现在来看应该是咱俩联合对付他，你怎么和他联合对付我，这是不义的行为。他是我的臣子，他叛乱，叛乱的臣子能不镇压吗？童贯说我们大宋皇上主意已经定下来了，你给我滚吧，我不听你这一套。辽国使臣站在院里哭：“辽宋两国，和好百年。盟约誓书，字字俱在，尔能欺国，不能欺天。”回去之后一报告，7000辽军趁夜劫营，15万宋军又败了300里，神宗皇帝以来累朝储积扫荡无余，王安石变法攒下那点钱这两仗全打光了，刀枪甲杖堆积如山。而且他带着很多金银财宝去的，准备收复了幽云十六州之后赏人，结果金银财宝都给缴获了。

北宋一看这形势，就跟金说，能麻烦您替我打一下吗？我们皇帝有好生之德，我不愿意杀伤人命，干脆您帮我打一下吧。金国人早就看明白了，你除了会练嘴什么都不行，你练嘴练得不怎么样，说话也没溜儿。金军马上越过燕山进攻南京，辽军一看金军来攻，没抵抗就开城投降了，宋朝打我我跟你玩命，第一次1万破15万，第二次我7千破15万，等金国人一来，那是反着来的，他能一个灭我一百，别抵抗开城投降吧。

童贯见南京攻下了，就跟金国说能还给我吗，麻烦您帮我打了你能还给我吗？金国说拿100万赎城费。所以北宋又凑了100万赎城费交给金，这样一来总算把燕京六州收回来了。北京周围六个州回来就差不多了，西京那边别想了，谈都不和你谈，我占了凭什么给你？关键是这次战争当中，北宋把自己的虚弱表现得淋漓尽致。

金与北宋联合夹击辽，公元1125年辽亡，从916年太祖耶律阿保机建国，到1125年辽朝灭国享国210年，传了9代皇帝。

大金略地志

辽灭亡之后，下一步金国开始打宋了。

宋朝在和辽国的战争中，把自己的虚弱暴露得淋漓尽致，我就是无能。而且宋朝尽干没溜儿的事，双方约好了，咱们灭了辽之后各守疆界，不许招降纳叛。

幽云十六州的居民主要是汉人，所以这些汉人不愿意受金的统治。辽比金的文明程度高多了，好歹辽已经汉化了，金基本上是野蛮人，刻木结绳，所以汉人不愿意受他统治，就都往宋朝跑。但这是不允许的，双方约定谁也不许招降纳叛。

宋朝是怎么着呢？你来我就接受，等金国一要我就给你送回去，这样的结果就是你的虚弱暴露得更明显，而且幽云十六州的汉人全失望了，本来以为我跑来祖国，祖国会保护我，结果金人一要就给送回去，要人给人，要脑袋给脑袋，心一死，幽云十六州的汉人就彻底离开了宋。[见图5-35，p271]

之前北宋收复幽云十六州的时候说的是“念旧民涂炭之苦，复中国往昔之疆”，结果中国往昔之疆也没收复成，旧民的涂炭你也不管。这个时候金国大军兵分两路南下，一路出西京云中，一路出燕京，摧枯拉朽，很快就打到了东京。当时宋朝的皇帝是中国历史上著名的书法家、画家、词人、文物鉴赏家宋徽宗。这个人除了不适合当皇帝其他地方都非常完美，现在他的画拿出来拍卖，一幅画就6000多万人民币，还不知道是不是真的就值那么多钱。他的艺术成就很了不起，当什么都有前途，就是当不了皇上，所以金国人一打来，他第一个反应就是逃跑。

宋徽宗派了一个大臣，给事中李邺到金营去看看虚实，结果李邺回来之后说金国"人如虎，马如龙，上山如猿、入水如獭，其势如泰山，中国如危卵。"我们打不过人家，肯定完蛋了。宋徽宗一听这太厉害了，传位给他儿子宋钦宗。他儿子是骂着娘哭昏过去登基的，强行把黄袍披在身上。黄袍加身，你不登基就是不孝啊。宋徽宗说我到镇江，白娘子许仙那地界，撞钟祈福，国家长治久安。儿子说你扯吧，开封不能念经？你非跑那念经去。宋徽宗带着人就跑了，宋钦宗也没办法，接过这烂摊子死守开封，在李纲的领导下打退了金兵的进攻。

金国人一看毕竟汴京城池高阔，百万军民不是那么太好打。所以金国人放下话来，行了，我饶你一马，但是我有条件，你要报销我的军费，我来了一次不能白来，你要给我500万两黄金，5000万两白银，1万头牛马，然后割让太原、河间、中山三镇，以宰相亲王为人质，然后我就撤军。

哪去凑那么多钱，宋朝马上就开始动手四处搜刮这些钱，以宰相亲王为人质给送去了。然后割让三镇也在紧锣密鼓地操作当中，金军就退了。金军一退宋徽宗就回来了，你瞧我念经管用吧，灵验了吧。结果没想到，他刚一回来金国人再度南下，又来了，因为你钱没交齐。可是500万两金子你把宋朝砸了卖了也凑不了这么多钱啊，三镇他也没割，因为三镇居民誓死反对。所以金军再度南下，又是兵分两路进攻宋朝的都城，打到黄河边上。

过黄河的金军有几万人的样子，守河的宋军是14万，金国人把羊绑在柱子上面，让羊腿敲战鼓，敲了一夜战鼓，做出一副渡河的架势。第二天金国人一看14万宋军跑得一个不剩，于是金国人就用小船运兵过河，小船特别小，一人一马这么小的船，从从容容十几天就过了黄河。金国统帅完颜斡离得意洋洋，"南朝可谓无人矣，若使一两千人守此，吾辈焉得如此从容。"有一两千人守着放两箭，我也不至于这么容易，跟自驾游一样就过来，打进东京汴梁了。

10 大丈夫能屈不能伸

死亦为狗熊

东京汴梁百万军民，据说勤王之师不下20万，可围城的金军不到8万人。8万金军里面女真人就一两万，剩下的是汉人、渤海人和契丹人。8万人城都围不满，围满了人不够使，只能围两面，结果百万军民的东京汴梁城就沦陷了，徽钦二帝都做了俘虏。

公元1127年，金俘获了宋徽宗、宋钦宗，北宋灭亡，史称“靖康之变”。

因为那一年是靖康二年，为什么《神雕侠侣》、《射雕英雄传》里有郭靖、杨康，“靖康耻，犹未雪，臣子恨，何时灭。”指的就是这“靖康之变”。两位皇帝3000多宗室加上大臣，都被俘虏，太祖开国以来100多年的积攒，金银财宝、图书文物全都给扫荡一空。大冬天，他们这些人乘坐860多辆牛车北上。

金国对两位皇帝百般侮辱，甚至金国士兵往皇帝身上撒尿，尿厚厚地结成一层冰了，皇上真有忍性。睡觉的时候，几个人绑一块，而且我的手绑你的脚，省得你逃跑，过山的时候就把皇帝横着担在马上这么给绑过去，父子俩忍到了上京会宁府，今天黑龙江的阿城。

忍到这个地方，金军给俩皇帝掏了两眼井，让他们在井里待着，坐井观天，估计可能不是井是半地下室吧，在里头住着看窗户。金国皇帝开宴会的时候，他的屋子里不是冷吗，铺上一层烧着滚烫的沙子，让那俩皇帝带一个狗脑袋，拴一个狗尾巴光着脚在沙子上踩，一烫就来回跳，金国君臣哈哈大笑，南朝皇帝给咱们跳狗舞，多好玩。

就在这样的环境下，宋徽宗又活了7年，47岁被捕，死的时候54岁。宋钦宗活了34年，熬了34年！

所以北朝人看不起宋朝。宋徽宗在那住着，金国皇帝有时候赏赐一条羊腿，羊皮袄什么的，只要赏点什么他马上写个诗表示感谢，天恩浩荡啊，结果金国人特别绝，把他写的诗编了一本书——《宋徽宗感恩诗集》，专门在南宋的互市上卖，不是发是卖，结果卖了好几十年。宋朝读书人都读过太上皇在北方的时候写的这些贺诗。气节之低，令人瞠目。北宋960年到1127年，历经168年而亡，这个数还挺吉利。

宋金拉锯战

1127年，北宋康王赵构称皇帝，都临安，史称南宋，赵构就是宋高宗。

赵构是因祸得福，他的母亲是宋徽宗的嫔妃里面出身最低的，宋徽宗有30多个儿子他是排第9，他爸爸不喜欢他，他哥哥也不喜欢他，因此金国要人质的时候，先把他送去做人质了。结果金国人看到赵构气宇轩昂，武艺高强，开几石的硬弓，能当禁卫军军官，本事非凡。金国说我不要你，你太横了不好管，容易越狱或者带人造反，你回去，换一个稀泥软蛋来。他们点名要宋徽宗最宠爱的第三子郓王赵楷，这个人跟宋徽宗一样，是一个绣花枕头，金人就点名要换个小白脸，不要赵构。

结果赵构就被放回去了。金军二次南下，赵构主动请缨去金营议和，走到半路，被人拦下，以天下兵马大元帅的名义招兵买马，起兵勤王，招来军队也不去勤王。等到东京一陷落，宋徽宗和他儿子全被俘，他是唯一仅存的皇子，于是大臣就劝他正大位，他才继的皇帝位。

当时中原好多地方还是被双方反复拉锯，金国没有信心也没有能力占领中原。因为这个地方不会治，种地也不会，汉人说的话也听不懂，书也看不懂。一开始想扶植傀儡，所以先扶植了张邦昌建立伪楚，后来又扶植刘豫建立伪齐，总之他不想直接统治这个地方。所以这个时候北方的义军就起来抗击，义军就是军民兵，他不是北宋的宋朝正规军。

义军里面最著名的是八字军，据说，结营联寨100多处，发展到70多万人。当然他毕竟是人民武装，跟正规军可能还有差距。八字军的70多万人，每个人在脸上刺着八个字"赤心报国，誓杀金贼"。脸上刺字就是毁容了，不要脸了，而金国人最怕跟不要脸的打仗。这帮人太厉害了，脸都不要，只要杀金贼。

如果这个时候南宋官军跟八字军联合起来，趁着金国站立未稳，光复故土也不是没有可能的。但是高宗皇帝就一门心思逃跑，由应天奔扬州，扬州奔建康，建康奔杭州，杭州奔越州，越州出海，到海上漂着去了。金国大将完颜宗弼，就是金兀术，以4000轻骑，从长江边一直追到海边，因为金军不习水性，所以只好望海兴叹。金军一撤，他就从海上回来了。

陨落的神将

皇帝不思抵抗，但是当时的大将们还是很善战的，最典型的就是岳飞。

岳飞的军队被称为“岳家军”，“岳家军”最主要的战役是郾城大捷，离开封已经很近了。当时的金军统帅是评书里老说的人，叫兀术，也叫金兀术或完颜兀术。完颜兀术是金国当时皇帝的叔叔，太祖第四子，封梁王都元帅，等于是金国军队的总司令。他率大军南下，在郾城跟“岳家军”主力遭遇。

宋军跟金军、辽军打仗老失败的重要原因是宋朝只有步兵，而辽、金都是骑兵。平原作战骑兵打步兵就是玩玩儿，除非在山区。完颜兀术的部队是3000铁浮屠、15000拐子马，铁浮屠就是铁塔，救人一命胜造七级浮屠，浮屠就是塔。3000铁浮屠就是重甲骑士，跟欧洲中世纪的骑士似的，人马都披重甲，人就露着俩眼，马就露着尾巴和四个蹄，为了冲击起来的力量大，还把五匹马拴在一起，冲锋的时候一块儿。马上骑士手持长刀大斧狼牙棒，攻击力是非常惊人的。

打仗时一般是3000铁浮屠正面冲击，15000拐子马左右两翼包抄。拐子马就是轻骑兵，人马都不披甲，精于骑射。北方民族很少跟汉族的士兵打肉搏，他们不这么打，主要靠弓箭狙射和马的冲击力自然把你干掉。比如平端战刀，马往前一冲，那个速度十分快，快到挥刀都不用挥，只要拿稳了刀就好，一行脑袋相当于自己凑上来给你切的。

原来宋军遇到这种对手无计可施，只能被人宰杀。后来岳飞一看，这好说，你不就是骑兵冲击力吗。我们挖壕沟，挖反坦克壕，一道一道壕挖起来，然后把金军引诱到既定阵地，等金军开始冲锋，一冲发现这有沟，赶紧勒马，一勒马速度没有了，壕沟里藏的宋军马上用麻扎刀砍马腿。由于五匹马绑一块儿冲的，所以只要砍掉一条马腿，五匹马全倒。铁浮屠那一身盔甲好几十斤，倒下就起不来。马本身还有几百斤呢，一倒能把人压死。

所以如此一来，铁浮屠、拐子马几乎是全军覆没，金军无敌于天下的神话就被打破了。趁着这个形势，宋军继续进攻，准备收复开封。当时中原父老给岳飞敬酒，岳飞说，“直捣黄龙与诸君痛饮”，不着急这酒留着喝，我去系统里把他个CPU拆了再和你们庆祝。结果这个时候想得好，没捣成，宋高宗命令岳飞班师，解除兵权后杀害。

宋高宗为什么要把岳飞给杀掉呢？他那叫外患未灭先惧内忧，就是害怕抗金力量的壮大对他们的统治不利。岳飞那么得民心，万一打完金国回头一回马枪，把宋也给挑了，那不是养虎为患。这个事情看起来很荒诞很缺心眼，但一结合北宋初年的政策就很好理解了。北宋初年自太祖皇帝以来，一直对待武将是不信任，不给兵权的。在北宋皇帝眼中，每一个武将都是潜在的反贼，不能给他兵权。重文轻武，守内虚外，要保持这样一种局势。

结果现在岳飞的部队居然被称为“岳家军”，你不是“赵家军”，这个就太可怕了，两家人能好吗。而且岳飞的部队“岳家军”占了宋军几乎一半，宋军当时40万，“岳家军”就占了20万，要造反简直不费吹灰之力。特别是高宗皇帝在南渡初期经历过多次的武将造反兵变，比如郦琼叛变，带4万多人投降伪齐，所以他对武将的不相信更是根深蒂固，由来已久。

岳飞这个人可能没受过正规的教育，不太懂得跟君主打交道。有才能的人往往脾气比较大，岳飞脾气就比较大，有一次上朝，他跟皇上说，早立太子，东宫虚悬不好。皇上还不到30岁呢，春秋正盛，着什么急立太子？皇上非常不高兴，说这种事不是你应该说的，你武将不该管这个，宰相都不管这事你管得着吗，打你的仗去。岳飞一听，你不听我的，爷不玩了，退休不干。皇上就派人请他，对不起我说错了你回来吧，一次两次老干这个，皇上可不是生气了吗？

原来是国家如危卵的时候用用你，现在金军被打得节节败退了，金也知道宋朝的厉害了，而且关键是宋朝能打的武将也不止岳飞一个，韩世忠、吴玠、吴璘，这些人都特别能打。尤其吴氏兄弟镇守陕西，金军根本别想从那儿进四川，非常厉害。

这样一来岳飞就被剥夺了军权，被杀掉了。表面上是秦桧害的，实际上是宋朝皇帝的授意。因为如果真要让岳飞把金给打败了的话，徽宗虽然已死，钦宗还活着哪，岳飞直捣黄龙，那有可能被金人绑架的宋钦宗就送回来了，钦宗要是给送回来，高宗怎么办啊。后来宋金议和的时候，宋跟金说，你把我爹的遗体还给我，把我妈还给我，根本就没提出他哥的事。

当时金国的看守都给宋钦宗从井里捞出来了，给他盖房，对不起啊，别跟我一般见识，等你回去做皇帝的时候，每年别忘了给我寄点压岁钱，我对你还不错，封他为天水郡公。宋钦宗心里知道，肯定没戏。果然宋朝的使臣一来，要我爹的棺材，要我妈，就不要我，所以当韦太后车驾南下起程的时候，宋钦宗过去抱着车轱辘就哭，你回去告诉九弟，他只要把我接回去，我愿意出家做道士，我只要三间草屋，两亩薄田，我绝不跟他争皇位。结果一直到他死也没回成，而且他也没能归葬南宋，后来金在北方给他安葬了。爸的尸体高宗还要，哥的尸体连要都不要，不提了。正是出于这个缘故，岳飞能成功北伐的可能性几乎为零，你要打，你特别想打，但我决不让你打，十二块金牌召回风波亭干掉。

面北而称臣

然后宋金双方就开始和议。

1141年，南宋与金和议，东起淮水、西至大散关以北的土地归金统治。陆游的《书愤》一诗："早岁哪知世事艰，中原北望气如山。楼船夜雪瓜州渡，铁马秋风大散关。"瓜州渡、大散关，为什么是这两个地方，因为该处已经是两国的边界了，正好是中国南北方的分界线，秦岭淮河，所以这就是中国历史上典型的第二次南北朝。

可笑的是黄河流域在金的统治下，而北宋的皇陵在河南巩县。七帝八陵都在河南巩县，以后南宋皇帝要想祭祖得申请签证。我要去贵国看望我的祖宗，麻烦您给签证。

另外南宋皇帝要向金称臣。原来北宋跟辽交往的时候，国书这么写，"大宋皇帝致书大契丹皇帝阙下"，还不至于太窝囊。现在写书，得说"臣宋如何如何"，南宋的皇帝得由金国的皇帝册封，就跟朝鲜国王得是中国皇帝册封的感觉一样。宋使使金递国书的时候都是跪着，金国皇帝坐着，而金使使宋，递国书是站着，宋朝皇帝也得站着，上国来使当下国之主。

今天韩国说汉字是韩国人发明的，孙中山是韩国人，孔子是韩国人，历史上中国是韩国领土。可是明朝的时候，咱们行人司的行人派出使朝鲜，正八品。行人司的郎中都懒得去！咱去一个八品官，见朝鲜国王的时候，朝鲜国王得给咱们作揖，作三次，大哥您来了。咱的行人还爱答不理，懒得理你。中国要去一个二品官，他们全国跟迎奥运会似的。

现在韩国总统就任的时候，咱们派外交部部长去，他还嫌中国派人的级别低。知足吧，外交部部长正一品，原来是八品去，够瞧得起你了。本应该让外交部去一个科员！宋朝的情况和朝鲜也差不多，人家金国随便来一个使臣跟你皇帝平级，所以宋朝皇帝都不想接见金使，派宰相去接。金国也能理解，双方也很有默契。每年宋朝要给金岁币50万，后来一度降到40万，之后又涨到80万，最后几乎到100万，银绢各半。

当时宋高宗的年号叫绍兴，所以叫绍兴和议。

绍兴和议使南宋与金对峙的局面确定。双方力量均衡，对峙了将近七八十年的样子。这时候，金把都城迁到了燕京，改名中都，就是今天的北京。咱们如果生在杨家将和岳飞传的时代，就不是宋朝人了，应该是辽国人和金国人，还是首都公民。辽金两国汉化程度是相当高的，金朝到第五代皇帝金世宗的时候，基本上金国贵族都不会说女真语了，也不认识女真文，完全汉化了。后来清朝就吸取了教训，乾隆爷一再下令兴骑射，讲满语，可也没撑多久。溥仪好像都不怎么会说满语，英语比满语说得还好，因为没有语言环境，跟谁说去。金迁都燕京的时候是金国第四代皇帝，中国历史上有名的暴君，海陵王完颜亮。

完颜亮迁都用的招狠到什么程度，金国的贵族不愿意南迁，我就把你家祖坟刨了，然后把坟迁到南边来。祖坟迁到中都，你跟不跟着来？所以太祖太宗的坟全给刨了，金朝皇帝的皇陵全弄在北京房山，到民国时候还有遗存。今天就没了，地宫入口都找不着，其实找到也没用，蒙古人太恨他们了，基本上都给盗了。

因此北京实际上有两个王朝的皇陵，一个是金一个是明，金在房山，明在昌平。清皇陵不在北京，在河北。金的中都范围主要是今天的宣武和丰台，在南三环，三环路上有很多地名都是从金中都延续下来的。比如丽泽桥，来自金中都的城门丽泽门；丰益桥来自于金中都的正门丰益门，丰益门往南5里有一个台祭天，相当于天坛，所以这个区叫丰台区。实际上金朝的统治中心完全转移到了中原，基本上被同化成中原民族了。

宋金两朝对峙了将近90多年，谁也不能吃掉谁，直到北方蒙古高原兴起了一个更强大的游牧民族。

11 又一匹来自北方的狼

全人类公敌

12世纪中后期，铁木真统一了蒙古草原，这也是蒙古草原第一次得到统一。铁木真在蒙古语里是“金刚”的意思，很贴切。蒙古草原上有很多的部落，蒙古部只是其中之一。此外还有塔塔尔部、汪古部、篾儿乞部等，但是金刚把这些部落都灭掉了，所以草原上的民族统称为蒙古族。

1206年，铁木真称成吉思汗，蒙古汗国建立。成吉思汗的意思是拥有四海的汗。蒙古的对外战争，西到中亚俄罗斯，南到印度河，然后还打西夏和金。他们的西征一共进行了三次，是野蛮民族对人类文明的最大摧残，当然客观上也使东西方进行了物质文化的交流。［见图5-36，p272］

第一次是成吉思汗本人指挥20万大军灭掉了中亚的回教大国花剌子模，大概在今天的那几个斯坦的位置。蒙古军攻城有个规矩，如果这个城没有抵抗就投降的话，那么破城后超过车轮高的男子一概杀死，妇女儿童工匠留做奴隶。如果这个城市敢抵抗，破城之后，鸡犬不留，全城夷为平地，播种牧草。像玉龙杰赤、撒马尔罕这些古城就是因为这样而找不到了，因为他们抵抗了，都被后来播种的牧草所盖。蒙古人在战场上每杀死一千人就倒吊一具尸体用来计数，一场战役下来，战场上倒吊的尸体比比皆是，极其野蛮残忍。

蒙古人的货币上印的是成吉思汗，但是今天蒙古跟我们不是一个国家，我们没必要把它当作祖宗，更没必要把他的所谓西征看做是中国人的骄傲。假如当初日本人征服了中国，我们还要歌颂日本？虽然中国也有蒙古族，但成吉思汗出生在外蒙古，埋葬在外蒙古，跟咱不是一回事。中国历史上第一次亡国灭种，没有什么可值得纪念的，更不能把它当做骄傲。你被别人灭了，还说真好，属于恬不知耻。成吉思汗第一次西征，主力一直打到印度河，今天的巴基斯坦，但那太热了，所以成吉思汗班师回去了。

西征的另一支偏师由蒙古名将哲别和速不台指挥，打到了太和岭，就是今天的乌拉尔山脉。后来成吉思汗在攻西夏时死掉，他死的时候，密不发丧，直到第二天西夏投降。如果西夏知道他死了就该抵抗了，西夏的皇族也因此全被杀干净。成吉思汗的遗体被运回到蒙古老家，叫起辇谷，这个地方在哪儿不知道，因为他们走了一条没人知道的路，沿途见一人杀一人，不能让你看到大汗出殡。到了那个地方埋葬之后，万马踏平，不起坟头，播种牧草。仪式完成后杀一头小骆驼，让母骆驼眼睁睁看着，来年祭祀的时候，赶上这个母骆驼，母骆驼走到这个地方自然很痛苦，哀嚎不已，大家就知道这是成吉思汗的陵，于是就举行祭祀。母骆驼一死，再没人知道他埋在哪了，肯定是外蒙古，但找不着。今天内蒙古伊金霍洛旗的成陵是成吉思汗的衣冠冢，不是他的尸身所在地。

成吉思汗是金盔金甲金盘子金碗金筷子，靠着一棵大树死的。所以蒙古人把那棵树锯下来，抛成两半挖成槽搁里面，三道金箍一围就是他的棺材。蒙古人很环保，我来自草原，死了我要做养料，不能占用耕地，不修坟。每一个元朝皇帝都这么安葬，所以元朝的皇陵在哪你根本就找不着。

成吉思汗死后，到了1240年左右，蒙古人进行了第二次西征。

这次西征是由成吉思汗的几个长孙领导的，就是术赤汗的儿子拔都，察合台汗的儿子哈剌旭烈，还有其他两个长孙，所以这次西征叫长孙西征。这一打直到了多瑙河，占领了波兰和匈牙利，兵锋直指维也纳。此时蒙古的第三代贵由汗病逝，蒙古人不像汉族有嫡长子继承制，是谁拳头粗谁老大，所以贵由汗一死这些蒙古贵族就回到草原上抢汗位去了。他们打到了多瑙河流域，心思不在一块儿，就被欧洲的联军击败，避免了整个欧洲的灭亡。但这次蒙古人确实打了一半的欧洲，特别是俄罗斯，被蒙古统治了100多年，俄罗斯人身体里每个毛孔都融入了蒙古基因，所以历史上俄罗斯是侵略成性的民族，由蒙古基因决定。

第三次西征由蒙古第四代大汗蒙哥汗的弟弟旭烈兀汗指挥，部队打到了西奈半岛，马上就踏上炎热的非洲土地了。1258年蒙古军队攻陷了巴格达，把当时赫赫有名的阿拉伯帝国灭掉。旭烈兀在阿拉伯帝国领土上建立了他的伊儿汗国。

旭烈兀本人是一个虔诚的基督徒，如果他的功业完成，弄不好伊斯兰教就没了。可他打到这个地方的时候，蒙哥汗在跟南宋作战的过程中被南宋军民击毙，按照《神雕侠侣》里面说是被杨过拿石头丢死的。忽必烈和阿里不哥抢汗位，旭烈兀就班师，结果蒙古兵在西奈半岛被打败，退兵原因和上次一样。

三次西征不到100万蒙古人，却统治了4000万平方公里的陆地面积，占地球陆地表面面积的1/3。地球陆地表面积一共1.1亿平方公里，还得除去南极，就是说，当时几乎有人居住的地方都被蒙古人给占领了。

国家终结者

当然，蒙古除了西征外，他的本部还在中国大力经营。

公元1234年蒙古灭金。蒙古建国后就不断地跟金打仗，当年英武绝伦的完颜阿骨打子孙经过100多年的汉化已经很衰落了，赫赫有名的马上民族变得文弱不堪。1219年金中都被攻陷，成吉思汗一把大火把金中都烧为白地，所以之后忽必烈营建元大都的时候就得避开金中都了。现在西二环白纸坊桥就有金中都宫殿遗址，莲花池是金中都的核心。

蒙古一打金，宋非常高兴。宋跟金的仇可比北宋和辽的仇大多了，宋辽自澶渊之盟之后，119年没打仗，而宋金老打仗，皇帝都死在金国，所以宋主动跟蒙古联络，我要跟你一块儿灭金。金国这个时候应对之道比较失策，心说我在蒙古损失的我要在南宋那里得回来，放着蒙古军不抵抗不断南下攻宋，这样一来把宋朝的火越拱越高，导致宋军跟蒙古军联合灭掉了金。

当然灭金的时候宋军主要给人送粮，就干点这个。攻金的最后一役在蔡州，金国的末代皇帝哀宗（谥法里恭仁短折曰哀）完颜守绪上吊自杀。完颜守绪自杀前告诉太监，说我死之后你把我的遗体烧掉以免被敌人侮辱，然后才自缢殉国。太监赶紧放火，那会儿没汽油，拿柴禾点，点完之后一看敌人马上要打进来了，太监也想跑，周围人也想跑，可能火没烧透就跑了。等宋将打进来一看，尸身保存得基本完好，还冒烟呢。所以宋将特来劲，拉弓给死尸来了三箭，然后把金国大臣叫来百般侮辱，你看你小子也有今天。结果金国大臣回答："自古无不灭之朝，然我国主之丧比汝之徽钦二帝如何？"你瞧我们皇上死得够爷们儿吧，以身殉社稷，要不然就突围了。国君死社稷这是最高境界，中国历史上能够做到这一点的皇帝好像还真不多，明思宗崇祯皇帝，够爷们儿，李闯王破京城之后煤山自缢殉国。

金亡之后，蒙古人开始征服吐蕃。

吐蕃王朝灭亡之后分裂了几百年，蒙古人一来，这些人一看蒙古人杀人不眨眼，投降吧，咱用佛法征服蒙古人。征服吐蕃后，蒙古人又征服了云贵的大理国，等于这样一来，蒙古对宋就形成了包围之势。

蒙古人率先把这些地方征服了，所以今天特别有意思的是，云南、贵州、四川人的语言跟淮河以北的语言同属于北方语族，北京话也属于北方语族。汉语包括粤语、闽语、客家、吴语等一共七个语族，北方话实际上是满语、蒙语跟北方方言的融合，蒙古人征服的地方说的就是北方话，所以北方话在正统汉人眼里属于胡音。而北方语族的听南方话也听不懂，不翻译还当是日语，跟外语一点区别都没有。

1928年国民政府定国语的时候，粤语仅一票之差败给了北京话，要不然我们都得说粤语。现在西方国家拍的电视剧、电影，一演中国人，说的也多半是粤语，他就以为那个是中国的国语，不知道蒙古人已经用北方话占领了国语。

1271年忽必烈改国号为元，定都燕京，改为大都，统治中心向中原转移。忽必烈就是元世祖，像元太祖、元太宗、元定宗、元宪宗那都是后来追谥的。实际上忽必烈正式定国的国名取自《易经》，大哉乾元，他各取一个字就是大元。以前王朝的名字都是部落名，夏部落、商部落、周部落，到后来所有王朝的国号都是开国之君的官名，秦王当然建立秦国，汉王刘邦建立汉朝，魏王曹操当然就建立魏。再然后隋国公、唐国公、宋州节度使建立的朝代分别是隋唐宋。到了元，前朝是放羊的，怎么办呢？《易经》里面拿一个吧。以后大明、大清也和元差不多，明朝朱元璋从前是要饭的更别提了，清是前朝的酋长，所以基本上元明清三朝国号跟以前的取法不太一样。

12 岁岁年年狼相似 年年岁岁人不同

文丞相殉国

元朝建立，开始作为一个中原王朝存在，他的下一步就是进攻南宋。

蒙古灭宋的战争断断续续进行了40多年。因为蒙古人还进行西征，另外江南丘陵密布、河湖汊港，也不利于蒙古骑兵的行动，加上那个时候中国人的确有骨气，南宋人民不屈不挠可歌可泣地奋起反抗蒙古人野蛮的烧杀精神，抗暴一直持续了40多年。［见图5-37，p273］

两宋的情况是北宋缺将南宋缺相，北宋没有大将，南宋名将辈出，但是奸相一个接一个，一个赛一个奸，朝政糜烂不堪。当时的宋朝皇帝只有9岁，由他的祖母太皇太后谢氏执政，所以元军南下，太皇太后谢氏和全太后，还有小皇帝宋恭帝三宫被俘北上投降。这个时候临安城被围，朝廷发出诏旨要求天下起兵勤王。但各地观望，没法勤王，因为宋朝祖制是地方不得招兵。只有当时做知府的大宋状元文天祥，变卖家产，招募了1万多名民兵勤王，可到了临安，太后已经决定要投降了。

元朝要求以宰相奉降书传国玉玺去元营投降。宰相都溜了，正好文天祥来，所以太后非常高兴，你来了好，右丞相兼枢密使总揽大权，任务是递降书和传国玉玺。文天祥到了元营之后怒斥元军统帅伯颜背信弃义，说你别看现在狂，你把临安给占了，我朝还有江南广大地区，特别是岭南、海南，夏天气温32度你行吗？渡海你行吗？北人善骑马，南人善使舟，上船吐死你。所以你好说好商量，我割地赔款可以，但是你要保全我宗庙社稷。伯颜一看这兄弟够汉子，他手无缚鸡之力的一介书生敢跟我来这个，行，你别回去了，就给扣下了，准备让他到元朝去做宰相。

当时忽必烈在上都，今天内蒙古的正蓝旗，所以三宫出降的时候就要押着这些人北上。行至镇江，文天祥在友人的掩护下脱险跑了，转战江南。陆秀夫和张世杰拥戴了一个11岁的小皇帝，颠簸死了，就又立了一个8岁的。等于宋朝末期有三个小皇帝，投降的那个9岁，立了一个11岁的挂了，又立了一个8岁的。这个小王朝被赶到海上漂泊，称为行朝，而文天祥在陆地上领导居民抵抗。

因为南方很难征服，忽必烈就命令元朝的汉人名将张弘范为蒙古汉军都元帅，率大军南下。张弘范跟张世杰是堂兄弟，但他是金国汉人，从来没出使过南宋，于是各为其主，他在广东击败了文天祥。文天祥兵败后服毒自尽，可惜毒是假药或者下雨受潮失效了，吃完没死成，被元军抢救了。元军说这个人看好，皇上点名要他，就把他押上战船去打张世杰的部队。张弘范让文天祥写劝降信，你们肯定没戏了，写封劝降信吧，文天祥写了著名的《过零丁洋》：“人生自古谁无死，留取丹心照汗青。”张弘范看劝降没戏，就发动进攻，宋军全军覆没，宰相陆秀夫背着8岁的小皇帝投海自尽。张世杰准备退往印尼、菲律宾，重整旗鼓反攻，不幸遇到台风遇难。文天祥在元军战船上亲眼目睹了祖国的灭亡，那种痛苦难以言表。张弘范得意扬扬在厓山那个地方立了一个碑，“镇国大将军张弘范灭宋于此”。后来明朝建立，把碑上的文字刮了，写“宋丞相陆秀夫殉国于此”。

文天祥被押到了大都，在经过南京的时候，曾经有一首《过金陵驿》：“草台离宫转夕晖，孤云漂泊复何依？山河风景原无异，城郭人民已半非。满地芦花和我老，旧时燕子傍谁飞？从今别却江南路，化作啼鹃带血归。”到了大都，一开始是钓鱼台国宾馆住着。但文天祥出身富贵，状元宰相锦衣玉食惯了，别来这一套，这我都吃过见过，坚决不降。不降怎么办？关土牢里，臭虫、蚊子、苍蝇，冬天结冰、夏天长毛，就是在今天东城区的府学胡同关了三年。三年里他写下著名的长诗正气歌：“天地有正气，杂然赋流行……”用历史上这些忠臣义士激励自己坚决不降。

最后元朝听说南宋移民要暴动，而且老打着文丞相的旗号暴动，因此忽必烈亲自出马，最后努了一把力，劝他投降。文天祥一身布衣就被带到了宫殿上，见了忽必烈之后只作了个揖，没有下跪，然后就背对着忽必烈坐在地上了。忽必烈很无奈，讪笑了一下，先生何求？但求速死！忽必烈一看他铁石心肠劝不动，于是下令在柴市处死文天祥。文天祥临终之时问刽子手，哪里是南方，刽子手指给他看，文天祥向南方拜了三拜，我事已了，你可以动手了。壮烈殉国。文天祥可以讲是孟子讲的贫贱不能移，富贵不能淫，威武不能屈的这种完美人格的典型，是中国人儒家思想最好的实践者，这个人绝对应该是神。

元人不学好

1279年元朝完成了中国的统一。

元朝统一时，今天的新疆、西藏、云南东北、台湾、南海诸岛都在元朝的统治范围之内。史籍记载元朝的疆域：“东尽辽左，西及流沙。北逾阴山，南越海表。汉唐极盛之时不及也。”汉族文人可能地理知识也不特别健全。北逾阴山，阴山在内蒙古，内蒙古一过再往北就到北极圈了，元朝的领土上你能看到北极熊吗？元帝国极盛的时候，大概有2千万平方公里，相当于解体前2240万的苏联。如果算上以俄罗斯为中心建立的金帐汗国，中亚新疆的察合台汗国和西亚的伊儿汗国，大概蒙古人占了4千万平方公里。这三大汗国后来跟元帝国本土的联系就越来越少了，到第二代、第三代汗的时候就伊斯兰化了，肯定是被当地民族给同化的。

元朝疆域的广阔表现在汉人到边疆，边疆各族迁入中原。注意，这不是双方交换场地。汉族人去边疆估计是被强制拆迁或者流放的，边疆各族迁进中原是因为中原好，我们打下天下就得坐天下。

元朝人分四等，蒙古人属于第一等，二等人叫色目人。色目人的意思不是说眼珠跟咱们不是一个色，是“各色各目”，包括钦察、唐兀、阿速、图八、康里、畏兀儿、回回、乃蛮、乞失迷共31种，可能也有同名重出或异译并存之误。后来规定，除汉、高丽、蛮子外，俱系色目人。马可波罗为什么做扬州的达鲁花赤，他一个外国人都能做扬州市委书记，因为他是色目人。汉人是第三等，就是原来的金统治区各族人。而原来的南宋统治区各族的人叫南人，南人就是第四等。

蒙古人与汉人争，殴汉人，汉人勿还报，许诉于有司。蒙古人扎死汉人，只需仗刑五十七下，付给死者家属烧埋银子即可；汉人殴死蒙古人，则要处以死刑，并断付正犯人家产，余人并征烧埋银。南人不许习武、不许打猎、不许结社，汉人、南人组成的军队不得在长江以北驻扎，兵器是木头的，打仗的时候才给你发金属兵器。为防止各族人民的反抗，元朝统治者大肆搜刮民间兵器。汉人、南人民户所有的铁尺、铁骨朵、带刀子的铁柱杖，概皆没收；民间各庙宇中供神用的鞭、筒、枪、刀、弓箭、锣鼓、斧、钺等物，也均在被禁用之列；就连农家生产上用的铁禾叉也严以禁用。至元五年规定：私藏全副铠甲者处死；不成副的铠甲，私藏者杖五十七；私藏枪或刀弩者够十件之数的处死；私藏弓箭十副者处死(每副弓一张，箭三十支)。至元二十二年(1285年)五月，将汉地及江南所拘弓箭兵器分为三等，下等的销毁，中等的赐近居蒙古人，上等的贮于库。

所以元朝是中国历史上最黑暗的王朝。它如果像现在那些御用的历史学家吹嘘的那么好，他能90多年就灭亡吗？清朝吸取了他的教训，汉化程度就比他要高得多。忽必烈有点汉化，但也只是粗通汉语，忽必烈的儿子皇太子真金倾心汉化，但忽必烈老东西80多该死了还不死。所以汉族的儒臣们就着急，这些人就想了一个臭招，给忽必烈上书，你该退休了，让位给真金太子，真金太子身负人望。忽必烈宠信那些色目商人，这些人能敛财，而色目人又是汉族儒臣最看不起的，所以双方争得很激烈。忽必烈看到上书之后非常生气，把真金叫来痛骂了一顿，真金就被吓死了，他可能本来身体比较虚弱，皇上一骂就哽屁了。这样一来忽必烈更恨这些汉族儒臣，离间我们父子，还把我儿子吓死了。

真金的儿子铁木耳做了皇太孙，就是后来的元成宗。皇太孙也很恨这些儒臣，想想要不是你们给我爷爷写信让我爷爷退休，我爹至于给吓死吗？所以他也抗拒汉化，自从蒙古入主中原之后，后面的蒙古皇帝基本上连汉字都不认识，不会说汉语，整个是外国人统治中原。蒙古派到各地去做镇守的这些达鲁花赤们也不会说汉语，不会写汉字。

蒙古的史书上一举例子就是波斯怎么着，亚历山大大帝怎么着，因为他在征服中原之前，已经接触了伊斯兰教文明和基督教文明，所以就不会被儒家文明彻底征服。他不像辽金或者匈奴鲜卑，没见过别的，一进入中原，文明程度比我们高多了，得，就你了，拜在你门下。蒙古人什么都见过，什么教都信，蒙古很多皇帝都是基督徒，觉得你中国也没比人家强太多。

短期大一统

统一的多民族国家发展特点，除了汉蒙相互渗透之外，第二个是辽金时期黄河流域的契丹人和女真人与汉的融合，他们在元时被称为汉人。但是留在老家的契丹人和女真人还是没变，女真人后来发展成了满族，契丹人可能发展成了达斡尔族。

第三个特点是，唐朝以来波斯人和阿拉伯人，大量迁入中国，在我国定居。南宋的最后一任提举市舶司蒲寿庚，他就是阿拉伯人。在南宋做了30多年的提举市舶司，相当于南宋海关的关长。当时泉州是世界上最大的商业城市，他在那做市舶司30多年，富可敌国。元军南下时，南宋行朝招蒲寿庚起兵勤王，蒲寿庚带着钱投降了元朝。他知道我在宋朝是外国人，在元朝我是色目人，接着做市舶司，那钱就多了。蒲氏家族后来定居中国，发了大财。他们和汉蒙维吾尔通婚杂居就开始形成回族。因为信仰伊斯兰教，而伊斯兰教在中国被称为回教，所以信仰回教的民族就被称为回族。

第四，西藏成为元朝的行政区。元朝在澎湖设立巡检司管辖琉球（就是台湾），元朝管辖西藏的地方叫宣政院。所以西藏是在元朝正式成为中国的行政区的，在唐朝可不是。有的说唐蕃会盟，我们嫁过去一个公主他的就是我们的了，那你干脆嫁日本去更好，每个国家嫁一个，统一世界。所以嫁人的办法不算，西藏在元朝开始才正式成为中国的一个行政区。

这么广阔的领土怎么进行管辖，就得看元朝的行省制度。

中央设中书省、枢密院、御史台三个机构。中书省为最高行政机关，相当于唐宋时候的尚书省。那时候本来是三省，中书、尚书、门下，蒙古人不会玩，变成中书省专权，一省独担。当然中书省和宰相也不是一个，中书右丞相，中书左丞相，平章政事、参知政事，左丞、右丞一大堆。枢密院是军事机关，这个是宋朝就开始设立的。御史台是检察机关，从秦朝起就有。另外设宣政院统领宗教事务和管辖西藏地区。大概就相当于今天的国务院宗教事务管理局兼西藏自治区党委。除河北、山西、山东由中书省直接管理外，在地方施行行省制度，设置行中书省简称行省或省，由中央委派官员管理。

元朝后来被农民起义给推翻了。

蒙古皇帝挺逗的。元朝一共12个皇帝，90年，清朝是12个皇帝，却将近300年。清入关之后270年10个皇帝，蒙古是90年12个皇帝，还不算前面那几个。这90年中，第一个皇帝元世祖忽必烈30年，最后一个皇帝顺帝妥懽帖睦尔30年，中间30年10个皇帝，平均3年一届，证明绝大多数都是非正常死亡。蒙古贵族内部倾轧得相当厉害，促使国家早亡。

中国历史最黑暗的一页就翻过去了，当然明朝比他也强不了太多。

13 汉化未升级版本的下场

为人做嫁衣

辽宋夏金元时期是古代文化高度繁荣的阶段，理学产生，宋词元曲繁荣，世俗文学出现，科学技术发达。

契丹、党项、女真、蒙古的文化与汉文化融合后，有了新的特色。实际上除了蒙古人之外，前三个民族的文化跟中国几乎一样，宋朝人说："自契丹取燕蓟以北，拓跋自得灵夏以西，其间所生英豪，皆为其用。得中国土地，役中国人力，称中国位号，仿中国官属，任中国贤才，读中国书刊，用中国车服，行中国法令。是二敌所为，皆与中国等。"就是说这些人和汉族没区别。只有蒙古人90年之后又回草原了，以前放羊出来的，还回去放羊，白在中原待了这么多年，跟留学一样。

首先看这个时期的科学技术。〔见图5-38，p273〕有三大发明：印刷术、指南针、火药。十一世纪中期，北宋的毕昇发明了活字印刷术，然后传到了朝鲜、日本和埃及，直至欧洲。按照韩国人说是他们发明的，这个观点可以忽略。

指南针，宋代已经普遍使用。传说是黄帝战蚩尤的时候发明的，最起码祖冲之就造过指南车，所以指南针应该发明得很早了。宋代的航海上普遍使用。指南针13世纪传到阿拉伯和欧洲，为欧洲航海家发现美洲和实现环球航行提供了重要条件。当年日本国遣唐的船没谱，就是因为它没指南针，找不着北，走丢到印度尼西亚或者西伯利亚去了。阿拉伯人来华要搭乘中国的船，回国也要搭乘中国船，因为中国的船有谱。如果中国最近三年没有去他国家的船，他就在这住三年，十年没有住十年。改朝换代了永远不去了，在中国定居吧，总比死在海上强得多，所以指南针的贡献是相当大的。

还有一个是火药，唐末用于军事。南宋发明的突火枪开创了人类作战史的新阶段，13世纪传入阿拉伯。这个突火枪的发明使作战进入了冷兵器、火药兵器并用的时代，到17世纪彻底进入火药兵器时代。蒙古大军当中有会造枪的工匠，在和阿拉伯打仗时发明了管形武器，射击武器。阿拉伯人学会了之后，在跟西班牙打仗的时候也使用了火枪。这是今天所有枪炮的直系祖先。

当西班牙守军发现阿拉伯人操纵一种管子状的东西时很惊讶，什么玩意儿，后来把大主教请来了，他说我来破解，这是他的巫术，挂上圣母玛利亚的画像洒圣水。底下一开炮，城楼、主教、圣母玛利亚都上天了。

欧洲人发现这个东西好使，开始玩，一玩就比咱们玩得好。鲁迅先生在今天那些愤青的眼里，应该是中国第一汉奸，鲁迅骂中国人那叫一狠，你说骂的对不对，你敢说哪句不对？所以愤青是最祸国殃民的，他们的爱国比卖国贼还要可怕。鲁迅先生讲，洋人发明了火药做大炮。中国人发明火药驱鬼、做炮放烟花。鸟巢的烟花，世界最先进吧。美国国庆都得进口放咱的烟花，因为咱做这个最漂亮。中国人发明指南针干吗？看风水。不吉利这不能盖房，动土不宜，洋人则用它发现了航海新大陆。反过来，洋人拿鸦片治病，中国人拿它当饭吃。这一下祖宗给我们留下多少好的东西，你都学不会，尽走斜道，你说是祖宗无能还是子孙不孝。

三大发明，这显然都是世界之最，所以奥运开幕式得展示中国古代的文明。此外，北宋沈括著的《梦溪笔谈》，也是中国科学史上的里程碑。

元朝的郭守敬创制了简仪和高表。郭守敬是著名的天文学家、数学家、水利专家，他做了都水监。今天北京的京密引水渠的原理就是当年郭守敬提出来的。今天在积水潭地铁站一出来，有一片古建筑，那就是惠公祠，纪念郭守敬的，因为那会儿积水潭，包括通惠河都是郭守敬开凿的。元朝皇帝下圣旨准许官员70致仕，当官的70岁可以申请退休，括弧郭守敬除外。别人都可以70退休，郭守敬不能，所以郭守敬一直干到死在任上，在元朝历时几朝皇帝。他还创制了简仪和高表，主持了全国范围的天文测量。编订《授时历》。这就是历法，比现行公历早三百多年。我们今天的公历是罗马教皇格力高利在明朝的时候制定的，又叫格里高历，但中国的授时历比它早300年。郭守敬算出来一年是365.2425天，跟现在的实际运行时间差13秒。今天拿电脑算，当年连算盘都没有，可能是地下摆棍算的，厉害。

一朝填词人

北宋司马光编的《资治通鉴》是编年体通史，上起战国下至五代。取材重在历代政治兴衰，使君主借鉴其中的经验教训，因此他一般写的内容是政治、军事，不写经济文化。

这个时期的文学最主要的成就是词。汉赋、唐诗、宋词、元曲、明清小说是各个时期文学的代表。南唐后主李煜是五代时的词人。词就是当时的流行歌曲，分豪放和婉约，以婉约派为主。从古到今流传下来的词里面绝大多数属于婉约派。因为流行歌曲不就是生命与爱情两大永恒的主题，唱爱国的也有，《北京欢迎你》，但那不占主流。词言情，诗言志。所以古人认为词为艳科，尤其很多婉约词，属于反动黄色歌曲。李煜的词很多是这样的，他被宋军包围在南京，不战不和不守，不死不降不走。被包围的时候怎么解脱啊，整天填词。他的《破阵子》——“四十年来家国，三千里地山河。凤阁龙楼连霄汉，玉树琼枝作烟萝。几曾识干戈。”我不会打仗你就欺负我吧。“一旦归为臣虏，沈腰潘鬓消磨。最是仓皇辞庙日，教坊犹奏别离歌。垂泪对宫娥。”看他就那么大点儿出息，垂泪对宫娥。祖宗江山毁在手里，对得起列祖列宗，对得起黎民百姓吗？当然他的词比前期那些人的词写得强多了，以前都是男男女女的事，从他那开始意境始大。他虽然也是亡国丧家，又是婉约，但是很有豪放的意识在里面，后来写成“一江春水向东流”。

宋朝是词这种文学形式最发达，最繁荣的时候。宋词的繁荣，是由于经济的发展，商业和城市的繁荣，市民队伍的扩大。中国古代文学形式当中，词应该是适应市民的发展，也就是说跟后世的明清小说一样。词是通俗歌曲，它势必要适应市民的需要，市民整体就需要生命与爱情的永恒主题。当然人家这个通俗歌曲是通俗，今天的歌曲是俗，不通。

另一个原因是宋代的矛盾尖锐，宋词正好用来表现爱国精神，所以词在宋朝才能发展出豪放派。苏轼就是豪放派的创始人，前面提过这个诗是言志的，词是言情的，那么苏轼他就相当于拓宽了词的路子，是以诗入词。比如，大家非常熟悉的“明月几时有，把酒问青天。”这意境和李白的两句诗“青天有月来几时，我欲停杯一问之。”差不多。其实李后主的时候，词的意境就大了，王国维先生在《人间词话》里面提到李后主的时候说，词的意境乃大，由伶工之词，变成文人士大夫之词。到苏轼就更了不起，跟他相对的是婉约派的主要代表柳永，《雨霖铃》里“寒蝉凄切”的那主儿。柳永本来已经考中了进士，宋仁宗一看他的名字，就问：“莫非填词之柳三变乎？”回答说正是，就给他一笔勾销了，名字边批上四个字，“且去填词”。你整天写这玩意儿，淫词艳曲的东西，让你做官有失朝廷的体面。所以柳永他更加放浪形骸，奉旨填词，贫病无医，还是妓女凑钱埋葬了他。所以行业里面供奉老师是供孔圣人，练武的供关云长或者岳鹏举，唱戏的供唐明皇，妓院里供祖师爷柳永，行业神。

女词人李清照应该属于婉约派，成就很高。她正好经历亡国丧家之痛，就是靖康之变，她多年收藏的古董全都毁了。辛弃疾是豪放派，所以豪放派又叫苏辛派。辛弃疾当年是北方义军，抗金义军的领袖，带着一万多人投奔南宋，一曲《鹧鸪天》，令人唏嘘不已。“壮岁旌旗拥万夫，锦襜突骑渡江初，燕兵夜娖银胡鞨，汉箭朝飞金仆姑。追往事，叹今吾。春风不染白髭须。却将万字平戎策，换得东家种树书。”他也是毕生壮志难酬，一心就是想着恢复中原，收复失地。结果这个南宋是奸相辈出的年代，其中奸相韩侂胄北伐，拉大旗扯虎皮，让辛弃疾做参谋长，老头儿特高兴，夜里喝高了，“醉里挑灯看剑，梦回吹角连营。”我终于有报国的机会了，当参谋长。结果北伐失败，韩侂胄脑袋都被送到金国，老头儿可能郁闷死了。豪放词虽然数量不多，但是影响非常大，尤其是南宋这些爱国文人的词。

最著名的还有一个叫陈亮的，陈亮跟陆游、辛弃疾这些人齐名，他有一首叫《送章德茂大卿使虏》的词。章德茂是一个人，每年宋朝要派使者去金朝贺，所以他写了一个《送章德茂大卿使虏》，下阙特别有意境，“尧之都，舜之壤，禹之封。于中应有，一个半个耻臣戎。”被金占的中原地区，当年是尧舜禹的地方，这个里边应该有人耻于向胡人称臣。“万里膻腥如许，千古英灵安在。磅礴几时通？”这个地方已经被胡人给占领了，所以膻腥如许。“胡运何须问，赫日自当中！”胡人的运气，超不过一百年，太阳永远是在天上！那种意境和精神非常奋发向上，不像李煜的“一江春水向东流”，很消极郁闷。

陆游以诗为主，词也很出色。陆游的诗，可能是诗人里面传下来最多的，大概是传下来9600多首诗，100多首词。如果不算诗人，写诗最多的应该是乾隆，四万多首诗，但是他那个没法看，以文为诗，白得要命。四万多首，一天得写几首，一个人干掉全唐诗。

但是真正的诗人作品最多的是陆游。梁启超先生曾经这样评价陆游：“诗界靡靡千年风，兵魂消尽国魂空。诗中什九从军乐，亘古男儿一放翁。”就是说只有陆放翁的诗是写得最棒的！因为陆游也是文武双全，活的时间挺长，80多岁，一生壮志难酬。“遗民泪尽胡尘里，南望王师又一年。”一年一年盼不来，所以他最后死的时候都是“王师北定中原日，家祭无忘告乃翁。”什么时候驱除鞑虏，上坟的时候记得告诉我一声。当然他死后没几年金国就也灭亡了，但却兴起了更强大的少数民族政权，幸亏老头儿活着时没看见。

外国语骂街

接着另一个成就是话本。

话本实际上就是小说。比如说《三国演义》的故事，话本里就有，闻刘玄德败，大家就流泪，听见曹操失败，大家就拍桌子鼓掌。实际上一直到唐朝，都是以曹魏为正统。因为晋是继承的曹魏，所以陈寿写《三国志》，曹魏是正统，蜀汉和孙吴不是正统。到以后东晋南朝，宋齐梁陈，包括隋唐在内，都是继承晋的意思，以曹魏为正统蜀汉为奸逆。只有到了宋朝，才把蜀汉当做正统。因为之前是强调谁占中原谁就是正统，现在宋朝丧失了中原，难道能说自己不正吗？所以他就强调王道所在才是正统。长安洛阳不算正统，王道才是正统，现在我王道跑杭州来了，我依然是正统。那样说来，虽然刘备跑成都去了，他是汉之王道，也是正统，地处蜀地，王乃汉王。

宋朝的这种思想观念，使得《三国演义》这些本子的底稿在宋朝就形成了。你要是中午的时候打出租车，会发现十个司机可能有一半在听评书，田连元、单田芳，他们普及历史知识主要就靠评书。评书讲的那个东西，距离历史的真相其实很远，但是大家爱听，这种东西深入人心。我小时候听，现在不听了，一听就笑，太搞笑了，刘秀怎么杀功臣，那是刘邦，刘秀是不干这事儿的。但是这个东西很故事化，市民就爱听闲话，所以才深入人心。

元朝文学的最高成就是元曲。元杂剧和散曲，代表作是关汉卿的《窦娥冤》。元曲为什么在元朝广泛推广，因为元朝是蒙古人建立的。这帮人快马弯刀征服了中原，就不觉得文化有用，文化有用能被我们打成这样吗？所以整个元朝90多年才开了16次科举，文化几乎没有出路了。文革时代，知识分子被称为臭老九，这就是蒙古人定的。什么叫臭老九？一官、二吏、三僧、四道、五医、六工、七匠、八娼、九儒、十丐。读书人比妓女低一等，比乞丐高一等而已，所以九儒，儒生就是臭老九。臭老九的时代，知识分子没有科举，就做不了官，他们想来想去，就把自己的满腔愤懑，诉诸笔端。写什么东西最能引起共鸣，元曲。

就像电视剧剧本，你写小说我不看，蒙古人不认字，你写剧本，演出来大家都能看。《窦娥冤》“你不分好歹何为地，你错堪贤愚枉做天。”这骂谁？骂朝廷，蒙古人傻，也不懂汉语，听不懂什么意思，要是搁汉化比较厉害的清朝，那完了。清朝皇帝汉化水平太高，一听就明白。你骂蒙古没关系，傻不拉叽你骂吧！反正我听不懂，我就知道羊腿好吃，这就挺好！于是上面傻统治，下面猛骂街，促成了元曲的成熟和流传。

第六章 最后的汉王朝

明

1 乞丐身子皇帝命 [见图6-39，p274]

假和尚化缘

公元1368年，朱元璋即帝位，国号大明，建元洪武，以应天为南京。

应天就是今天的这个南京，朱元璋就是明太祖。你看那厮长得那模样，哪有一点帝王福相啊。那脸跟那个鞋拔子似的，对，就像鞋拔子，又像瓦刀，跟瓦刀似的满脸麻子。这是明太祖真容，你给他画成这样，他宰了你；你美化他，把他画得跟秦始皇汉武帝似的吧，天庭饱满，地阁方圆，他也宰了你。所以这玩意儿没法弄。

这个明朝是中国历史上最黑暗的王朝，276年里有121年皇帝不上朝，上朝也不干好事。你看那朱元璋就不干好事，一个典型的暴君。他即帝位，就是中国历史上出身最寒酸的皇帝。刘邦在前朝好歹还是街道居委会治保主任，还是奥运会志愿者，领一帮老太太还能干这个干那个呢。你说朱元璋他是个什么东西？乞丐，要饭的，皇觉寺出家为僧。让他化缘？中国和尚是不化缘的。你什么时候见过中国和尚化缘？化缘的全是骗子。中国的僧人只要化缘就全是骗子，中国的和尚是自食其力的。你像东南亚小乘佛教，那僧人都是化缘的。这化缘在中国推广不开。就因为咱们中国人认为，这算什么呀？这不是要饭吗？那多丢人，九儒十丐比儒士还低级。东南亚那小乘佛教国家，它的僧人是过午不食，一天就吃两顿饭。中国僧人不行，因为我得干活，我吃两顿饭我下午腿软。所以你大街上碰见僧人化缘，你别理他，那都是骗子。那回我碰上一个，阿弥陀佛。得，打住，打住，你蒙谁，你蒙我？你冒充什么不好？有本事你冒充警察。我掏出十块钱，我说你把《心经》给我背一遍，他都听不懂，他说《心经》？没听懂。我说我起一头，你能往下背，十块钱就给你。你僧人哪有不会背《心经》的？那不会。我说就是那忽悠人的玩意儿。

臭要饭登基

朱元璋后来参加红巾军，慢慢地混壮了。所以说这家伙贼王八出身嘛，是中国历史上出身最寒酸的皇帝。这种王八蛋一当政，必然是采用暴政。你看那个世界历史上，什么希特勒、墨索里尼不全是贼王八出身嘛。有哪一个出身高贵，受过良好教育，上台之后就搞独裁的？没有，是吧，没听说过。准都是这么一帮人，之前寒酸，我可有今天了，我折腾死你们。包括现在那些贪官污吏都是，十四岁以前没穿过鞋，穷怕了，一有权就乱来。陈水扁不就是吗？从前我穷得不行，所以一到现在，我可有今天了，搂吧，搂。真正像布什啊切尼啊这些人能贪污？人家放着四千多万年薪不挣，挣这十八万当这副总统，他贪污？你开玩笑啊。朱元璋原来叫朱重八，俩八嘛，朱俩八，二八一十六，是不是他们家十六个孩子，前面那些全死了，然后就剩他。也可能是十六号生的，是吧。

朱重八他当了皇帝，他爹和他爷爷不都得当皇帝嘛，所以都建了陵了。在凤阳建了陵，后来被水库给淹了，现在又露出来了。建陵的时候在这儿立碑，不能写"肇祖原皇帝狗剩"，或者铁蛋儿，你不能叫这个，还得起个名。所以他爹和他爷爷的名字，都是他给起的。

你想这种东西他要是当了官，他要当了这个皇帝，他最关心的事就是我这个政权不能丢啊，千辛万苦抢过来不容易。我这皇位可不能丢了，不能让我儿子再去化缘了，得千秋万代一统江湖这么传下去。所以他要想办法在宋元的基础上进一步加强中央集权。

首先在中央废除了丞相制度，六部尚书对皇帝直接负责。这个跟蒙古人不会玩儿有关。原来隋唐三省六部，到了这个宋朝更进一步，在三省的基础上又建立二府三司。宰相、枢密、三司，等于进一步把三省的职权给分化了，同中书门下平章事，这相当于宰相。参知政事相当于副宰相。那同中书门下平章事他一般是不怎么授予的。所以等于是这个权力分散，这个相权相对于皇权就非常弱。到了元朝，中书省集权，尚书、门下全都没了。所以在元朝是权臣辈出。咱们讲过中间十个皇帝，都不得好死吧，那都是被这些宰相给谋杀了，伯颜、脱脱之类的，这些个奸相、权相掌起权来，来害皇帝。

2 宁可错杀一千 不可放过一个

冤魂三万五

到了明朝，朱元璋就要吸取这个教训，不能给予宰相太大权力。洪武十三年，他说宰相胡惟庸谋反，就用这个借口杀掉了胡惟庸及其党羽两万多人，这叫胡狱。这是朱元璋的第一次文化大革命，第一次就杀掉这个胡惟庸及其属下两万多人。开国的文臣屠戮殆尽，基本上全杀光了。太祖皇帝起兵，文靠李善长，武靠徐达。李善长当时七十多岁了，风烛残年，封国公，开国功臣之首，太子朱标的老师，也要上法场开刀。马皇后就不干啊，因为那个马皇后是中国历史上的贤后嘛。她就不干，不干她就不吃饭，绝食，哭。朱元璋说："别的我什么都可以听你的，这件事你别管，我要为朱家开万世太平，你别管。"后来这马皇后就说，你看一般的老百姓家里啊，这家长都知道尊重老师，逢年过节还给送送礼什么的，知道师恩深重。可咱们皇家竟然要把孩子的老师杀死！朱元璋说你甭管，李善长谋反呢。马皇后听了直乐，说他七十多岁他谋什么反，他七十七了还是七十几了，他谋反能当几年皇上？他这是不可能的事嘛。朱元璋不听，最后李善长一家七十多口，全部杀掉。然后过年，借口大将军蓝玉谋反，这又掀起一场屠杀，杀掉了一万五千多人。这一下，开国的武将也被杀光了。

所以经过这个史无前例的这两次政治运动，三万五千多人啊，开国的文武功臣屠戮殆尽，九个国公，二十多个侯全杀掉。他认为这个徐达的功劳不是最大吗？徐达背上长疮，不能吃发物啊。结果他偏偏送蒸鹅让徐达吃。徐达吃完了这个蒸鹅之后，这个疮就崩裂了，然后就死了。徐达是含着眼泪吃这蒸鹅的。想当初他跟这徐达简直就是铁哥们儿，亲兄弟似的那种感觉，他也下得了手。你看这王八蛋狠的！开国之后他自己写诏旨，功劳最大的，第一就是徐达嘛，"从予起兵于濠上，先存捧日之心"，就是从那会儿徐达就跟他干。徐达要是把他扒下来自己来，完全可以，但一直捧着他。"来兹定鼎于江南，遂作擎天之柱"。徐达是擎天之柱，结果也难逃被杀的下场。

当初徐达的夫人进宫跟马皇后聊天，是妯娌俩的那种感觉，当他是哥们儿，一块打天下，妯娌俩聊天就没什么顾忌，说你们家房子真大，真好。那当然是说皇宫真大、真好了。朱元璋一听，马上命令人把这个徐达的夫人乱棍打死。你什么意思，你嫌我们家，你说我们家房子大，房子好，你有觊觎帝位，不臣之心。打死之后告诉徐达，说你这媳妇太坏了，这是祸害，我把她打死了，你谢恩吧。徐达还得谢恩。最后连徐达也给弄死。所以这是刻薄寡恩的一个人，你看这个贼王八出身的皇上都是这德行吧。朱元璋、李自成、洪秀全，那洪秀全就甭提了，那家伙，把他比成什么都不算是对那东西的侮辱。那就别提了。

皇帝兼宰相

这样一来六部尚书直接对皇上负责，等于皇上兼任首相。应该是宰相干的活，这个皇上给干了。这下可怎么办啊？太忙啊，皇上忙不过来啊。朱元璋平均一天要看三百多件奏章。据说他几天要处理三千多份奏章，忙不过来，朱元璋脑袋都大了。“百僚未起朕先起，百僚已睡朕未睡。不如江南富足翁，日高三丈犹拥被。”朱元璋能写出这水平的诗已经不错了，太惨。怎么办呢？设立殿阁大学士。由翰林学士入职内阁，帮助他看折子，批这个折子，对，就让他们干这个。但是这些翰林学士品级很低呀，六七品、七八品的样子，品级很低，所以不会对这个中央构成威胁。到他以后的皇帝，成祖、仁宗、宣宗，到宣宗朝，翰林学士品级就越来越高了，到后来就二品一品，到最后学士管部，由各部的尚书兼任内阁大学士。

这样一来的话，这个内阁实际上就变成了宰相。但是它比原来的宰相的权力大大地缩小了。为什么呢？因为我们以后讲军机处也要讲这问题。这个宰相是有自己的办公府邸的，对吧。宰相得有宰相府啊，丞相也得有丞相府。所以这个中国古代，文官最高的加衔开府仪同三司，让你干吗？开府，建府，这就是说明你的地位高。你有府你就可以辟僚属，像那个汉朝宰相十三曹，有庞大的一个办公机构。到了这个明朝内阁学士是在内阁，我在皇宫里边办公，就是那个太和门一进去，两边的那个平房，那就是内阁办公的地方。他们没有僚属，顶多有点儿秘书什么的，基本什么事都得亲历亲为。所以等于他就不是一个国家的正式机构，他的本差是吏部尚书，礼部侍郎什么的，内阁学士是他的兼职，但是他实际上干的事儿，等于这个宰相还是没有。朱元璋立下圣旨，皇明祖训：后世子孙不得预立丞相，臣工敢言立相者斩。你不能立丞相。你的大臣要建议你立丞相，你怎么办？把他杀了。你看这宋朝皇帝的祖训——不得刑戮士大夫及上疏言事者。再看这个：臣工敢言立相者斩。你敢说立相，我就宰了你。宋朝是最可爱的王朝，他宅心仁厚。你看明朝这帮人，就没法说了，中央的权力全给分散了。这个中国的宰相由独相、群相到废相，彻底没有了。

三个方向盘

地方实行三司分权：承宣布政使司，管理民政和财政；提刑按察使司，管理监察和司法；都指挥使司，管理军政，统称为三司。这三司的级别是这个都指挥使司最高，正二品。然后这个布政司是正三品，按察司是从三品。他这么搞，第一是跟这个蒙古人不会玩儿有关。秦汉的时候地方行政机构是几级？郡县两级。然后到了汉朝郡国并行，郡国，也是辖县。东汉末年开始，州郡县三级。隋唐两朝为了减轻人民负担，去了一级，改成州县两级。但因为唐朝疆域太大了，州县不够，所以划天下为二十二个道，进行监察。后来的道就变成了实际的一级掌管，变成了道、州、县三级。北宋改道为路，路州县三级。北宋的路一级设立四个长官，帅司、宪 司、仓司、漕司。帅司叫经略安抚使，这个实际上是权力最重的。像范仲淹，经略安抚使兼知延州，抵抗西夏。宪司就是咱们讲过的这个提点刑狱使。仓司，即提举常平使，专管水利、茶盐。王安石变法推行后，仓司也负责监督推行常平新法。漕司就是咱们讲过的转运使。〔见图6-40，p275〕

所以宋朝实际上地方就是四个机构。到了元朝他不会玩儿嘛，他又来一个行中书省。等于这个四司合一了。合一你这个权力就大了，大了之后到了明朝，等于又给分回去，从四司变成了三司。相当于省长由一个变成了仨。所以明朝一个省有三个省长，另外这省的名称变成了布政司，后来又简称藩台。你看电视剧里边老提藩台衙门，藩台就是布政司。

按察司，简称是臬台。都指挥使司简称都司。后来感觉到这个权力太分散，政出多门不好办，就由中央派出官员巡抚某地，无定期、无定员。到了明末，巡抚变成了正式的机构，就相当于省长了。然后三司就变成了巡抚的下级。到了清朝，巡抚是正二品，布政司和按察司都变成三品，成为巡抚的下级，相当于民政厅、财政厅、司法厅、检察厅。都司就更低了，成为绿营兵里边的中级官职。

五个车轱辘

中央改大都督府为五军都督府。朱元璋初置统军大元帅府，后改为枢密院，又改之为大都督府，节制中外诸军事。洪武十三年(1380)以大都督府权力太大为由，在废丞相制的同时，为防止军权的过分集中，也废大都督府，改为中、左、右、前、后五军都督府，分别管理京师及各地卫所。五军都督府各设左、右都督，正一品；都督同知，从一品；都督佥事，正二品。反正一堆都督，而且这些都督们没有调兵权。五军都督府和兵部互相制约，到打仗的时候，都督府统兵，兵部调兵，皇帝临时派你为提督军务总兵官到某地去打仗，所以像提督、总兵到后来也就变成了一个实职，一开始都是差遣。这个性质有些类似如今的市容整理办公室，一开始就是临时治事，后来这就成了常设机构了。所以这样一来的话这个兵权就也被分散了。

这是我们讲的明朝怎么在中央，怎么在官制上进行改革，废丞相，地方设三司。然后中央五军都督府分立。

遗体捐赠法

明朝律法森严，大明律增加了经济立法的内容。说明当时商品经济有一定的发展。朱元璋的时候规定，官员贪污超过六十贯，就相当于六十两白银。你贪污如果超过六十两银子，就被剥皮实草，皮扒下来，添上稻草，做成标本传递。这是贪官的下场，不许危害百姓。然后你这剥皮实草怎么弄呢？就是说，传递完了干吗？你的皮做成那个法鼓，就是县衙门口那个。百姓击鼓鸣冤，那鼓皮都是贪官皮。然后做这个县官的椅子的坐垫。你坐在那里你就得想想，你前任怎么死的，你小心点。然后包括咱这汉字数字的大写，这都是朱元璋发明的。你看他不认得字，能造字，省得你改啊。一两银子，你把这数变十两了，这你怎么改啊？这都是朱元璋的发明啊，剥皮实草，这个非常的残忍。能解决贪污问题吗？解决不了。你扒一个十个站出来，因为能被扒的毕竟是太少数了，你解决不了。杀几个贪官，表扬几个清官，解决得了问题吗？它是制度的事。

3 大臣靠边站 太监说了算

处处有监控

另外就设立这个锦衣卫，由皇帝直接指挥，不受政府司法部门管辖。有一个官员叫钱宰。这哥们儿上朝啊，朱元璋就问，老钱啊，昨晚干吗来了？钱宰说玩儿牌，纸牌，打拖拉机。跟谁玩儿了？我们部里的老赵、老孙、老李一块玩儿。所以结果呢？玩儿着玩儿着发现少了一张牌，玩儿不下去了。朱元璋微微一笑，从袖筒里摸出一张纸牌，这是不是你昨天丢的那张牌？钱宰一看吓得隆冬季节内衣都湿透了。那说明跟他玩儿牌那帮人里有一个人是谁？锦衣卫，特务。你要在后边骂皇上两句，这王八蛋，得，今天让你血溅当场。写《送东阳马生序》的宋濂，吏部尚书，太子的老师。上朝时朱元璋问他你昨天晚上干吗？喝酒来着，开家宴，喝酒。你都跟谁喝？你左边坐着谁，右边坐着谁，宋濂一一回答，朱元璋很高兴，你没骗我。笑着摸出一张图，你看这是昨天你们的座次图，是吧？你看这玩意儿，这特务到无孔不入的这个地步。所以锦衣卫是国家机构，锦衣卫都指挥使正三品，还是国家机构，只不过不受这个朝廷管辖，皇帝直接指挥。

明成祖的时候设立东厂，宪宗设立了西厂，武宗设立了内行厂，东厂西厂内行厂，由宦官统领。这可就更麻烦了，大臣一旦有事要犯在宦官的手里，那可就惨了。明朝因为是贼王八建立的王朝。像唐太宗，魏征揪他衣服、抓他衣服，唐太宗说你干什么呀？你等着，我要宰了你这乡巴佬。这个唐太宗对他进行什么？威胁。唐太宗已经都给自个儿气成这样了，但是他能杀魏征吗？当然不能。朝廷律法在，你凭什么随便杀大臣，他犯什么罪了？他抓你衣服，他犯哪条罪了？朝廷有律法在，不能随便开杀戒，你随便骂大臣也不行。你骂大臣，大臣就可以抗辩。你凭什么骂我啊？你哪儿毕业的？你念过学吗你？你跟朱元璋说那个，哎哟，我就没念过，我是流氓我怕谁？甭来这个。朱元璋在朝廷上设立廷杖，你这个跟皇上顶嘴，一言不合怎么着啊？拉着就打。有个大臣也讨厌，给皇上上一道折子，一万七千字，你难道不知道皇上认不了那么多字？这么厚，拉下去一百板子！正打着呢，皇上看着折子，哎哟，这小子说得还有点儿道理，把他召回来，可已经打烂了。你想那太监打你，可有报复你的机会了，往狠里打。当然你要有钱就另当别论，所以那时大臣上朝都身上揣着银票子，一看自己要受刑，赶紧给钱。你要给钱的话，拿那空板子打你，那板子是空的，听着倍儿响，啪啪啪，没事儿，就让你屁股有点儿淤血，然后你回家就没事儿了。重点儿的就实心板子打，最狠的是罐铅的板子，一板下去这人就完了。受杖的时候，就看监刑人的双脚，监刑人两脚分开，你死不了。双脚一闭，立毙杖下。而皇上他传令的时候也是有讲究的，这皇上要恨这个大臣，“着实打”，那这就打死，一般说认真打，就没事。每个皇帝在位的时候都有打死大臣的事发生，就在午门外边受杖。朱元璋这个老东西越到晚年越厉害，这家伙可能有更年期，心理阴暗，到晚年动不动一点儿小事就动用廷杖。所以那大臣上朝之前，全家抱头痛哭啊，壮士一去不复还，够悲壮的。那辞职吧，你敢吗？你什么意思？圣天子在朝，你说不干了，什么意思？立毙杖下。没办法，只有哭，哭完了之后，还得去上朝。今天我没死，我回来了，这就是运大福大造化大。明朝这黑暗，那真是相当黑暗。

回回考一样

清朝就不这么黑了。清朝皇上特别有意思在哪儿呢？他恨谁让太监上你们家骂你去，堵着门骂你。奉旨申斥，就是皇上口谕，我奉旨来骂你来。你想那太监，他什么他都敢骂，你那点儿事全给你折腾出来。大臣一听，这太监奉旨申斥，赶紧地给塞钱，要不然他堵着门骂，太难听。你赶紧塞钱，他不关痛痒地骂你。你下次注意啊，你这样不对啊，是吧，就走了。你要不给钱是吧，那就有你的好看。有的那个穷官他给不起钱，被那太监骂得，太监一走就上吊了。因为那古人他最看重的就是这个，重名节。清朝皇帝不直接打人，骂死人这招更厉害。

控制什么都不如控制人的思想。朱元璋的文字狱厉害到什么程度啊？有一个举人叫徐夔，给他上疏：“光天之下，天生圣人，为世作则。”这话恶心到不好意思的程度。光天化日之下，诞生了您这么一位圣人，为世间做出表率。朱元璋一看：“腐儒胆敢如此侮辱朕，剥皮实草。”身边的人说，没看见他怎么侮辱您啊？为什么要把他做成标本啊？对，光什么意思？他不说我没头发吗？他不说我当过和尚吗？则是什么呀？就古汉语的则跟贼一样，同音啊，你看今天京剧里边，提起贼寇心肺炸，他也这么唱。这哥们儿就拍皇上马屁啊，拍错了地方，都给做成标本了。那你要骂皇上，还不把你打成相片了？

为了严厉控制世人的思想，明朝科举只从四书五经中命题。四书《大学》、《中庸》、《论语》、《孟子》，必须以朱熹的《四书章句集注》为准。只能用朱熹的注释，别人的都没用，五经《诗》、《书》、《礼》、《易》、《春秋》，就考这九本书。这九本书字字金玉，句句珠玑，但您就这九本书，能把天地宇宙，世界万物都包括进去吗？那我读书就读这九本书。所以当时明朝就说科举考试这帮人，“摆尾摇头，便道是圣门高弟。可知道《三通》、《四史》是何等文章？唐宗、宋祖是哪朝皇帝？”我管他呢！唐宗宋祖又不考。李白是干吗的？不认识。反正只要是四书五经我就背，别的我不管。那个时候印行量最大的书籍就是“高考满分作文选”，甚至出现了缩印本，跟咱们现在复印时候的缩印本差不多，然后揣兜里进考场带进去。考试就考四书五经，不允许发挥个人见解，代圣贤立言。

文章都是八股文，八股，八个部分。破题、承题、起讲、入手、起股、中股、后股、束股，全这八个部分。然后还得一反一正、一虚一实、一深一浅、排比对偶，完全就是一种文字游戏。可以讲，中国古代的文字技巧上达到最高水平的就是八股文。但是没有什么内容，了无新意。所以你十年寒窗，就这九本书，都是一样的八股文体，这谁比谁能太强到哪儿去啊？而且这九本书，一共才多少字啊？你想那四书五经在刚诞生的时候，都写在什么上边？竹简上面，它能有多少字啊？《老子》不才五千个字嘛，搁今天一篇论文差不多。四书五经九本书能有多少字啊？一件这个衬衫就抄满了。你看这博物馆里不有吗？作弊用的那个衬衫，都抄满了。所以到清朝的时候，考生进考场还得扒光了，穿考场统一的衣服进去，跟进澡堂似的。他怕你有夹带。

就这么点儿文字啊，几百年来那么多场考试，从那个童生考秀才、考举人、考进士，那么多场考试，都从这里边出题。这个四书五经里边话用得差不多了。差不多怎么办呢？这考官真聪明啊，出截搭题，就是把四书五经里边的两句话给你拼一块儿。子曰：三十而立，四十而不惑，五十而知天命。现在呢，把这句话给你拆了，子曰：三十而立四十。做题吧，孔子为什么说三十而立四十？这孔子他不那么说啊，他说的三十而立，逗号，四十而不惑。你甭管，古文没标点，你看书，三十而立，底下是个四十。你写吧。或者子曰而立四十。您做题，您就得说孔子为什么说而立四十，这怎么回事？有的考官更神到什么程度？古文没标点吗？句与句之间有一个圆圈，就像现代文的句号。考官他出考题的时候，就用这圆圈出题。我今天考试题目就是这个，给我做文章吧。四书五经里绝对有这个，满篇都是，就拿这个做文章，让大家考试。结果那个考第一名的那哥们儿，神到什么程度呢？你不先得点题吗？这八股文上去不先得破题吗？破题就是你得用一句话破题，那哥们儿破题倍儿绝："圣人立言之前也，空空如也。"圣人要不说话，就什么都没有。哇，这篇文章厉害，这是个大才。我们知道那个康有为康圣人，那是文采风流。但为什么老考不中呢？比梁启超中举都晚。国家正规考试的时候，天子亲试的时候可能很严肃。底下那种小考试，我怎么来判断谁第一，谁第二，我懒得看那卷子，我就扔呗。这个远，第一名。你十年寒窗，今天墨重了点儿，一扔，砸着考官脚面了，完蛋。康圣人呢因为他那字不好。这个字必须写成什么样呢？馆阁体。就跟今天电脑里印出来那个字似的，必须得写成那样，奏折都得写成那样，一笔一画必须得写得倍儿规整。康有为大概就是不爱写这种馆阁体。龚自珍也写不了，所以龚自珍他也没中进士。龚自珍就倍儿生气，最后让他们家所有人都练这个，连他们家老妈子，什么倒尿盆的都练。最后他们家所有人，除了他本人，都练得一手馆阁体。他说你看我们家全能中进士，连老妈子倒尿盆的都能。

康有为因为写不好这馆阁体，所以每一次他那卷子考官一看，就中不了，就这玩意儿你也来参加考试？最后为什么中举呢？考官把他的卷子一扔，就出去上厕所了。时间可能长了点儿，正好仆人进来收拾屋子，仆人大概也不认得字。一看那地上有张卷子，仆人不知道这什么体啊，拿起来搁在桌上，镇纸一压，仆人出去了。考官回来，俩人没照着面。一看，哎呀，这张卷子我刚才扔过呀，怎么又搁这儿还镇着？此乃天意，我看一眼吧。好文章，中举。阴差阳错。所以要是这样做了官，你敢对皇家有什么不满吗？这就束缚了读书人的思想。顾炎武认为，这玩意儿比这焚书坑儒都害人，都可怕。

4 家天下的定时炸弹

燕叔叔造反

下边，说说靖难之役和明建北京。太祖皇帝把这些个儿孙分封做藩王。他就相信自己家人，太祖皇帝一共二十五个儿子，二十五个儿子里的长子朱标早逝。因为这个朱标被立为太子，他如果能继承大业倒是一代仁君，但是他洪武二十五年就死了。洪武三十一年，太祖皇帝才驾崩，属于白发送黑发。

太子朱标一死，朱元璋剩下的这二十四个儿子里边，除了三个年幼的，剩下这二十一个就分封到各地做藩王。藩王手握重兵，其中最厉害的是宁王朱权。宁王朱权镇守东北，麾下八万六千精锐部队，然后就是燕王朱棣也有三四万军队。所以这些亲王手握重兵，朱元璋认为，江山可保长治久安。那就说跟刘邦的想法一样？你就没想想，你的儿子不会反你，但是再往下可就反了。

所以，朱元璋带着他孙子，皇太孙朱允炆检阅藩王的部队。瞧你这些叔叔们，兵强马壮，万一哪儿造反，让你叔叔镇压。朱允炆小伙儿当时也二十多了，有点儿想法，他就反问了一句。我叔叔造反，谁镇压？一下把皇上问晕了，没考虑过这问题。那就靠天吃饭呗，哪能那么巧？所以老皇上一死，这个朱允炆一即位，即明惠帝，就下诏削藩。他这一下诏削藩，燕王朱棣就反了，起兵发动“靖难之役”，夺了江山，迁都北京。

北京不缺门 [见图6-41，p276]

北京就是唐朝的幽州城，辽朝的南京城，金朝的中都城，基本上就是今天的宣武、丰台。元大都的这个最南边的城墙，在今天的长安街上。北城墙在三环跟四环之间，有一个元大都遗址公园，那个地方。明北京城把元大都往南移了五里。所以它的这个北墙，大概是跟今天的二环路齐平。然后这个嘉靖皇帝在位的时候呢开始修建外城，本来这个外城想把内城包一圈，后来没钱了，就修了南边的一部分。就变成了北京城这么一个凸字形状。北京城门是里九外七皇城四，内城是九个门，所以老北京一说就是咱这四九城怎么着怎么着。南边自西向东宣武门、正阳门、崇文门，东边是朝阳门和东直门，西边是阜成门和西直门，北边是安定门和德胜门，这是九个城门，这就是今天的环线地铁。所以那环线地铁，地铁二号线，站名最多的就是门，什么门什么门什么门，当然像复兴门、建国门，这是民国以后把城墙给扒了，改建的。那就是为了方便公共交通弄出来的。整个这个老北京城就是今天的二环路。外七门就是南边仨门，左安门、永定门、右安门，东边是广渠门，广渠门原来叫广宁门，为了避清宣宗道光皇帝的讳改成广渠门了。西边广安门，北边是西便门、东便门。内城九个门，外城七个门。

皇城四个门，皇城包括紫禁城、万岁山、太液池。太液池就是北中南三海，今天那个北海开放，中南海进不去。还有太庙和社稷坛，六部九卿的官署。这个皇城的正门，在明朝叫大明门，清朝叫大清门，民国叫中华门。它是那种歇山顶，五个门洞，中国级别最高的门。这个匾额都是非常珍贵的。所以清朝灭亡之后，民国政府呢就想把这匾卸下来，翻到背面刻中华门。结果翻过来一看，背面刻的是大明门！原来清朝就这么干的。这块匾，见证了五百多年的沧桑啊。

北门叫地安门，出了地安门就是钟楼、鼓楼。一条中轴线，从永定门到钟鼓楼，全长八公里，把北京城可以对折，建筑非常规整。现在那个鸟巢、水立方不也在这个中轴线上吗？所以这个中轴线就一直往北延。这个北京城，可以讲是奇迹啊，可惜的是，现在已经拆得没模样了。就像你那个天安门，天安门广场，左边一个人民大会堂，像希腊式。右边一个国家博物馆。中间一个纪念堂，仿林肯纪念堂。然后那个碑倒是中国式了，没弄一个华盛顿式的碑，还不错。大会堂边上一个“水煮蛋”。天安门往东走不了几步，东方广场，大玻璃墙，水泥丛林。

北京三千年历史，但找得着三千年历史的痕迹吗？只能是遗址。到欧洲你去看看，一切跟几百年前都一样。联合国什么人类文化遗产，中国城市入选，只有山西平遥，云南丽江。你可以说天坛是文化遗产，故宫是，长城是，颐和园是，你能说北京是吗？东方广场，文化遗产？有十年吗？台湾人到大陆来旅游，人家说得特别好，大陆的这些古迹，除了地名是真的，其他的全是假的，都是后建的。德国人说是对西方城市简单拙劣的模仿。

5 长江后浪推前浪 一代更比一代浪

整一个傻叉

明朝中后期政治腐败，屡出昏君啊。

比如说明武宗，就是正德皇帝，最爱干的事是调戏妇女和玩儿打仗，最爱干这两件事。他调戏妇女，是微服上街调戏妇女。后宫三千佳丽不够，还出去调戏妇女，被人逮着送县衙去了。你说君臣相见，不知道怎么脱的身。然后就是在宫里开店做买卖，神武门后边开店做买卖。手里掂着那块肉，三斤三两，你上秤不带差的。皇上整天干这个，掂肉，三斤三两，开买卖，让太监什么的来买他的东西。本来那太监俸禄就微薄吧，来买他的东西，然后他少不得贱买贵卖。就这点儿钱他都榨走，你这叫什么玩意儿？

然后喜欢的就是玩儿打仗，他给自个儿改名叫朱寿，封自个儿为镇国公威武大将军，什么大都督。后来有个大臣就跟他说，你这个皇帝是君，都督是臣，不能混为一谈，你这太荒唐了。他说我有本事，百万军中取上将首级。然后那大臣就将他，您给我们表演一个。在教场，一千多明军将士，刀出鞘，弓上弦，围着一个被俘的绑在马上的蒙古将士，然后皇上冲进去，一刀给他脑袋砍下来。这叫百万军中取上将首级。百万军，自个儿的，上将绑着呢，也不知道是不是上将，反正绑上了。皇上就给咔嚓一刀，证明皇上玩儿过刀，没敲下他胳膊来。

皇上带几万铁甲兵出关，出长城，跟蒙古人打仗。打多少蒙古人呢？一百来人。他带几万人，冲啊，杀，把人家消灭，然后回去报功，自个儿又升一级。将军、大将军、都督同知、都督、提督军务总兵，官往上升，就这么一个东西。十年，在位十年驾崩。昏庸无度，死而无后。

又两个傻叉

明朝的皇帝一个赛着一个混蛋，一个赛着一个短命。尽是二三十岁，酒色过度就死了，尽这种玩意儿，没有一个活过朱元璋的。朱元璋活到七十多吧，没有一个能活过他，就明成祖大概六十岁。六十在明朝皇帝里算高寿了，你看乾隆爷活了89，将近90了。明武宗死了之后继位的世宗，这哥们儿是一个道士，整天在宫里炼丹，一年之中光炼丹用的这个燃料啊，就要二十多万两白银，也不知道他烧什么玩意儿，弄不好烧蜡。二十多万两白银炼丹。不上朝，从来不上朝，大臣几十年都见不着他。他在位四十多年，十五岁即位，四十五年。有时实在国家有大事，追问他，他不耐烦了，递出一张手谕，没人能看得懂。因为他那手谕上边，几句话他能给你写成几个字。废话，皇上写的是天书，你能看懂那还叫天书吗？最后皇上终于服用仙丹，然后就成仙了。水银中毒，成仙，汞中毒嘛。世宗就是这么一个玩意儿。

世宗完了之后穆宗即位，穆宗还不错。可惜短命，七年就死了。七年之后他死了就是神宗即位，也就是万历皇帝。神宗可真神啊，真的是神。他就干一件事，数钱，整天盘炕上啪啪啪数钱。这就是朱元璋给他的子孙弄的这些遗传基因，都是土财主。你看人家李后主、宋徽宗，在中国艺术史上都闪耀着不灭的光辉。明朝这帮皇上，你看他这些玩意儿。神宗皇帝好像一辈子就出过紫禁城一回，上昌平十三陵看看自个儿的坟地，一看不错，行，修得挺好，继续，就回来了，数钱。在他住的那宫殿后头挖一大坑，埋上三百万两银子。他肥胖，然后整天在炕上盘着，左腿萎缩了。所以每天晚上太监搀着他一拐一拐地，到坑边那儿看看，我那银子还在吗？还在，这能睡得着觉，不然睡不着觉。最后那点银子全让太监给偷光了。

所以为什么十三陵考古先刨他的坟呢，定陵，先刨。他的坟里边好东西多。长陵怕有《永乐大典》不敢刨。别的皇上没他东西多，他一辈子攒钱，你想想，什么都往自个儿家拿。说这个地方发现煤了，派个镇守太监，把钱弄他们家来。那地方丝绸不错，派个镇守太监，都弄他们家。皇宫里边的银子，发黑变脆氧化，国库里边除了耗子屎什么都没有。所以那时候跟努尔哈赤，跟后金打仗啊。打仗说那个，咱没钱啊，国库里没钱，请皇上开内帑。不成。这打的是国仗，凭什么开内帑啊，凭什么让我掏钱？给国家打仗，凭什么让我掏钱？我不掏。没钱你加税，你让老百姓多交点税不就行啦，我才不掏这钱。后来大臣说，这江山都是您的。皇上说江山我没看见，银子我看见了。他几千万两藏起来，国库里什么都没有，然后就年年给百姓加税。越加税老百姓不就越造反嘛，就这么一个东西。

全都是傻叉

他一死，他儿子光宗即位。光宗这哥们儿太光了，二十九天驾崩。登基之后第一道诏书就是选美女，选了八个美女，二十九天驾崩。光宗驾崩之后，儿子熹宗即位，杰出的木匠，别的皇帝上朝他下车间。据说皇上坐的椅子，睡的床全是自个儿做的。他的手艺高到什么程度，他自己做一屏风。告诉太监，拿到前门外边给我卖了，一万两银子，不许还价。你当然不能说是皇上做的了，一万两银子，不许还价。一个小时，这太监就把一万两银票给拿回来了，就说他这个做工之精湛，值这价。

据说原来那个中华门后边有一个关帝庙，当然建房子时候都给拆了。那关帝庙里的关帝，就是明熹宗亲手做的，所以他在位的时候不理朝政，整天做木匠活。太监魏忠贤专权。明朝中后期以来宦官专权。王振、刘瑾、魏忠贤这些大宦官专权。这是朝政最腐败的体现。东汉、唐、明这三朝，宦官专权。这个魏忠贤就专捡皇上做活的时候跟他说事，哪儿闹灾了。你没看我这儿忙呢，我今天晚上没地儿睡呢，哪闹灾关我什么事，我这床头柜还没做好呢，你看着办吧。

所以这魏忠贤独揽大权，魏忠贤一个字不认得，居然能跟孔子并列，配祀孔庙。全国各地到处给他建生祠，然后皇上一下圣旨，就是朕与厂臣如何如何。皇上是万岁，魏忠贤是九千岁，跟杨秀清一样，九千岁。所以你可想而知，他这个朝政的腐败程度。在这种情况下就爆发了农民起义。

6 闯王现身 疑似非典型朱元璋

造反专业户

李自成和张献忠起义。张献忠是一个土匪。他屠四川，他说四川有七种人该杀。种地的该杀，经商的该杀，读书的该杀，当官的该杀，当兵的该杀，反正完了之后就是四川没有人不该杀，四川惹你了？等大清平定四川的时候，整个成都府还剩几十户。老虎在大街上走，就是那种华南虎，真的虎，不是拍的照片。

李自成原来当驿卒。皇上把这个驿站一裁撤，失业了，造反了。李自成提出一个口号叫“均田免粮”。这一下，老百姓都跟着他。均田我跟你干吗？分田地。免粮你还干吗？不交租，傻冒们都听。你想他均田，他又不收租，那他吃什么？他还得吃的比你好，你这不扯嘛这玩意儿，但是大家都信。包括一些落魄书生。兵势浩大，原来被官军打得剩十八名骑兵，后来又发展到百万之巨，逼近北京，沿途州县传旗而令，除了在宁武关总兵周遇吉奋勇抵抗，以身殉职外，没到遇过大的麻烦，就打到了北京。

回天已乏力

当时在位的是崇祯，自缢于万岁山，明朝灭亡。思宗皇帝十七岁承继大统。从他那木匠哥的手里接过来一个烂摊子。“非亡国之君，而当亡国之运”。好不容易明朝出了个好皇帝，想整治朝纲，安定天下，结果就是祖宗作恶，报应在他身上，来不及了。在他爷爷万历的时候就应该完蛋，结果这么多年报应在他身上。他十七岁即位，在位十七年，又没受过良好的教育，明朝的皇子们不学无术，不像清朝。十七年不观歌舞，不宠嫔妃，他只有一个皇后、三个贵妃吧，不宠嫔妃。然后每天都是夜里一两点钟睡，早晨四五点起，坚持了十七年。

结果天下是越来越乱，那怎么办？就是你越想办法，到处扑火，这火着得就越旺。他为人太急。你半年给我平定闯贼。能吗？能。到半年，眼瞅着要平定了，半年平不了，八个月准能平定的时候，皇上肯定把你杀掉，因为你骗我，你说半年平定没平定。皇上，再容俩月。不容，你欺君之罪。他在位十七年，内阁首辅换了五十一个，平均一年仨嘛。到最后闯军攻进北京，三百年江山社稷化作尘泥。皇后上吊了，贵妃上吊了。他把俩皇子放跑了，让他们将来中兴大明，然后咔嚓给公主一刀，没砍死，掉一条胳膊，就是独臂神尼，吕四娘的师傅。然后皇上带着一个太监就逃到这个万岁山，自缢殉国；拿头发盖住自个儿的脸，无颜见祖宗嘛；咬破中指，在这个衣服衬里，给李自成写封血书，“朕非亡国之君，诸臣皆亡国之臣。”所以你不要用这帮大臣，这帮人太坏。“朕死后，任贼分裂朕尸，不要伤害百姓。”你可以杀我，勿伤百姓。

后来那棵树死了，因为清朝入关之后，就给那棵树套上铁链子。罪槐，你把皇上吊死，所以套上铁链子，枯死了。现在这棵不知是啥时候种的，那么细。民国十九年立了一个碑，上书“明思宗殉国处，故宫博物院敬立。”1944年，甲申三百年，又立了一个碑。这俩碑不知啥时候拔了。1944年立的那个碑呢，保存完好，明思宗殉国的那个碑断成了三截儿。2004年终于拨乱反正，甲申三百六十年，又重新都立在那儿了，明显能看出来，“明思宗殉国处”那碑是中间拿白水泥给粘上的。

7 建州女真只玩真的 不忽悠

建州部发迹

明朝灭亡之后，继而建立起来的就是清朝。

第一，明朝初期，东北女真建州部归奴尔干都司管辖。明朝的时候，女真人分成了三部。海西女真、建州女真、野人女真。野人女真是最落后，建州女真呢文明程度最高。他们居住在辽宁，跟朝鲜和明朝交界，就是挨着大中华、小中华，文明程度最高。建州女真首领努尔哈赤精通汉语，熟读《三国演义》，汉文化水平很高。他们家世袭建州卫都指挥使，配龙虎将军印。这是明朝给他们封的官，行羁縻之策。努尔哈赤少年孤苦，因为他后妈不待见他，把他轰出去了。后来呢明朝打仗的时候，又把他父亲和他的祖父给误杀了。所以到二十五岁的时候他用先祖留下的十三副铠甲起兵，慢慢统一了女真各部。

第二，创立八旗制度，兵民合一。这就像前面提起过的猛安谋克制，基本上是一样。一个谋克，是一百户。十个谋克是一猛安，就是说一猛安是一千户。所以猛安相当于千夫长，从四品。谋克呢相当于百夫长，从五品。他这个八旗制度呢是三百人一个牛录，设佐领一人。然后五牛录就是一千五百人，一个甲喇。每个甲喇设参领一人。五甲喇七千五百人，为一个固山。每固山设都统一人。每个固山用一面旗来表示，红黄蓝白四个旗。后来在这个旗上圈边，红旗镶黄边，其他旗镶红边，形成了镶四旗和正四旗。

在这个清朝的时候，镶黄旗、正黄旗、正白旗为上三旗，正红旗、镶白旗，镶红旗，正蓝旗和镶蓝旗叫下五旗，镶蓝旗的地位是最低，镶黄旗的地位是最高。所以像故宫里边的侍卫，一定都是上三旗子弟。后来他征服了蒙古，蒙古也被编入八旗，再后来征服了很多汉人。入关以前的汉人，也被编进了八旗。所以它实际上是三八二十四旗。清朝旗人不一定是满族人，旗汉非婚，旗人跟汉人不能结婚。但是皇帝可以娶汉人，乾隆的母亲就是汉人嘛。所以清朝皇帝，到后来也有汉族血统。但是，汉旗是不可能做上皇后了，皇后必须是满洲人或者蒙古人才可以。这样的话，八旗一共才有六万人。你最后三个八旗，算上汉军旗也就是不到二十万人的样子。

第三，这个努尔哈赤自立为汗，国号金，史称后金，建立了金国。因为历史上已经有一个金国了，所以这个金被称为后金，但是他自己建的时候就叫大金，然后为反抗民族压迫，攻打明朝。太祖皇帝率兵两万，以七大恨誓师伐明，连下辽东70余城，所以一下他这个国力就强大起来了。原来在辽河西边，现在占领了整个辽河，席卷整个辽东，基本上山海关以外的土地全部被占领了，然后迁都沈阳。

李自成闯京

努尔哈赤一死，皇太极即位。改族名为满族，改国号为清，皇太极就是清太宗。到皇太极的时候啊，就已经有了入主中原的意思了。以金为国号容易引起中原汉族人的反感，所以他改国号为清。按照五行学说，明朝是火德，清朝是水德，水灭火，所以改国号为清。清跟金在满语里边读音都一样。

1644年，李自成占北京，吴三桂降清。吴三桂是明朝的平西伯，山海关总兵。他麾下四万关宁铁骑，都是明朝的正规军。有的历史学家认为明朝灭亡就灭亡在没有攘外必先安内。如果皇帝要是明白这个道理的话，立刻跟女真人讲和，割关外土地。然后，把那个关宁铁骑调进内地，镇压李自成。你想李自成那帮人拿着木棒、钉耙、粪叉子，都拿这个，如果跟精锐的关宁铁骑作战，肯定不行。关内平贼的部队全都是不入流的部队，精锐全都在东北跟满洲人打仗，结果还全军覆没了，一再失败。如果你把关宁铁骑调进来，打李自成，那李自成说不定就完蛋了。他们都是一帮饥民，没得吃，跟着李自成跑。闯王来了不纳粮。吴三桂一看，哎呀，皇帝殉国了，就准备投降。闯王封他为侯，他到北京来参拜这个李自成，行至唐山，探马来报，你们家被李自成给抄了。

李自成们一进北京，眼珠子都掉地下了。我们的梦想终于实现了，抢吧，就跟后来洪秀全进南京那感觉一样。李自成成立一个机构，叫做“比饷镇抚司”，逼着明朝官员拿钱。比如你是明朝的宰相，你拿出二十万两银子来。你是明朝的部长，十万两，局长五万两。没有？一百斤大沙袋子往你身上压，看你有没有。让家里拿钱，掘地三尺也给我弄出来。一个月，李自成在北京弄了三千万两白银。明朝真有钱！皇帝最后让文武百官捐款时，谁都不肯捐，结果弄得个国破家亡，最后什么也没捞着，全都让李自成给弄走了。每一个李自成手下，腰里都是沉甸甸的黄白之物啊，准备回家“三十亩地一头牛，老婆孩子热炕头。”得，吴三桂反了。

吴三桂降清

吴三桂听说家给抄了，说这是误会，我一去我们家产就要放还，然后接着往前跑。探马来报，你爸爸让李自成逮了。这是误会，我一去就会放回来。接着往前走。又报，陈圆圆让那个李自成给逮了。吴三桂终于发怒了！大丈夫不能保有妻子，有何面目活于天地之间！拨回马头回山海关，下令全军给崇祯皇帝戴孝，实际是给陈圆圆戴孝。皇上都死了那么多天了，你才想起来给他戴孝？所以吴伟业在那《圆圆曲》里说：“恸哭六军俱缟素，冲冠一怒为红颜。”“妻子岂应关大计，英雄无奈是多情”，吴三桂要跟李自成决一死战。李自成听说吴三桂反了，率二十万兵马前来讨伐。吴三桂怕自个儿练不过李自成，他不知道李自成那部队是啥水平，我万一练不过怎么办？跟大清摄政王多尔衮请兵，说将来咱平贼之后，“我朝之报北朝者”，不只是土地啊。贼在京师一个多月，抢了那么多钱，多尔衮当然想要了，于是双方合兵一处攻打李自成。二十万李自成的部队，跟四万关宁铁骑激战正酣。然后在这个时候，十万八旗杀出，一下就把李自成打得大败。李自成在武英殿即皇帝位，第二天撤出北京城，一把火把紫禁城烧为平地。所以今天看到的紫禁城是清朝的，清朝重建的。明朝的紫禁城让李自成给烧了，当然有个别建筑可能还是，台阶可能还是。

吴三桂降清，清军入关。一直都到清朝中后期了，后妃填的那《九九消寒诗图》，实际上就是一部中国历史朝代歌。它最后一句就是“三桂领兵南下去，我国大清坐金銮”，说明吴三桂入关的功劳，清朝还是承认的。李自成的部队迅速土崩瓦解，清军入关的时候，八旗加上孔有德、耿仲明、尚可喜三顺王的部队，以及吴三桂，一共二十多万，兵分三路，以豫亲王多铎攻南京；英亲王阿济格攻西安，打李自成的老家；克勤郡王岳托攻打武汉，席卷江南，一下就把这南方全给占领了。李自成百万大军，不到一年就土崩瓦解了。他逃到湖北九宫山，被一个叫程九伯的农民拿锄头给刨死了。那哥们儿以为他是贼呢。

8 鹬蚌相争 渔翁得利

势如破生竹

明朝灭亡之后，明朝的宗室在南方又建立了五个小朝廷，史称为“南明”。

福王朱由崧建立了弘光政权，一年被清朝灭掉。

然后鲁王朱以海在浙江建国，后来跟着郑成功去了台湾。

唐王朱聿键在福州建立隆武政权，也是一年多就灭亡。

然后唐王的弟弟朱聿鐭在广州建立绍武政权，不到一年也灭亡了。

最长的是贵王朱由榔，在云贵建立了永历政权，坚持了十八年。后来三桂领兵南下，永历皇帝逃到缅甸，被缅甸王给送了回来，被吴三桂用弓弦勒死于昆明十字坡。五个小朝廷就全都灭亡了。这样清朝就统一了中国。

这个南明的形势比南宋要差得多。南宋在那样的情况下，还能够坚持抗击，跟金朝并立了一百多年。而南明那么快地灭亡，就是缺乏像岳飞、韩世忠这样的名将。基本上是清军一南下，这帮兵就全投降了。整个广东省就是明朝降将李成栋带着四千一百人就全给征服了，所以清朝完成了全国的统一。

第七章 异族终结者

清

1 天朝上国初长成

太监偷椅子

清朝是异族入主中原，所以它更希望自己的统治要长治久安。

为此，它在官制的设置上就采取了更加集权的措施，于清初中央设内阁六部、议政王大臣会议。

太祖皇帝攻打宁远的时候，被明将袁崇焕用红衣大炮击伤，半年后，突然死去。太祖皇帝驾崩时，并没有留下遗诏由谁来即位，后来是八贝勒皇太极承袭了汗位。但他承袭汗位之后，是与代善、阿敏、莽古尔泰一块儿，四大贝勒共议国政。上朝时，皇上的那个台阶上摆四把椅子，四大贝勒坐下来共议国政。后来代善主动说，我不行，你来。

代善是太祖皇帝的二子，长子褚英早死，代善就变成了长子。他德尊望重，年高德劭，后来封和硕礼亲王。清朝有八个铁帽子王，代善一家就出了仨，一个是他自己，礼亲王，第二个是他儿子岳托克勤郡王，还有一个孙子是顺承郡王。他功劳和辈分都最大，他对皇太极一谦让，阿敏和莽古尔泰就也下去了，所以变成皇太极独尊。但是这种八旗旗主共议国政的遗风尚在，最终威胁到了中央集权和皇权。“虽至尊无如之何。”议政王大臣会议作出的决议，皇上也没辙。

所以为了加强皇权，到了圣祖康熙爷时，他设立了南书房；世宗雍正皇帝设立了军机处。军国大事，皇帝裁决；军机大臣，跪受笔录。宋朝以前，君臣是坐而论道，君臣上朝都坐着，因为那会儿也没椅子，要坐也都是坐地上，坐着不是很舒服。皇上是有个座儿，大臣说是坐，实际上就是把屁股磕在腿上跪着，脚后跟儿还得挺直了，很不好受的。到了宋朝喜欢使用高桌大椅，君臣坐而论道，太祖就觉得不好看。一天宰相范质拿着一个文件要跟皇帝说事。太祖皇上说眼花，送到龙书案前吧。宰相就送到龙书案前。宰相一站起来，太监就把宰相的座给撤了。宰相回去一看那儿没椅子，你也不能嚷嚷，我椅子呢，谁那么缺德？有种出来我大嘴巴子贴你！宰相只能跟那儿站着，其他官员一看宰相在那儿站着，你腆个大脸坐着怎么行，哗啦哗啦全站起来了，太监就把椅子全给撤了。有第一次之后群臣没提什么意见，第二天再上朝，椅子直接就不拿出来了，所以宋元两朝大臣从此以后都是站着。

内宫五汉子

到了明清就改跪着了。今天皇上特高兴，跟你单独召见了六个钟头，你就得在地上跪六个钟头。如果是老臣，皇帝体恤老臣，赐毡垫，您跪垫子上。年轻人就得跪地上，那你膝盖得好使。所以大臣上朝之前，护肘护膝都裹好了，那跪功得在家练，你跪一会儿晕了还成，像刘墉他爹刘统勋就是跪死的。当然也有说是上朝死在路上的。刘墉当老师爱迟到、早退，也不认真教书，也不看作业，所以皇上挺生气的，看在你爹的面子上让你教皇子，你怎么那德行样儿。

军机大臣“跪受笔录”，跪在那儿把皇帝命令记下来，然后以奉旨上谕的形式廷寄出去。不像电影里演的那样，真正那种“奉天承运，皇帝诏曰”的圣旨，一年发不了几回。那得是大事，譬如立皇后啊，跟外国宣战啊，选进士这些事，这才“奉天承运，皇帝诏曰”。一般就是“奉旨”或者“上谕”如何如何，军机处起草。军机处从它的设置上就能看出来，跟那个太监的值房一样嘛。

故宫是前朝后寝。［见图7-42，p277］这个以乾清门广场做分界线。然后太和、中和、保和、文华、武英这么五组宫殿建筑群，比较疏阔。前广场三万多平方米，可以举行大型活动，这是办公的地方。乾清门广场后边就是寝宫，东西六宫，然后中间也是三殿：乾清宫、交泰殿、坤宁宫，后边是御花园。清朝从雍正皇帝开始，住在养心殿，皇帝平时都在养心殿办公。

清门广场东为景运门，西为隆宗门，都是五间三开门。景运门内北侧排房为文武大臣奏事待漏之所，也叫九卿房，其南面朝北的房间是宗室王公的内朝房。隆宗门内北侧排房为侍卫值房及军机处，其南面朝北的房间是军机章京办公的地方。门对门五十米，一排小平房。晚上内宫一落锁，宫里只有五个男的，皇上，两个太医，两个军机章京。军机章京就在军机处值班，万一夜里来了一个紧急军务怎么办？除了这五个男的，连成年皇子都不许进内宫，只能住在王府。如果没有封王的话，就住在北五所。

2 系统兼容性最强的管理软件

枕边设军机

军机处有一个规定，不奉圣旨，擅入者斩。即使你是亲王，不奉圣旨擅入，也得斩。

清末的时候，湖广总督张之洞奉诏进京，商议官制改革。他走到军机处，在台阶底下，说什么都不肯再往前多迈一步。张之洞那么大的分儿，他都不敢迈一步。因为他不是军机大臣，不能进军机处。庆亲王奕劻这帮人，他们是军机大臣，就对张之洞说干吗呢你？腿抽筋了吗？快来呀来呀！哦对，突然想起来了，他们天天走习惯了，没觉得进军机处有什么不合适。张之洞真懂规矩，因为世宗皇帝遗训，没命令你敢进来宰了你。

军机大臣平时就在这地方值班，早上三点多钟起来，就得到这儿来值班。皇上一般七点钟起床，清朝的皇帝一个一个的精力旺盛，像康熙爷、乾隆爷整宿整宿不睡觉，观书达旦，一晚上一晚上地看书，精力非常的旺盛。而且清朝的皇帝都勤政，那真是中国历史上罕见的。清朝的皇帝基本上搁在以往的王朝都是不世出的圣主，比方说随便拿出一个皇帝来（同治帝差点儿），把光绪皇帝搁到明朝，那都是有道明君。可惜他赶上的时候不好，鸦片战争。但你要对比着看，要是明朝那些皇帝赶上鸦片战争，咱就印度了，彻底变殖民地了。

清朝的时候军机处都快设到寝宫里边了。寝宫里边住的是皇上、皇上家人，以及伺候皇上家人的人。这么说来这军机大臣的地位，其实跟宫女、太监还真差不多。本来军机大臣相当于宰相，相当于相国，但实际上他的地位就低到和皇上大秘书差不多。皇上并不是每天都上朝，但却每天一定要见军机，这皇帝一说叫起儿，就是叫军机。要所有人都来，六部九卿都来叫大起儿，把这帮人都叫来。所以清朝的时候，中央统治机构，军机处就进一步得到完善。

议政王大臣会议，名存实亡，到乾隆时撤销，然后我国君主专制发展到了顶峰。军机处一直到1911年才裁撤。

军机处特别有意思，这么重要的一个机构，在清朝，它却不是法定机构，《大清会典》里都不见记载。它这绝对是一个临时机构。清雍正七年(1729)，雍正皇帝因西北用兵军情紧急，设立军机房，三年后改称“办理军机处”，简称“军机处”。在军机处任职者无定员，多时有六七人，由亲王、大学士、尚书、侍郎等充任，称之为“军机大臣”，又称“大军机”。其僚属称“军机章京”，通称“小军机”，掌缮写谕旨、记载档案、查核奏议等事。乾隆时定军机章京满汉两班各8人，后增至四班32人。军机处职掌每日觐见皇帝，商承处理军国事务。

军机处的设置，使中国专制主义皇权达到了顶峰。你们看电视里面演和珅与纪晓岚，纪晓岚见皇上称臣，和绅称奴才。旗人称奴才，汉人称臣。能称奴才的，那证明是皇上家里人，这是爱称。称臣是皇上跟你见外。所以中国古代的君臣关系发展到了清朝变成了主奴关系。好像是乾隆爷的时候，想要汉人也称奴才。这个汉官就是不干，汉人面子比较重要，反弹得比较大。乾隆爷恨恨作罢，下了一道圣旨，意思是说，你们虽然称臣，跟那奴才是一样的，你别给脸不要。就那意思，说你咳嗽还真喘。

3 清风不识字 何故乱翻书

祸从笔端出

文字狱。

严酷的文字狱。朱元璋给人扒皮做成标本那个事儿，就属于文字狱。从中国历史上看，文字狱在清朝是达到了顶峰。古代文字狱，以清代为最甚。

清代的文字狱，目的在于压制汉人的反抗。大清是异族入主中原，所以它比较害怕汉人的反抗。文字狱可以树立清朝的权威，造成社会恐怖的作用，它禁锢思想，摧残人才，阻碍社会进步。文字狱主要是康、雍、乾三朝，顺治时也有，世祖7次，圣祖12次，世宗17次，高宗130多次，乾隆的时候最厉害。像前两朝，世祖、圣祖时候的文字狱，比如有一个著名的南山集案，有一个叫戴名世的知识分子，他写了一本书叫《南山集》。《南山集》这本书后来被人看出有问题，问题就是清朝以后，还用明朝的年号，用南明的年号。因为大清入关之后，南明五个小朝廷又苟延残喘了20多年，其中以桂王朱由榔建立的永历政权时间最长，永历年号用了18年。比如说，已经是康熙元年了，你的年号还写永历18年。那就等于你不奉清为正朔，按照我们今天的话讲，就是反革命宣传煽动罪，类似于这个。

比如说，你写1958年解放军炮轰金门，沉重地打击了国民党反动派嚣张气焰，你得这么写。结果你书里不这么写，写民国47年国军在金门抗击共匪，完了。你站在什么立场上？它就是这个意思。1958年中华人民共和国成立10年了，你还用民国年号，以台湾为正朔，这就肯定不行了。所以《南山集》案，被人告发。戴名世开棺戮尸满门抄斩。清朝的法律是16岁判死刑，比现在少两岁，也不像斯大林时期12岁就判死刑。清朝的法律是16岁判死刑。他的小儿子是15岁，监斩官就说，你不够岁数，你回去吧！不杀你。他说父兄皆已殉难，不愿独活，你就给我写个16，监斩官大呼，奇男子，写上吧！16岁，杀！留着也是祸害。

世祖、圣祖时候的文字狱，还多少都是这种性质。往后，世宗、高宗那就纯粹是找茬，望文生义。就跟光天圣人那个感觉似的，望文生义。金庸先生的远祖浙江提督学政查嗣庭，在出题的时候，用了这么一句话，叫“维民所止”，这是《诗经》里面的一句话，用这个做考题，结果雍正皇帝一看，你这个维加一点一横，不就是念雍嘛！止加一横不就是正吗？所以你“维民所止”的意思就是雍正砍头。好，查嗣庭处斩，全家流放三千里与披甲人为奴，幸亏没满门抄斩，不然就没金庸先生了。所以你看金庸先生写的武侠小说，无一例外反清复明。

其实明朝是中国历史上最黑暗的王朝，皇上一个赛着一个混蛋。清朝虽然也杀过一些人，也干过剃发令这样的蠢事，但却是最圣明的王朝。顺、康、雍、乾都是不世出的圣主，搁在哪朝比唐太宗都不次，尤其像乾隆爷在位60多年，康熙爷60年能那么好，汉武帝50多年，后面就不像样了。唐玄宗40多年就已经没法看了。唐太宗幸亏是短，20多年，他要是40年不一定什么样呢！康熙爷60年都没出事，不但没事而且越来越好，所以都是不世出的圣主，放到哪朝都是没得说的。

但是金庸先生一写就反清复明，这个初衷如果是站在恢复中华汉人之道统，那还好一点。你看《鹿鼎记》里面描述的就是这样，有个反清复明的天地会。其实那个天地会是清朝时候的黑社会，也就是后来三合会的前身。天地会自称“洪门兄弟”，就因为明太祖朱元璋是洪武大帝，三合会的三合就是洪的三点水。反清复明属于黑社会反对朝廷，这玩意儿不提倡也罢，更别说歌颂了，所以没法看。但是这个事儿确实是很明确，他这么干是跟清朝有仇，我祖宗没招谁没惹谁，给咔嚓了！他祖宗不算大官，他祖宗是二品官，提督学政就是到朝廷放差，你出来做主管这一省的乡试。

乾隆年间，礼部尚书是沈德潜。礼部尚书就是大官了，从一品大官。“咏黑牡丹”，这哥们儿也是作，你说你咏什么色的牡丹不好，你非得去咏黑色的牡丹，“夺朱非正色，异种也称王。”朱就是红色，牡丹应该是红的，你是黑的，所以你非正色，你是异种称王，那让大清一看这没法不起疑心，搁咱谁看谁也觉得不对，夺朱非正色，朱是朱元璋、朱明王朝，你还说我异种，还敢说我们满洲人是异种。沈德潜已死，开棺戮尸。你看这沈德潜也算死催的，你没事儿你夺朱非正色，你不是讨厌嘛。

内阁学士胡中藻作诗，也惹麻烦。内阁学士正二品，相当于今天的国务委员。他的诗里面有这么一句，“一把心肠论浊清”，这个很好懂，我能分得浊与清，结果高宗皇帝就是乾隆爷一看大怒：“加浊字于国号之上，究竟是何肺腑？”你干什么写浊清，所以那会儿他要横着写不就没事儿了，横着写也不行。你加浊字于国号之前，你究竟是何肺腑？所以你那玩意儿，怎么着都不行，你这儿一把心肠论浊清，最后乾隆爷下旨，胡中藻腰斩，拿一个大铡刀，拦腰咔嚓切成两半儿，当时没咽气，可能这哥们儿神经末梢比较发达，都两半儿了，还拿手指蘸着鲜血，连写了七个惨字才咽气，连写七个惨。然后乾隆爷就问那个监斩官，说那哥们儿咔嚓两半儿还写字呢！乾隆爷一琢磨是稍微惨了一点，从此大清废腰斩，不腰斩了，只砍脑袋就完了。脑袋掉了还写字的人没有，因为看不见了，往哪儿写。

文字狱这么一搞，那就人人自危了，不光是老百姓，朝臣人人自危。咱们前面讲平定回部，平定红花会那些叛乱，新疆平叛，立功最大的是定边左副将军兆惠。这个人是满洲人，定边左副将军，开宴会，大家非常高兴，这个兆惠功劳第一，文臣就拍他马屁，举起酒杯来给他敬酒：“但使龙城飞将在，不教胡马度阴山”。话一说完，乾隆爷这脸色就变了，啪！拍案而起，那个官马上就把帽子、顶戴花翎一摘，跪地上就磕头，“臣罪该万死”，磕得脑袋都裂了，血流满面，乾隆爷才恨恨作罢。什么叫“不教胡马度阴山”？大清就是胡马度阴山，你这话什么意思？幸亏这个诗不是你写的，你引用的古诗，你要自己写的，那完了，就胡中藻了。

吃力不讨好

你看四库全书，他修四库全书一个重要目的就是把这些书全都给弄掉，什么胡、夷、狄、虏这种词全不能上，全不能见，胡虏夷狄这词你要上的话，那就是作。所以你想这么一干的话，中国人本来就对科技没有任何兴趣，那个玩意儿考试不考，考试只考四书五经，考试不考这个，对科技咱就没兴趣。

研究历史容易出问题，你研究历史，研究胡虏夷狄，容易出问题，写诗也容易出问题，所以中国人只能研究，茴香豆的茴字有四种写法，就研究这个。这个不犯忌讳，这个不怕文字狱，然后就考订古字音。什么青山石径斜，应该念（xiá），不能念（xié），考订古字音，只能干这个，一下你跟世界先进的差距就拉大了。

所以现在的历史，还有一个就是什么考据学，反正我就忌讳这个。别人问我这个，烦的不得了，所谓考据学，就是考订，我算出来秦始皇到底是哪天死的。你算他干什么？我算出来秦始皇到底是哪天儿死的，秦始皇他妈到底是谁。他爱是谁是谁，他妈是谁，他哪天死的，不影响他这个人统一六国。然后怎么怎么着，要是他换一个妈就统一不了六国了，那你研究去！我算出来秦始皇他妈到底是哪天死的，文天祥出使元营到底在哪几天，有人就以这为能事，很多人研究就研究这个，著一本书，文天祥出使元营考，考什么你考？这个就属于文字狱遗风，要我说就是被吓傻了，干点有用的学问，这个玩意儿实在没什么意思！吃力不讨好，和现在的八卦新闻效果没什么区别。这样一来就阻碍了中国社会的进步和发展。

西方人在研究开普勒定律、解析几何、微积分，咱再研究茴香豆的茴字有四种写法，你这一下差得太远了。看道理要看大道，中国古代有太多值得学习的瑰宝，文学气象、哲学理论、科学经验，但那些人不好好做有用的学问，总拘泥于这些八卦的东西那不是舍本逐末嘛。

4 穷得就剩下钱了

开明的政策

明清时期，统治者调整生产关系，鼓励生产，经济继续发展。明清时期一直到鸦片战争，1840年，中国的国民生产总值不是高于英国就是跟英国持平，反正绝不比它差。

乾隆50年的时候，就是1785年，中国的国民生产总值GDP，占世界的32%，欧洲占

22%，中国一国的国民生产总值比欧洲11个主要国家，高十个百分点。乾隆50年，1785年，就是200年前，美国都已经有了，那时侯中国就牛成这样了。全世界人口超过50万的城市，只有十个，六个在中国，八个在亚洲，除了中国的就是日本东京，当时叫江户，印度的马德拉斯，欧洲就俩：伦敦、巴黎，剩下的全在中国，北京、南京、扬州、广州、苏州、杭州。所以中国当时的经济发展水平还是世界之最，农民富裕程度也是世界最高的。这个原因就是因为统治者调整生产关系。

第一，明朝推行一条鞭法。这是内阁首辅张居正推行的。一般最早入阁的那哥们儿，就被称为首辅。我进内阁十年了，你刚来，那当然你得听我的。张居正就是入阁的时间非常长，等于是穆宗皇帝临终的时候托孤给他。当时即位的神宗就是万历皇帝，又很小，他等于是太子太师辅政这样的大臣，就是他在全国推行一条鞭法。将原来的田赋、徭役、杂税，并为一条，折成银两，把从前按户丁征收的役银，分摊在田亩上，按人丁和田亩的多寡来分担。两税法按人丁征税征的是个人所得税，是你的财产，这个征的是役银。就是说，你本来应该去服役，服徭役，现在你不去，按规定你可以纳银代役。服徭役是按人丁服，但是现在这个役银也分摊在田亩上了，这表示人丁在税收当中的作用就越来越下降。资产在其中的作用越来越上升。役银按照人丁和田亩来分担，这叫一条鞭法。它的作用是赋役征银，适应了商品经济，然后农产品的商品化和资本主义萌芽。你得把这个农产品给卖了，你地里长不出银子来，你得卖了，卖了就有了铜钱，然后到银庄兑换成白银。这样一来，促进了农产品的商品化，等于把农民推向市场，你必须跟市场发生联系，你不发生联系的话，除非地里能长出银子来，那是不可能的。

第二，纳银代役，保证农民生产时间，减轻农民负担。农民对国家的人身依附关系有所松弛，这个跟前面讲的两税法的意思其实是一样的，你纳银代役，可以保证农民的生产时间，其实它不减轻农民的负担。因为真正收粮食，农民的负担可能轻，你收银子，他的负担可能会加重。如果丰产了，粮价就降下来了，它跟市场发生关系。这个是在调整赋税制度。

到康熙帝，开始调整生产关系的第二点，康熙帝宣布原来明朝藩王土地归现在的耕种人所有，叫做更名田，这解决了农民的土地问题。农民失去土地是因为土地兼并。在明朝的藩王们最能兼并土地，朱元璋本人就弄出25个儿子，这25个儿子，每个人再来上七八个儿子，这七八个儿子再弄上七八个儿子，你算算多少个。所以到了明朝末年，朱氏皇族有好几十万人，从朱元璋一家繁衍出来好几十万。明朝是只要皇子就封王，明朝得有多少个王爷？弄不好能赶上太平天国了，封王都封滥了。所以清朝除了开国的八家铁帽子王之外，只有后来雍正爷封怡亲王，是铁帽子王。然后清末是恭王、醇王、庆王，三个铁帽王。等于清朝一共就十二家王爷是不降爵的，别的王爷都是往下降，逐级下降，你是亲王，你的儿子就是郡王，你孙子就是贝勒，曾孙就是贝子。亲王降到镇国公，郡王降到辅国公，就是一级一级地往下降，到辅国公就不再往下降了，往下世袭就是世袭辅国公，辅国公跟王爷的级别可就差得太远了。你是王爷你住在王府，等你不是王爷的时候，你得从王府搬出来，自己找地儿住去。你们家四居室改筒子楼了，你就找地儿住去吧！所以清朝一般来讲，一朝一个皇帝在位的时候，它王爷没多少，十几个了不起了，但是像明朝太多了，而且明朝又是把王爷封到别的地儿，清朝是弄到北京城里不许出去，圈死在北京。所以你看清朝的王府全在北京，什么郑王府、豫王府全在北京。明朝王府全在外地，这朱氏子孙在外地待着置产业，兼并农民的土地。比如说，明神宗万历皇帝，他本身就贪财，没事儿在皇宫里挖一个大坑，埋银子，他最宠爱他的儿子——福王朱常洵。他把朱常洵封到洛阳做福王，一次就赐给他四百万亩土地，河南一共封给他四百万亩。朱常洵跟他爸爸一样，最后三百多斤一大胖子，结果李闯打洛阳的时候，洛阳的守将就跟朱常洵说，现在这个闯贼围攻洛阳，重赏之下必有勇夫，您那么多钱，估计他们家上亿两银子的财产，您能不能拿出点钱来犒赏将士，将士们好跟闯贼玩命。朱常洵说我们家没钱，我们家穷着呢！就有点旧家具，我卖了犒赏将士吧！气得那个守将说您拉倒吧！一开门投降李自成了。然后李自成一进来，朱常洵你不是贪财吗？行！这回让你贪个够，把金子烧化了，顺嗓子眼儿往里倒，就给他烫死了，烫死了之后就把朱常洵给剁巴剁巴，他不三百多斤嘛，正好剁巴剁巴！然后和着鹿肉，他是福王，那儿是鹿肉往下分。剁完了一块，他的肉和跟鹿肉一块分给大家吃，叫福禄（鹿）宴。老百姓恨不得食其肉，寝其皮，你弄得我们大家都没活路了。所以这些王爷，全死了。尤其到了清朝，清朝表面上对明朝皇室很优待，给崇祯皇帝建陵什么的，实际上逮着明朝王爷就得给弄死，朱氏子孙差不多都给杀光了，这些王爷占的地现在都在老百姓手里，所以康熙爷宣布更名田，原来是福王的名，这个田，现在谁种是谁的，解决农民土地问题。所以为什么农民拥护清朝，圣天子，太圣明了，同一个民族让我们没法活，还是异族让我们活的不错，那我们干什么不拥护异族？所以中国人没有这种观念，谁让我活下去，我就拥护谁，老百姓都这样。美国打萨达姆你急什么劲，你为了保卫萨达姆拼命，你不短路了吗？你的命那么不值钱？萨达姆给你什么了？所以老百姓就是非常实在的。

更名田解决农民的土地问题。

第三，康熙爷规定，滋生人丁永不加赋人头税。以康熙50年起作为固定人丁税，康熙50年，你们家10口人，从康熙51年开始，你们家就交10口人的人丁税，到康熙60年，你们家18口了，还交10口，我们家剩7口了怎么办？我要也再交10口不就亏了吗？我们家人口越来越少就越来越亏，这儿看来也有不合理的地方。

所以第四，世宗雍正皇帝一上台，雍正推行摊丁入亩。把丁税平均摊入田赋中，人头税就废除了。人头税从世宗皇帝的时候就不要了。这个钱也没多少，三百三十五万两，朝廷当时税收入四千万，占不到十分之一了，所以咱就不要了，就跟咱们现在农业税不要了一个意思，一共两千个亿，还没有公款吃喝的钱多呢！要它干什么？不要了。自由市场的钱不也不收了吗？自由市场那个什么管理费也不收了，150个亿，一年才150个亿，开场奥运会多少钱？你何必跟这些穷苦人收，所以这个钱也不要了。这个钱你不要了以后，大街上摆摊的就少了，我犯得着在大街上沐雨栉风吗？我进大棚了。

地丁银不要了，封建国家对农民的人身控制进一步松弛，隐蔽人口现象减少。你原来藏着掖着不就是怕朝廷收税吗？现在不收税了，所以这一下隐蔽人口的现象就减少了。哥们儿不要钱了，生吧！康熙即位的时候，全国的丁额是2100万，不是说人口，有好多不懂行的写中国是2100万人口，不对！丁额是2100万，那就是说还能算上老弱病残，估计有个4000万，康熙驾崩的时候已经过亿了。乾隆20来年的时候，就2亿了，到乾隆驾崩的时候，已经3亿了，到道光那会儿4.1亿，占世界人口的40%多。全世界10亿，中国4.1亿，那个时候的中国人更自豪，你现在不是占20%吗？那时候就已经占40%。所以中国的巨大人口压力，从那时候就开始形成了。摊丁入亩是一个很重要的事情，因为不要钱了，没必要藏着掖着。隋朝4600百万人，到唐朝一下变成1200万，相当多的人就是藏起来了，汉朝更是如此，5300百万人，然后到曹操的时候，剩700万，我的天！原子弹也没有那么大的杀伤力。我估计可能有好多是隐匿起来了，这段时期以后就又出来了。

救国的玉米

农业生产的发展。

第一，棉花的种植。棉花种植能解决穿衣服的问题。在明代，推向全国，由江南向江北，那不就是推向全国了嘛。魏晋南北朝，南朝、梁朝的时候，印度佛教禅宗第28代祖师达摩东来，建立少林寺。中国禅宗的初祖，达摩祖师东来的时候带了一件木棉袈裟，禅宗的圣物代代相传。木棉袈裟，就是棉布，特值钱。中国没见过，中国有钱人穿绸，穷人穿麻，没见过木棉袈裟。在北宋的时候，开始在福建那一代种植，南宋的时候，南方普遍种植，但是北方还没有。所以到了南宋统治时代，南方可以普遍使用棉布了，北方还是得通过互市，北方给马，南方给棉。到了明朝就全国都能种了，中国的棉花应该是从印度这边引进过来的，经过两条路线，一条是从新疆过来，一条是从海南岛过来。

最关键的是第二个：玉米甘薯。明代引进的玉米甘薯，在清代不断地推广。崇祯年间，开始在中国推广。这东西如果早来中国20年，明朝没准就灭亡不了了，因为老百姓就够吃了。陕北农民造反，就是因为没得吃，你吃我儿子，我吃你儿子，只能是这样，易子而食，换儿子吃。要不然就吃观音土，吃土肚子胀，全胀死，那老百姓只能造反。要是玉米甘薯来了，就没事儿了。这个东西原产于拉丁美洲、墨西哥。那里主要是西班牙的殖民地，西班牙还在亚洲的菲律宾有殖民地，菲律宾有大量的华侨。所以这个东西是西班牙人把它带到菲律宾，菲律宾华侨把它带回到中国，最早开始在福建种植，然后逐渐开始向全国推广。福建这个地方多山，地狭人稠，耕地面积很少，就种这个。所以这样一来，它的特点就是使贫瘠土地得到利用，粮食总产量大幅度提高。当时水稻一亩地四五百斤，小麦二三百斤，玉米怎么着也得六七百斤，甘薯是万八千斤。就是不下雨，你也不用施肥，八千多斤，你再一下雨，风调雨顺，再一施肥，一万多斤高高的。这么老粗的大白薯，你吃去吧！降血糖、降血脂，健康食品，那个玩意儿最好吃。甭管什么样的土地都可以种，不挑地方，都能生长，产量还那么高。这种东西太适合咱们中国了。所以大清200多年没有农民起义，玉米甘薯居功至伟，这个东西是最好的东西。所以它的作用，刚才说的第一点，土地得到利用，粮食总产量大幅度提高。

第二点，养活众多人口，腾出更多土地种植经济作物，然后是农产品的商品化。

第三个特点土地得到利用了，粮食总产量得到提高了，养活众多人口了，缓解了人地矛盾，就稳定了社会秩序。清朝为什么说将近200年没有大规模的农民起义，跟玉米甘薯的引种，玉米甘薯的贡献大大的有关。没有这玩意儿的话，一下子农作物产量上去了，老百姓能够吃饱了，所以中国人口也就翻着来了。不要钱了，不生干什么？实际上在清朝的时候，人地矛盾大家都能看得非常明白了。康熙登基之初，人均耕地面积是25亩，到乾隆的时候就变成6亩了，到道光的时候就变成3亩了，今天连1亩都没了。

所以那会儿就看得很明白，康熙就说这种话，本朝统一以来，六七十年，百姓俱享太平，户口日益殷繁，分一家之产，供数家之用，岂能家给人足。但是他们当时没有办法，也不懂计划生育，人口增加的结果就是巨大的矛盾，给中国造成的压力一直到今天。中国社会财富的增长跟人口的增长不成比例。而且更关键的是，中国经济欠发达地区的人增长得特别多，北京、上海人口出生率，尤其是上海，比欧洲都低，负增长，北京也是负增长。但是北京人口却年年增加这么多。中国这块土地，顶多是养活六亿七千万人，这是最合适的，现在已经多一倍了。

第三，清代前期经济作物的种植面积扩大。为什么能种经济作物呢？不是因为我们有土豆白薯了吗？我们省出地方来了，所以我们能够种植经济作物了。面积增加，形成一些专业性的生产区。比如说丰台花乡，我就产花，蜜蜂吃花，我这个花种出来是卖的，交换的。

5 见光就死的资本主义

手工业进步

明清时候，手工业进步很快。

第一，生产工具。纱绸机，这是手工业生产工具。

第二，生产技术。双色套印，彩色印刷品。以前印刷品都是黑白的，这个时候出现了彩色的，彩色印刷品开始出现。

第三，分工。你比如织造尚松江，浆染尚芜湖。松江的布织得最好的，就是上海。然后你这个布要去浆染，芜湖最好。它有分工了，松江这个地方，我就管织布。织完了布要卖出去，然后芜湖那儿管染，这是商品经济。

第四，规模产量的问题。这里面讲了一个广东佛山的冶铁业。佛山是黄飞鸿的家乡，中国南北两个武术之乡，河北沧州，广东佛山，这两个地方据说家家习武，武术中心。这个地方原来也是冶铁中心。北宋大铁狮子多少吨，都是沧州弄的。冶铁完了之后，人就习武，就练练刀。你弄出一把刀，给顾客表演一下，一耍就把自己手指头切了，那谁买你的刀。

第五，资本主义生产关系。资本主义生产关系这个问题，现在学术界是有争论的。中国的资本主义生产关系，到底是不是这个时候产生的，是有争论的。一般认为明朝中期以后，以生产商品为目的的纺织业兴起。它生产出来是要拿出去卖的。比如苏州，最早产生资本主义萌芽的地方，苏州出现以丝织为业的机户，开设机房，雇用机工。机房就是工厂，机工就是工人。所以机户就是早期的资本家。机户出资机工出力，这就是资本主义生产关系，雇用关系。明代，苏州机工的状况是"郡城之东，皆习机业，工匠各有专能，匠有常主，计日受值。"最能体现它的资本主义生产特点的是"计日受值"，拿日薪。"无主者黎明立桥以待"，地上摆一个小牌，装修。黎明立桥以待。"若机房工作减，此辈衣食无所矣"。如果机房的工作停了，这帮人就失业了。这跟今天的工人感觉是一样的。所以这就出现了资本主义萌芽，机户出资。当然很多学者对这个事嗤之以鼻。《史记·陈涉世家》里陈涉就"与人佣耕"，人家出钱，让陈涉帮他种地，能说秦朝出现资本主义萌芽吗？有雇用就是资本主义，宋朝普遍都是雇用关系。

资本家渐多

第二点是清代资本主义的发展。

明朝的资本主义发展就是在丝织业，就是在江南，要是再小范围点儿说，就是在苏州。到了清代工厂规模大了，分工细了，部门和地区多了。北京门头沟的采煤都有资本主义萌芽，在清代得到了进一步的发展。

明清时期中国商品经济发展的规模是很大的。但即便有资本主义萌芽，发展的速度也非常的缓慢，始终在萌芽状态徘徊，未能进入工场手工业阶段。咱们学过世界史都应该听说过简单协作，到工场手工业，再到机器大生产，是这么一个发展的脉络。清朝整个生产未能进入到工场手工业阶段，自给自足的封建经济，仍然占主导地位，原因是封建制度的阻挠。农民极端贫困，无力从市场上购买手工业品。其实中国今天也一样。你抵制日货，抵制美货，人家不害怕，人家这货主要靠本国人买。人家的沃尔玛百分之八十五的营业额是在美国，不是在中国。日本的产品主要是日本人买，中国的产品主要是外国人买。所以人家也可以抵制中国货。不买咱的鞋了，衬衫、袜子、裤衩都不要了，东南沿海的经济肯定受影响。买什么孟加拉的那个更便宜，买那儿的，突尼斯的，那做的更便宜，那儿劳动力更不值钱了。越南等很多的国家跟咱们构成竞争了。为什么背心、裤子、袜子这些东西不能卖给中国人？现在什么都涨吧，物价什么都涨，唯一不涨的就是工资。今天的中国农民更是，贫困，无力购买，29寸的彩电已经都跌破一千了，还是卖不出去。

地主和商人将赚来的钱买房置地，严重地影响手工业的扩大再生产。地主商人，挣完了钱，买房置地，那就造成了资金短缺，“以末致财，以本守之”。末是商业，本是农业，我经商发的钱财我干什么？我买房，我买地，我得干这个。以本守之，这个玩意儿，多来钱啊。所以今天中国的前100个富豪里面，51个是搞房地产的，剩下十几个是卖假药的，什么脑白金啊，什么鳖精了，是干这个的，没有一种是像比尔·盖茨这种干高科技的。这个房子，你买的时候只花了三千，卖的时候一万五，赚多少啊，这个房价达到了20年以后才应该达到的水平，人均两万美元应该达到的水平。现在北京市一个月挣两万是高薪了，二环之内，你只能买一个马桶。一平方米两万，这不就是一个马桶吗？原来能买一个厕所，现在一个马桶，连一个澡盆都买不起。澡盆一平方米搁得下吗？你两万块钱在北京，一个月挣两万，买个一平米，这不是开玩笑吗？这个房价就是炒的，“以末致财，以本守之”，那些个土财主给炒的。山西的、浙江的土财主就都来了，都拿着钱，一下子就上来了。这个影响手工业的扩大再生产，有了钱就干这个。为什么山西老矿难，老出事啊，土财主拿钱干这个了，他不会说想着去改进工人的安全、煤矿的安全、先进的采煤技术啊，他不会干这个。这个贼矿主心比炭黑嘛。

封建国家设立关卡，对商品征收重税，严格限制手工业生产规模，政府不支持你发展手工业，没有政策，所以严格限制这种规模。

朝廷实行闭关，禁止或限制海外贸易。不是说没有，但是这个规模是非常小的，有限的。所以这个造成对外无交流。

为什么中国资本主义发展缓慢？无市场，无资金，无政策，无交流。

本国不行的话，你往外国发展也行啊。赚洋人的钱也不行啊？不行，不允许，不允许民间私自跟外国人交往，只能是广州一地通过13个洋行，这是等于官办性质的洋行，跟洋人买卖。洋人要跟中国人做买卖也必须通过13行，不能跟中国的商人私下进行交易。所以《南京条约》，赔款2100万银元，这2100万银元是什么钱呢，商欠600万，鸦片烟600万，军费900万。这个鸦片烟这600万不应该给，那个军费那900万不应该给，商欠那600万就应该给人家，是历年13行欠的钱。我收的洋人货不给钱，你告，你告我，我是谁啊，我正五品，你告我，现在人家老大来了，你乖乖地给人家，你历年跟人家做生意，你欠人家的钱，所以这个东西是不平等条约，不平等条约里面的规定并不一定都是不平等的。

外国公使进北京，他该进北京，两国建立外交关系，你不让人家使节进北京哪行？你该进北京。不能说咱们跟法国建交了，跟法国递国书，你找那个临省的省长，这个不合适。那时候都找两广总督，你两广总督，你地方官凭什么管国家外交的事情？所以中国当时，民族资本主义发展始终是萌芽状态，就因为政府的重重阻挠。说穿了就是因为中国几千年一直奉行这样的经济政策—重农抑商。咱们讲商鞅变法的时候，重农抑商有积极意义，有进步意义。到这个时候明显对中国的经济也好，社会的发展起阻碍作用了，雍正皇帝就明确这么讲吗？“市上多一工作之人，即田中少一耕稼之人”，“朕观四民之内，士之外农为最重”，士农工商。所以你不能做工，不能去经商，都给我老老实实种地，种地一辈子不出村，这多好管啊。所以说朝廷重农抑商，你这个商业根本就甭想发展起来，你资本主义经济根本就甭想发展起来。

明清时期商业的繁荣。区域间长途贩运贸易发展较快。第一，比如说中国传统商业。传统商业有两大商邦组织：晋商、徽商。一个是山西，一个是安徽，他们把货物贩向全国。晋商一直到恰克图，到俄罗斯做买卖。第二，北京和南京是全国最大的商贸城市。说明中国的商业还是跟政治靠得很近，靠近政治中心的。政治中心是商业的一个中心，还是这个意思。第三，商品经济向农村延伸，江浙地区以工商业著称的市镇兴起，原来就是一个小村，因为工商业发达，慢慢变成了市镇。这种趋势明清的时候开始出现了，尤其是在江浙地区，这些纺织啊什么的就很多。再往下就是中国古代的城市化，这个农村变成城市，这个是讲中国的内部经济，对内的经济的这种特点，商业的特点，对外经济就不行了。

6 身缠重病 自我隔离

国家抑郁症

清政府实行闭关。

其实我们看中国古代一直是非常开放的。就是说从明朝开始，因为倭寇猖獗，就开始闭关锁国，其实主要是皇上老儿太能作。下西洋七次造出去六百多万两银子，所以这事不能再干了。你看看人家哥伦布，人家老哥，三艘小货船，弄回来多少东西，咱们可倒好，那么多船，撒出去那么多钱，这不是作嘛！不能干了这事，不能干了就开始闭关锁国。中国净干这种缺心眼的事。

中国闭关也就是四百多年，以前都是对外开放。那个宋朝最喜欢外国人来，外国人来干什么啊，给钱啊。这个宋高宗就讲："广南市舶，利入甚厚，提举官宜得人而久任，庶蕃商肯来，动辄百十万缗，皆宽民力也。"动辄百十万缗，动不动挣百八十万，所以皆宽民力。提举官宜得人而久任，所以广东那边的提举官，海关关长，要用好人，这个人要用好了，让他干的时间要长一些，像阿拉伯人蒲庚寿就干了半个多世纪了。所以那个时候，你想北宋朝那么点的疆土收入是明朝的十倍。南宋还是明朝的六倍，那钱哪来的啊？所以说宋朝是中国历史上最伟大的时代，最可爱的时代。有的人说中国的资本主义萌芽就是在那个时代产生的。清朝绝对是闭关锁国。闭关的意思是禁止国人出海，限制外商来华。

中国人是绝对不允许出海的，出海就是汉奸。你家从香港给你寄封信来，完了，你有特务嫌疑。换成今天，倍儿高兴，拿着到处显摆去。那会儿特嫌，有海外关系了，这还了得？禁止中国人出海，出海了都是刁民，不许还乡，还乡就处死。然后限制外商来华。来了之后只能去广州。

洋人来中国最需要中国的产品就是茶叶。茶叶主要产在福建，你要是从福建直接就装船出海多省事啊，不行，得挑着，翻过五岭，然后来到广州，然后再从广州出海，那个茶叶就烂了。你想这个成本一下子就高出去了。所以洋人在五口通商的时候弄了一个福州，就是想在那地方赶紧把茶叶给运走了，那多便宜啊。你弄到广州，这运费成本一下子就上去了，这十三行盘剥一下，可人家不干嘛。所以这样一来的话，造成了中国跟世界的隔绝，越强大的这个时代，对外就越开放，越落后的时候就越封闭。你越强大的国家越对外开放，我越充满了自信。洋人来看中国，天朝上国，有钱。

鼓励杀华侨

孙中山先生推翻满清的那个时候，他的支持者里面相当大的一块儿是华侨。华侨身在海外，跟大清没有那么深的仇，就是说，你人在海外才知道背后有一个强大的祖国给你撑着，那玩意儿多来劲儿。我感觉，一个国家不应该让人觉得你有多可怕，而应该让人觉得觉得你有多可爱，跟一个人一样，怕你有什么用？你剃一个光头儿，胳膊上刺着一条龙，上车的时候给你让座，你还挺得意是吧，一看就是刚放出来的，这个刚出来的，八年有期徒刑，有人给你让座，那是都躲着你，怕你，有什么用。所以华侨他为什么支持中山先生，因为他在国外，本国政府太不拿他们当回事了，不但不拿他们当回事，还拿他们当叛徒汉奸。

西班牙人占了菲律宾，菲律宾有很多的华人，在菲律宾当地就起义了。菲律宾在西班牙的总督就下令屠杀，一杀停不住手，没想到杀那么多。前后杀了两万多华人。西班牙总督吓坏了，他就派人渡海啊，去见明朝的两广总督报告这件事，对不起啊，我们杀错了，咱们能不能商量这件事，我们赔钱。结果把这个事报上去之后，一年就没回信，两广总督忘了这个事了。后来想起来了，菲律宾还有件事呢，报告了京师给皇帝，一年多之后，朝廷圣旨到，赏赐这个西班牙总督，两万两白银！你不是杀了两万多中国人吗？赏你两万两白银！他们都是天朝的叛徒，这都是汉奸啊。你不是汉奸你跑出去干吗？你杀他们，乃为天朝除残去秽也，干得好，杀一个奖一两白银。

人在海外，祖国不但不保护他们，还助纣为虐，你想这朝廷我要你干什么啊？我们去马来西亚看当地的最大的那个华人的墓园，那个三宝山墓园，都是华人的墓园。墓碑上都是皇明什么什么年间，嘉庆多少多少年，都是用中国的这个纪元，实际上还是以中国为祖国，我是大明的臣子，大清的臣子，只不过我们那个地方不好活，福建，浙江没法活，我只能到这个地方来谋生。这边好活，没什么人，地又大，一种就能发，我在这边谋生。但是祖国在中国，可是我的祖国这么对待我，你想我能不想推翻这个朝廷吗？

7 吉祥三宝的作用

修建明长城

明清时期是统一多民族国家的发展。

第一，就是明清时期的民族关系，有一个重要内容是中原王朝对边疆地区的管辖。主要就是说从这么几个地方：蒙古、新疆、西藏、东北、台湾。清朝是我国统一多民族国家最终形成、版图最终奠定的时候。

明清时期统一多民族国家的发展特点。第一是中央同边疆地区的关系空前加强。

第二点，我国版图的奠定。版图，咱们讲过疆域跟版图的不同，疆域更多的是一种控制势力范围，版图跟今天的概念一样了，这个最终奠定，是在清朝的前期。

首先看跟蒙古、新疆的关系。第一个明代草原上的蒙古族分鞑靼跟瓦剌。1368年，朱元璋继皇帝位，派大将徐达，领兵北取中原，当时朱元璋发表的讨元檄文里面就有这么两句："归我者永安于中华，背我者自窜于塞外。"你要是听我的，你就在中国待着，不听我的就自窜塞北。等于就是对元朝网开一面。你愿意走你就走吧，所以元朝的末代皇帝顺帝妥欢帖穆尔率文武百官就逃离了大都，出建德门北逃，逃到元上都，后来在应昌病死。他的儿子，爱猷识理答腊继位又当了八年皇帝，这就是元昭宗，昭宗死了后传给平宗。等于元朝被明朝赶走了之后，他的帝位一直还是在往下传，历史上称为北元，大概有30多年的时间，传了五代皇帝。然后呢第五代皇帝就被人家给干掉了，这帮人就开始抢，回到了成吉思汗统一以前的状态。但是全蒙古一直有一个统一的大汗。

元朝这个名字是一直保留的，因为元朝皇帝本身就是双重身份，对中国人来讲是元朝皇帝。对蒙古人来讲，他是蒙古大汗，所以他一直保留了。必须由成吉思汗的后裔来出任大汗，所以成吉思汗的后裔成为黄金家族的原因就是必须由他们的后裔来出任大汗。一直传到皇太极时代，最后的蒙古大汗，林丹汗第35代蒙古大汗被皇太极给灭了。这个黄金家族传了四百多年，到此才算结束。

所以有人就讲，明朝实际上就是中国历史上第三次南北朝。第三次南北朝，因为蒙古人他们被打跑了，他还控制着蒙古的草原，大沙漠，随时南下，所以说蒙古人分为鞑靼、瓦剌，威胁明朝的北疆。明朝中期，为防止蒙古而修长城，明长城东起鸭绿江，西到嘉峪关，绵延一万多华里，折合六千多公里。现在我们一说长城就是山海关到嘉峪关，那山海关以东那会儿也是有长城的，可能大清入关之后就拆得差不多了。所以它不但防蒙古，长城还把建州女真挡在了关外，所以绵延一万多公里。

这个长城，你得到的第一印象是明长城比起秦长城来更靠南，所以明皇朝为什么把皇城迁到北京来啊？天子戍边啊，皇上给你当警卫员来了，皇上来守大门。一般部队都集中在边境和首都，这多好啊，把首都搁边境上，所以部队全集中在边境，也就集中在首都了，一举多得嘛。所以当时的北京城三大营就拥有50万军队，〔见图7-43，p278〕三千营，神机营，五军营，光这三大营就占了明军总兵力的将近三分之一。它既能保卫京师，又能戍边边疆。你像北京吧，往北走不了就是长城了，昌平不就是长城？居庸关，那个八达岭算远的了，昌平就能看见了。那儿往北就是说蒙古人说来就来的地方了，所以明朝修这个长城很管用。

与蒙古修好

瓦剌骑兵打到了北京，瓦剌是蒙古的别部，后来势力逐渐发达起来，他是臣服于鞑靼的，但是后来势力强大起来了。瓦剌在1453年，就是说明朝建立不到80年的时候，瓦剌骑兵南下。明英宗皇帝，率五十万大兵应战，京师三大营全部调回去了五十万大兵应战，在河北土木堡，被两万瓦剌骑兵打得全军覆没，当然由于宦官王振瞎指挥造成的，明英宗本人被俘。这个就是历史上著名的“土木之变”，跟那个“靖康之变”有一拼了。皇上都被人逮着了，皇上都被人逮着，所以蒙古首领也先自称大元天圣可汗。他就是想恢复大元江山，率十万大兵南下，直抵北京，进行了一场气壮山河的北京保卫战。

明朝历史上是两次北京保卫战。还有一次就是崇祯二年，后金入关，袁崇焕，袁督师举行那个北京保卫战。第一次北京保卫战的指挥官于谦，兵部尚书于谦，他指挥的北京保卫战，打败了蒙古人。明英宗被俘之后，于谦力主立英宗的弟弟，成王监国，后来继位就是明代宗，年号叫景泰，所以北京有一种工艺品叫景泰蓝，明代宗景泰年间形成。景泰皇帝继位的时候呢，明英宗还在蒙古草原上喝羊奶呢。蒙古首领也先这个人也算不错，一看皇上没什么用，不但没杀，还给送回来了，他送回来之后就是让你们哥俩抢呗，明英宗回来以后，被关在南内。明代宗短命，他没活过他的哥哥，明朝皇帝基本上没有一个长寿的，短命，七年就死了。结果代宗断气之前，这个宦官和大臣就拥立明英宗复辟，“夺门之变”。英宗复辟，第一个杀的就是于谦，说我当年在草原上喝奶，你立主，立我弟弟，差点给我喝死在那儿。所以我不管你与江山社稷有功，我报私仇，第一个把于谦给杀掉了。后来于谦也埋在了西湖畔嘛，跟岳飞埋在一块儿，岳于双少保，就是说他们有少保衔，岳少保、于少保都埋在那儿。

然后英宗复辟，所以明朝一共是十六个皇帝。太祖的孝陵在南京，建文帝设陵，迁到北京的是十四个皇帝，昌平是十三个陵，缺代宗的，就是景泰皇帝的这个坟。因为英宗一复辟就把他降封为王，埋葬在玉泉山。现在是一个航天部的大院，他那个坟头是门球场，一帮老干部在那儿打门球。等到了英宗的儿子宪宗继位，比较厚道，我叔叔好歹做过七年天子，又把他的坟给改建了，比如说那个绿琉璃瓦，换成黄瓦，但是地儿没变，还是在那儿，规模比较小，那是个王陵嘛。今天除了一个碑亭什么都没有了，都被盗了，东西早就没有了。

瓦剌被于谦一打败就衰落了，之后鞑靼兴起，鞑靼的俺答汗与明朝修好。然后这样一来的话两族开始和平共处。这个蒙古人啊也真是没怎么长进，入主中原将近一百年，回到草原上连冶炼都不会，所以蒙古人的生活必需品完全要靠中原给提供。他又没有，他每一次南下的目的就是抢东西，一口铁锅在草原上能够值黄金百两，否则的话没法煮肉。你老烤串那个费劲啊，那个玩意儿没法煮肉，所以铁锅和所有的铁器都特稀有，锅还好说，我不行我烤串。刀怎么办啊？你不能拿木头削尖了干啊，箭头这玩意儿不成啊，所以说蒙古人打仗就为了这个。后来明朝跟俺答汗俩人一合计，你也别打我了，我干脆给你东西不就完了嘛。你不就是要铁要盐嘛，你给我马，给我奶制品，什么三鹿的蒙牛的都行，你给我点这个，不就结了嘛，所以双方就友好了，呼和浩特城就是俺答汗修建的。

第二个是明末清初的清蒙关系。[见图7-44，p278]

蒙古分为漠南、漠北、漠西三部。漠南蒙古就是今天的内蒙古，漠北蒙古就是外蒙古，漠西蒙古呢就是新疆的北部。新疆看着挺大的，160万平方公里，一个蒙古自治州就48万平方公里，首府在库尔勒。所以南疆要是闹的话，他要建立伊斯兰共和国，蒙古人肯定不干啊，我们大喇嘛往哪搁？你要建立伊斯兰共和国，他肯定不干。其实塔吉克、乌兹别克不闹，独立了，照样是少数民族，中国现在以汉族为主，是少数民族，维吾尔族为主的话我们还是少数民族，在哪都是少数民族我们闹什么劲啊？

17世纪中期，这就是康熙爷在位的时候，漠西蒙古的准噶尔部噶尔丹叛乱，你到了蒙古国，就有噶尔丹的雕像，人家是民族英雄。咱们一看是叛乱，民族分裂分子。然后清军平定噶尔丹，咱们这一边皇帝换了仨。圣祖康熙爷两次御驾亲征，当年三藩之乱，整个长江以南都被吴三桂占了，圣祖爷都没有亲征，说派兵点将，一看这蒙古造反，这事不得了，圣祖两次御驾亲征，而且让自己的两个哥哥，康亲王杰书，恭亲王福全都跟着他，一块儿去，而且他有一个哥哥还在战争当中战死了。1690年，在内蒙古乌兰木通大破噶尔丹，离京师七百里，第二次1696年，大破噶尔丹于昭莫多，两次战役之后噶尔丹战死。他的这个侄子，策妄阿拉布坦继位接着闹。策妄阿拉布坦死了之后，他的儿子，噶尔丹策零接着跟咱闹，他死了之后，传到他的儿子又闹，等于那边换了四代，这边到乾隆爷的时候，三代，康、雍、乾三代，花了七十年的时间，才把漠西蒙古给平定下来。[见图7-45，p279]

然后第三，清在乌里雅苏台设将军，掌握蒙古的军政大权。乌里雅将军的治所在库仑，今天的乌兰巴托，蒙古人的首都，

清蒙关系的第四点。西迁伏尔加河下游的漠西蒙古。土尔扈特部在渥巴锡率领下，摆脱沙俄统治，回归祖国。他跟准噶尔是一部的，准噶尔漠西蒙古一共是四部，准噶尔、杜

尔伯特部、土尔扈特部和硕特部，一共四部。准噶尔强大起来就欺负那三部，所以杜尔伯特部远走漠北，和硕特部奔青海，土尔扈特部奔欧洲，走太远了，没停下来。到了欧洲，伏尔加河下游，当时那个地方，处于无人区嘛，他明朝的时候去的，那个地方属于无人区，他在那就建立了汗国，发展得挺好。结果俄罗斯帝国强大起来就开始压迫他们，你得交税，你得给我打仗去，你得忠于沙皇，你得说俄语，你得信东正教，所以他们不堪忍受。在渥巴锡可汗的曾祖，阿玉奇可汗在位的时候，他就派人绕道西伯利亚走了一年，来到北京，朝见圣祖皇帝，圣祖非常高兴，派内阁学士图理琛回访土尔扈特，绕道西伯利亚走了一年。图理琛学士不辱使命，走遍了每一户蒙古牧民的帐篷，宣讲党的民族宗教政策，说你们在这是二等公民受人欺负，回国不得了啊。朝廷素崇黄教，最看重的就是藏传佛教了，蒙古人都是信仰藏传佛教了。而且我们的皇后都是蒙古格格，皇后里面有蒙古人，有满人，哪有汉人啊？汉人可以做嫔妃，但是不能做皇后。说你看皇后除了蒙古人就是满人，所以诸位回去就是国舅爷。你看这个国家，这帮人就特想回家，可惜阴差阳错，一下子又等了百十来年，那边可汗换到了这个渥巴锡，这边皇帝换到了乾隆爷。当时俄国在位的，是俄国历史上的最著名的叶卡捷琳娜，就是女沙皇，是一个德国女人，嫁到俄罗斯做沙皇，她跟彼得大帝一样享有大帝称号，沙皇就他们俩享有大帝称号，连年对外战争，她就是扩张欲望强烈。土尔扈特部四万青壮年，为俄罗斯帝国战死沙场。跟土耳其人，跟波兰人，跟瑞典人打仗，战死沙场，再打下去，土尔扈特部就灭了，没男的了。一大帮说俄语吃鱼子酱长大的土尔扈特部贵族，在圣彼得堡念书，准备用他们回来管理土尔扈特部各部，那土尔扈特部就被同化了。

这个渥巴锡可汗一琢磨这个事儿不能这么干了，必须得回去，得回国。因为土尔扈特部人散居在伏尔加河两岸，所以渥巴锡可汗决定，在冬天伏尔加河结冰的时候，两岸的部众会合，一起东归。结果那一年是暖冬，伏尔加河迟迟不上冻，而土尔扈特部人要走的消息已经传开。这个叶卡捷琳娜大帝派奥伦堡元帅率四万俄军昼夜兼程赶往土尔扈特部，再不走就来不及了。所以渥巴锡可汗，忍痛抛下北岸的九万部众，率南岸的十七万部众万里东归，这十七万人是吃奶的孩子、八十的老头都有，然后赶上勒勒车，上面是脸盆什么的，什么沐浴液全带着，举族东迁，俄军在后面紧追不舍。所以这个渥巴锡可汗没办法，就派自己的弟弟策伯克多尔济率九千勇士断后，最后策伯克多尔济和这个九千勇士全部战死沙场，十七万部众东归，到达中国境内的有四万三千人，也就是说，比那个两万五千里长征还长。

你想从欧洲回来，那个地方天上无飞鸟，地下绝人烟，那大沙漠什么的，盘古开天地以来没人进去的，他们第一拨进去，所以乾隆皇帝非常高兴，所以给他们在北疆划出了最丰美的牧场，在这居住。像这个渥巴锡可汗都是朝廷封为亲王，世袭罔替，一直传到这个民国的时候吧，末代这个亲王曾经当过郭音巴楞蒙古自治州的副州长。所以你想这个土尔扈特部，他们在那么困难的情况下，万里东归，向着祖国，太阳升起的地方，说明我们这个民族，凝聚力和向心力。十七万回来四万三，留在北岸这些人呢，后来就被俄罗斯帝国给同化了，这帮人今天还在俄罗斯境内叫做卡尔梅克人，卡尔梅克人就是在土尔扈特的另一种翻译。卡尔梅克人在沙皇时代，就是骑士嘛，为这个沙皇当兵打仗。“十月革命”胜利之后，他们就不受待见了，和哥萨克一样，被看做是反党的代表。斯大林集团统治苏联的时候，搞农业集体化政策，所有的牧民都要入社，但是土尔扈特部人视马是自己的生命，你把他们家马拉走入社，他们不干，就组织起义，遭到了斯大林集团的清洗。等到德国人打过来的时候，这个卡尔梅克人就为德国人服务，组成了一个卡尔梅克骑兵军，专门帮助德国人作战。等苏德战争德国失败了，卡尔梅克人就整族被斯大林集团流放到了中亚，几乎遭到了种族灭绝。可能是赫鲁晓夫以后，才回到这个伏尔加河下游，包括这个车臣人都是这么一回事。所以他们今天和俄罗斯打仗就是这个原因，因为历史上遭到了他们的压迫。

调兵入新疆

天山南麓回部贵族，大小和卓叛乱。

那个香妃娘娘就是小和卓的媳妇，清军平定缴获了之后，献给乾隆爷的，香妃实际上是战利品，这个是第一点。回部是维吾尔人，因为咱们把伊斯兰教叫回教，信奉回教的都叫回部。第二，就是清设伊犁将军，管辖包括巴尔喀什湖在内的整个新疆地区。

下面来看跟这个西藏地区关系。第一个，明称西藏为乌思藏。人家西藏人自称就是吐蕃啊。元朝时候归宣政院辖地，明朝称西藏为乌思藏，设立卫所。明朝军队编制实行“卫所制”。军队组织有卫、所两级。一府设所，几府设卫。卫设指挥使，统兵士五千六百人。卫下有千户所（一千士兵），千户所下设百户所（一百士兵）。各府县卫所归各指挥使司都指挥使管辖，各都指挥使，又归中央五军都督府管辖。明朝在乌思藏设立卫所驻军，建立僧官。法王最高。所以说金庸先生后来把金轮法王改为金轮大王了，法王这个称呼从明朝才开始有，宋朝那时候没有法王嘛。你要是在西藏的话，僧人、喇嘛的地位最高，喇嘛就是指师。

汉传佛教，你到庙里烧香烧几炷啊？三炷啊，佛、法、僧，或者是一炷是敬佛。到雍和宫藏传佛教烧四炷，佛、法、僧、上师，还要给自己上师烧香。你不懂你烧三炷也无所谓，藏传佛教分成四大派。噶举派就是所谓的白教，今天不丹王国信奉噶举派的特别多。最古老的一派是宁玛派，就是红教，当年的莲花生大师传下来的。元朝的时候势力最大的是萨迦派的八思巴国师，寺庙院墙上画三种花纹，象征观世音、金刚手、大势至三大菩萨，所以叫花教。明朝以后势力最大的是格鲁派，格鲁派又叫黄教，今天的藏传佛教，绝大多数都是黄教。明朝永乐年间，青海塔尔寺的高僧宗喀巴大师创立了黄教，雍和宫大雄宝殿的后面是法轮殿，法轮殿正中供奉的就是宗喀巴大师。宗喀巴大师圆寂之后他的两个徒弟继承了他的衣钵，代代相传。这两大徒弟后来就是达赖、班禅这两大系统。所以在西藏，佛爷的地位最高—达赖、班禅，所以你把佛爷们安抚好了，这老百姓就好了。

到了清朝，五世达赖来京朝贺，顺治帝赐予他达赖喇嘛的封号。这个称号最早就是俺答汗给他的，达赖就是蒙古语大海的意思。到了顺治皇帝的时候，正式承认他是达赖喇嘛，那封号长着呢，“西天大善自在佛所领天下释教普通瓦赤拉呾喇达赖喇嘛”。最后四个字达赖喇嘛，大海上师，赐他金印，然后把册封的圣旨刻在金版上，金册金印。在清朝，金册金印是册封皇后的，所以这个达赖的地位相当于皇后。达赖喇嘛进京坐皇帝的轿子，皇帝把自己轿子给他。见皇上两个人对坐，以右为上首，皇上坐右边，他坐左边。王爷什么的都在底下站着，甚至是跪着。皇帝的大爷在底下跪着，达赖在这坐着，所以就是非常尊重他嘛。他的那个轿子就是在那个西黄寺放着，也就是今天安外大街，藏语系高级佛学院那个地方。达赖的轿子平时不用，等他来京的时候专门给他用。达赖、班禅，专门坐这个皇轿。康熙帝又册封了这个五世班禅，就是一、二、三、四世全都是追认的。今天的达赖喇嘛是十四世，在西藏的班禅喇嘛是十一世，大概跟这个年龄可能有关，因为连着几个达赖都二十多岁就圆寂了，所以这个他转世比较快。佛爷走得太急了。班禅、喇嘛转世比较难。按照藏传佛教的说法，达赖是观世音菩萨转世，班禅是无量光佛，无量光佛就是阿弥陀佛，未来佛。等觉是罗汉，等觉正觉是菩萨，等觉正觉无上觉，三觉圆满才能成佛。达赖主持前藏，以布达拉宫为自己的驻节地。班禅主持后藏。以日喀则的扎什伦布寺为驻节地。

这两个高僧，等于都是清朝皇帝册封的，前面的都是追认的。然后到了世宗雍正皇帝时代，清朝设立了驻藏大臣，跟达赖、班禅，共管西藏。到乾隆的时候，有一个更有意义的事，就是确立了这个金奔巴瓶制度，就是说这个金瓶掣签。因为活佛在圆寂的时候，你要去找他的转世灵童。那个活佛圆寂的时候，转世灵童有很多征兆。他要观那个圣湖，看了圣湖以后，这个圣湖里要显示这个灵童大概在这个村子什么样。然后你就要满西藏地去找，青海，西藏你要去找，甚至去到康巴区的，就是说四川、甘肃的藏区去找，找这个村子什么样，找到这个之后，我觉得这个村子可能长得差不多，一找找好几个村子，好几个村子里面都在活佛圆寂的时候有婴儿降生，这几个都是灵童，你也不知道活佛到底转在谁身上了。都是灵童就一块儿来吧。这个三大寺嘛，就是说拉萨地区的三大寺，甘丹寺、哲蚌寺、色拉寺，三大寺的喇嘛挑选这个转世灵童，挑完了之后，谁的势力大我找的那个就是灵童，其他的就是该放羊就放羊去。其他人不服就会出现问题，争执，甚至是说有一次这个西藏的这个拉藏汗勾结尼泊尔廓尔喀人，血洗拉萨，最后乾隆爷派兵，福康安大将军。把他们给打跑，征服了这个廓尔喀，把他们给打跑了，这才保住了这个他们西藏。所以乾隆爷一看，说这个事不能折腾了，给你们一个瓶，大家怎么样，抽签，抽出来谁，谁就是灵童，没抽出来那几个就是该干嘛干嘛去了。这个藏传佛教是四大活佛，西藏是达赖跟班禅！内蒙古是章嘉活佛，外蒙古是哲布尊丹巴活佛。哲布尊丹巴活佛已经不能转世了，因为蒙古在，蒙古人民革命那会控制了嘛，1924年那个独立，哲布尊丹巴活佛就不转世了。末代章嘉活佛后来去台湾了。

8 改土归流是主流

土司寿终日

西南地区和云贵川地区，出现改土归流的问题。

明朝在西南少数民族地区，沿袭元朝的办法，任用当地少数民族首领世袭土司长官。西南地区在元朝是归云南行省管辖。朝廷虽然在云南设立行省，但是它这个行省底下，各民族地区，都是这些少数民族的头人们世袭。

云南到今天都是这样，云南是我国少数民族最多的省份，26个少数民族。它不叫云南什么族自治区，就因为它族太多了，要是把名字都冠上去，天气预报的时候云南就不用报了。二十六族自治区，没法这么说。云南省底全是各民族的自治州，比如大理白族，西双版纳傣族。所以云南都有土司，包括被征服的大理王朝的段氏，在云南世袭总管府的总管，跟行省的丞相是并立的。

另外朝廷要派梁王去坐镇云南，所以云南那个地方很不好弄。一直到洪武二十年，朱元璋二十年，明军才算平定云南。蒙古的梁王令匝剌瓦尔密投降，这个云南才算被平定。平定云南之后，太祖开国的功臣—沐氏世守云南。你看《鹿鼎记》里面，韦小宝的一个老婆就是沐家的后代。土司的特点就是世袭，实际上成了一个小王国，但是它那个对中央不会构成什么威胁，太小了，就一个村、半个村那么大。所以土司就是这么回事。

第二点就是永乐年间，贵州成为省一级单位，两个土司，当时叫宣慰司叛乱，结果永乐年间朝廷出兵平叛。平叛了之后，就取消了宣慰司的建制，这个地方就变成了朝廷的直属郡县。由朝廷设官员，设省管辖，这样的话贵州成为了省一级的行政单位，这个被称为改土归流。土是土司，土司是世袭的。流是流官，朝廷派来的官员，有任期的，不是世袭，不是永远干下去，是有任期的。所以这种改革被称为改土归流。土它就固定了，流就得流动起来，像水似的流动起来。所以这种东西叫改土归流。

流官纷起时

明朝毕竟改土归流的地区有限。所以绝大多数地方仍然还是实行土司制度。到了清朝三藩之乱，康熙皇帝平息叛乱，为大规模的改土归流就创造了条件。这个三藩之乱怎么回事，大家可能清楚。当年太祖皇帝崛起关外，跟明朝打仗。以七大恨，誓师伐明，出兵两万，连下辽东70余城。关外土地几乎全都被占领了，结果就是一个小小的宁远城，挡住了八旗军前进的脚步，因为袁崇焕用红衣大炮，炮伤清太祖，所以造成太祖皇帝含恨而终。太宗皇帝继位之后，就认识到了火炮的厉害。因为明朝打仗，不跟清朝打野战，只要一打野战，肯定全军覆没，八旗劲旅马上功夫是没得说的。明朝就凭城用炮，我据城不出，你进攻我就开炮。

清朝几次打北京也打不下来，宁远都打不下来，更别说北京了，就想学这个火炮怎么做。这个时候几个明朝的降将，耿仲明、尚可喜和孔有德归顺清朝，教会了清朝人使用火炮。这样一来的话，等于清军大军入关，这三个人的功劳是非常大的，所以这三个人都被加封王爵。在中国古代兄弟叔伯子侄可以封王，皇帝的兄弟叔伯子侄，他小舅子不行，他外甥也不行，必须得是与天子同姓。那这几位，甭说不是跟天子同姓，都不同族。所以这三个人被封王，平南王、定南王、靖南王，封了这三个王，很特殊。

后来吴三桂归降，吴三桂的功劳就更大了，如果没有吴三桂开城纳款的话，就没有大清入主中原，所以他被封为平西王。后来定南王孔有德在跟张献忠余部作战的时候殉国，四个汉人的王爷就变成了三个。孔有德的女儿孔四贞孤苦伶仃，被孝庄文皇后收养，封为和硕公主。这是清朝唯一的汉族公主。大清入关之后，因为八旗兵力毕竟有限，江南潮湿水热，八旗兵也不适应，于是就让三个汉族降将，镇守边陲。耿氏守福建，尚氏守广东，吴三桂镇守云南。结果他们势力太大，对中央集权构成威胁。天下财富半入三藩，一年三藩要花一千万两银子。朝廷才两千万，它花一千万，自己委任官吏，自己招募军队，这不就是一个独立王国嘛。

圣祖爷继位之后，他在柱子上写了三件事儿，他念念不忘的三件事儿，三藩、台湾、河工，一个是平三藩，一个是收台湾，再有一个就是修黄河，写了这三件事儿。圣祖爷冲龄践祚，8岁承继大统，天纵圣明，16岁擒鳌拜亲政。20岁的时候削藩，这三藩就反了。当时耿氏已经是传到儿子辈了，尚氏已经传到孙子辈了，只有吴三桂还是他本人，老家伙比较能活。叛乱之后一开始说反清复明，他这个反清复明明显是扯。南明最后一个皇帝永历帝，桂王朱由榔，就是被他从缅甸逮回来，然后在昆明十字坡用弓弦勒死的，等于末代皇帝是你勒死的，你还反清复明，所以他这个反清复明没什么人相信。

只有台湾那个郑成功的儿子，郑经派了点儿兵，骚扰一下福建，让大清给打回去了，也就不了了之。朝鲜想起兵响应吴三桂反清复明，但是兵还没等练出来呢，吴三桂就失败了。这样一来，圣祖爷平定三藩历时八年。三藩一平定，就为大规模地改土归流创造了条件。在后来世宗雍正皇帝在位的时候，雍正皇帝就是大量委派流官，代替了土司，等于雍正皇帝时候的改土归流基本上完成。到了清乾隆年间，四川的大小金川彝族叛乱，乾隆爷又调兵平定叛乱。你们今天如果去香山植物园看到里面有很多碉楼，就跟汶川地震震塌的碉楼相似，那里有那么多碉楼就是当年为了平定大小金川。因为大小金川主要是羌族、彝族，他们这帮人住碉楼，清军将士不会打，所以在那一比一的比例，建了碉楼，然后搞军事演习用。检阅西山健锐营靠军事演习，包括团城演武厅，都是当年为了练兵。好几个旗都在那。八旗在那边驻防。

改土归流，加强了清朝中央政府对西南少数民族地区的统治，改变了当地落后闭塞割据纷争的状态，促进民族间经济文化交流，有利于统一多民族国家的巩固和发展。

9 海贼王蠢蠢欲动

郑氏收台湾

剩下的就是东北和台湾的问题。

第一点，我来说说台湾。郑成功收复台湾，明末荷兰占领台湾，荷兰实际上是世界上第一个典型的资本主义国家。当时它的商船队的总数占世界的三分之一，号称是海上马车夫，所以它的海军力量非常强大。它先是占领了印度尼西亚作为殖民地，然后北上占领了台湾。因为中国政府对台湾疏于管辖，台湾在当时荷兰人的眼里是无主荒地。

元朝有一个澎湖巡检司，看年看月地上去看一眼，看不看谁也不知道。等再看的时候，已经被人给占了。荷兰人占了台湾之后，当时台湾归属于荷兰的巴达维亚总督府管辖。巴达维亚总督府一年的收入是30万荷兰盾，20万来自台湾，可见台湾经济的发达。另外荷兰人在台湾用荷兰字母，帮助当地少数民族创造自己的文字，让当地少数民族信奉基督教，等于在台湾进行了30多年的殖民统治，直到康熙元年。

第二点，就是清初在东南沿海抗清的郑成功，打败荷兰，台湾回到祖国。郑成功他爸爸叫郑芝龙，是当时东南沿海第一大海盗，手下三千多艘海盗船，属于郑氏海上王国。

三千多艘海盗船，那会儿你要在东南沿海做生意，你这个船上必须要插郑芝龙的旗帜，一看你这个船上有郑老大的旗帜就没人敢截你，但是你得交保护费。所以郑芝龙富可敌国，东南亚各国一提起郑芝龙都知道。郑芝龙的母亲是日本人，郑成功是一个中日混血儿。他七岁回到中国，开始脱下和服，穿上儒服，学习汉语，中国把他看做是民族英雄，在日本也把他看做是民族英雄。日本人当年占台湾的时候就是这么说的，历史上我们就占过你，郑功成最起码有我们一半吧！

后来郑芝龙被朝廷招安了。那会儿明末很多反贼都被招安了，招安之后做了总兵官，水师总兵官。思宗烈皇帝煤山殉国之后，南明建立了很多小政权。其中郑芝龙扶植在福建的唐王朱聿键，建立了唐王政权。所以唐王政权建立之后，郑芝龙官居太师。你想他本来就是一个海盗，粗鄙无知，皇上又是他立的，他跟皇上面前什么表现？据说夏天上朝光着膀子去，都不穿朝服，在皇上面前硗着二郎腿坐着，满嘴的粗话。而郑成功是受过严格的儒家思想教育，忠君爱国，他是非常懂这一套的，所以他对皇帝恭敬有礼，皇上非常感动。说你看你跟你那个贼老子真不一样，简直不像你爹。可惜我没有公主，不然的话，我一定招你做驸马。那这样得了，我认你做干儿子，赐之国姓，你可以姓朱。郑成功本名叫郑森，是皇帝给他改名叫成功。反清复明一定成功。封延平王，因为在明朝，王爵的一字王是亲王，两字王是郡王，所以有的时候书上写成延平郡王，实际上一回事。

封为延平王后让他到外地招兵抵抗清军。

清军大军南下，郑芝龙流氓本性发作，把皇上一捆投降清朝了。当时郑成功在外地练兵，不知道这件事儿。消息传来，郑成功吐血昏厥，醒过来之后，命人在军营当中竖起一杆大旗，上书四个字，杀父报国。忠孝不能两全，但忠国是大义，所以我得为国尽忠，杀父报国，跟我爹决裂。他爹一开始很被清廷很重视，封为公爵，然后就让他不断地给郑成功写信，劝郑成功投降。郑成功每次看他爹的信一来，撕毁来信，斩杀来使，连着几回，朝廷失去耐心，就把他爹也杀了，基本上他们家全给斩了。

如此一来郑成功就更没有后顾之忧了，反正你不就是拿我爹要挟我吗？现在我爹死了，行，于是开始大举反攻。据说郑成功势力最大的时候，他联合浙江的鲁王朱以海政权，兵临南京，17万大军打到了南京。

南京是明朝的故都。去孝陵卫祭祀明太祖，当时郑成功意气风发，全军将士穿白挂孝，“缟素临江誓灭胡，雄师十万气吞吴。试看天堑投鞭渡，不信中原不姓朱！”下一步就准备打过长江去，结果中了清朝两江总督的缓兵之计。两江总督说我可以投降，我也是汉人，但是按照我们大清的军法，守城满99天我再投降，家属才不被害，所以你等我。郑成功心肠软，就等，这一等，人家趁夜劫营，结果17万大军基本上就全军覆没。

郑成功逃回到了福建沿海的根据地金门、厦门这两个小岛。今天厦门是咱们的特区，金门还是由台湾驻守着。这两个小岛要养活十万军民，那根本就不够。这个时候台湾来人请国姓爷出兵，收回台湾，拯救台湾百姓。郑成功非常高兴，毅然决然，率千艘战舰，两万大军渡海，一下子把台湾给收回来了。

第三点，郑氏祖孙在台湾发展农商，提倡文教，保境安民。

郑氏子孙他不但收复台湾，关键他还建设台湾。几十万大陆人移民到了台湾，陈水扁他们家比那时还要晚，他是18世纪移过去的，他们家原来是福建仙游的。经过郑氏的治理，台湾就发展起来。

但是问题又来了，郑成功收复台湾，建立反清复明的基地。所以这个形式跟今天就非常一样了。当时全国都是清朝，只有台湾是明朝。他不奉大清正朔，仍然使用南明永历的年号，永历皇帝都给勒死了，他仍然用永历年号。明朝那五个小朝廷里面，最后一个是鲁王朱以海，鲁王政权就飘到了台湾，但据说也被郑家软禁起来了，实际上等于是郑家占了台湾，以延平王的身份统治台湾。

朝廷几次派人去谈判，去招降。谈判跟我们今天提的政策是一样的，一国两制，只要台湾奉大清正朔，剃发改元易服，就这三个条件。剃发，改元，用大清年号，你别永历多少年了，得是康熙多少年。易服，把你的长袍脱下来，换成我们的马褂就完了。别的不管，郑氏子孙世守台湾，朝廷不派兵，不收税，司法权不用到北京，就跟我们提的都一样。

郑成功收回台湾之后，半年就病死了，他儿子郑经继位，郑经给朝廷上表，愿照朝鲜、越南等外国例，称臣纳贡，这个说白了就是要搞台独。因为你台湾是中国领土，跟朝鲜、越南不一样。朝鲜、越南在历史上也是中国领土，但是毕竟它很早就已经分出去了。朝鲜在汉朝就分出去了，越南在五代十国就分出去了，既成事实，这个台湾不行。所以你要按照朝鲜、越南等外国例，称臣纳贡，这个朝廷是不能接受的。

既然谈不通就只能打了。

小岛入版图

郑成功收复台湾后，台湾在郑氏子孙统治下，经历了郑成功、郑经、郑克爽三代。郑经在三藩之乱的时候起兵响应，结果被朝廷打败了，打败不说，连金门、厦门也都丢了，等于在沿海就没法立足了。清廷命施琅进军台湾。

台湾纳入了清朝版图，施琅是郑成功的部将。当年得罪了郑成功，被郑氏满门抄斩。所以他孤身一人投降了清朝，念念不忘要收回台湾，对清廷忠心耿耿。后来他收回台湾之后，攻到了台湾岛上做的第一件事儿，就是去拜祭郑成功的陵庙，就是拜祭先王。你当年杀我全家，我不记仇。郑氏子孙都吓坏了，当年先王杀他全家，他这一打胜仗，我们郑氏灭族了肯定是。因为当时郑克爽是11岁还是12岁，郑氏肯定灭族了。没想到他第一件事儿就去拜祭先王的陵庙。而且特别感人的就是康熙皇帝为郑成功庙亲题挽联："四镇多异心，两岛屯师，敢向东南争半壁；诸王无寸土，一隅抗志，方知海外有孤忠。"四镇多异心，就是说当年明朝四个总兵，拥兵百万，其中宁南伯左良玉拥兵70万，结果清军南下不战而降。要不然的话，以江南之富，半壁山河，百万大军，比当年宋高宗草创南宋那个时候的条件好多了。南宋撑了一百五六十年呢，哪能那么快就让人给灭了，就因为四镇多异心。只有郑成功两岛屯师，金门、厦门，敢向东南争半壁。诸王无寸土，你那五个小朝廷，福王、唐王、桂王、鲁王无寸土。一隅抗志，方知海外有孤忠。只有台湾一隅向清朝抵抗，证明海外有孤忠。等于清朝皇帝高度评价郑成功的抗清行为。按说这是典型抗拒祖国统一的罪人，等着被我们解放吧！结果你看皇帝怎么看，可见康熙皇帝的大气。

台湾收回来之后，大多数清廷官员主张放弃，空其地，把上面的人全迁回大陆。当然汉人迁回来，别的族爱怎么着怎么着，自生自灭。空其地，不要那个地方，那个地方咱们管不了，蛮荒烟瘴，值不当管。大多数大臣是这个建议。

还有大臣主张租给荷兰，一年十万两银子，那郑成功可就白干了。这个时候只有施琅力排众议，坚决要求把台湾收回来。台湾为东南七省门户，如果台湾不保，则东南动摇。东南又是朝廷财政收入的主要来源，东南不保，动摇国本。所以最后圣祖皇帝拍板，说台湾定则海疆定，海疆定则东南定，东南定则天下大定，所以一定要把台湾给收回来。

我们今天也是这样。台湾是我们唯一面临着太平洋的省份，收回了台湾，就意味着我们冲出了第一岛链，真正进入大洋，我们的海军才能变成洋军，否则只是海军，只能在海里扑腾，所有的进入大洋的海峡要道，都被人家给封锁着。

1684年，清设台湾府，隶属福建省。当时台湾并不是一个单独的省，而是一个府，归福建省管辖。1885年中法战争之后建省，首任台湾巡抚是刘铭传，大清巡抚刘铭传。1885年就已经很晚了，当时是一府三县，隶属福建省所辖。

张学良将军后来有一首诗评价郑成功："逆子孤臣一稚儒，填膺大义抗强胡。丰功岂在尊明朔，确保台湾入版图。"他给收回来之后，清朝再从他手里收回来。这个就名正言顺，确保台湾入版图。

流氓闯空门

然后是东北地区的对外关系。

雅克萨反击战。

明清之际，清军主力进关，东北空虚。俄国趁机强占了雅克萨和尼布楚。俄国本来跟我国并不接壤，但是历代沙皇不断扩张，好像就喜欢打仗，喜欢扩张，对土地有一种特殊的执著。关键是占了土地之后，他也不好好守，不好好建设，就一味地扩张。特别是当时西伯利亚地区是无人区，于是他们就派出探险队来探险。探险队是由杀人犯、纵火犯、盗马贼、强奸犯这些人构成，你们是服刑，还是去探险？那他们当然愿意探险了。

一个叫博雅科夫的小流氓，带着70个流氓进入中国境内探险。那是在1643年，大清入关的前一年。结果这个博雅科夫带着70多流氓进来，还没有遇到军队，就被鄂伦春猎人一阵乱箭，射死一半。剩下的人困在冰天雪地里没得吃，没得吃就吃人，吃同伴和被他们杀害的中国人的尸体。中国人看到被他们吃剩下的尸体吓坏了，这是什么东西？居然吃人？所以俄罗斯被咱称为罗刹国，俄罗斯人被称为罗刹人。世宗雍正皇帝在位的时候，俄罗斯有使团在北京，他们修建东正教教堂。这个教堂被称为罗刹庙，就在今天的东直门俄罗斯大使馆那个位置，是世界上占地面积最大的大使馆。

清军入关，满洲人一共就百十来万，这一入关走了百分之八九十。清朝又非常不自信，在清朝统治时期，东北几乎就是无人区。它没人管，又不允许汉人去东北，因为清朝担心有朝一日我还得退回来。我万一在中原站不住脚，我还会退回来。退回来的话，不能说东北这个地方全被汉人占了，那我就偷鸡不成蚀把米。这样政府有意制造的无人区，后来就让俄罗斯捡了便宜，全给占了。占了之后，等到清朝自己的事儿解决得差不多了，就要求他撤，不撤的话，就给你点儿厉害尝尝。

大败罗刹鬼

康熙帝命清军两次进攻雅克萨俄军，俄国被迫同意谈判。［见图7-46，p280］

1685、1686年两次进军，大清是牛刀杀鸡。第一次俄军八百，我军一万五。第二次俄军两千，清军三万。沿江而下，让你看看什么叫大国，什么叫天朝上国，打的俄罗斯最后没办法了。因为它主要力量在欧洲，不在远东，所以没办法只能跟清朝谈判，这一谈判，中俄两国经过平等协商，签订了第一个中俄边界条约《尼布楚条约》。从法律上肯定了黑龙江、乌苏里江流域，包括库页岛在内，都是中国领土。

根据中俄《尼布楚条约》，中俄两国的东段边界，以格尔必齐河、额尔古纳河和外兴安岭为界，格尔必齐河、额尔古纳河以东，外兴安岭以南属中国。这两条河以西，外兴安岭以北属俄罗斯。那么按照这种划分，大家可以明显地看到，黑龙江完全是中国的内河，跟黄河、长江、淮河一样，今天成了两国的界河。俄罗斯管它叫阿穆尔河，实际上当时它是中国的。

外兴安岭今天叫斯坦诺夫山脉，那个时候它也是中国的。库页岛叫萨哈林岛，也是中国的。当时大清在庙屯设立三姓副都统管辖库页岛。三姓副都统50年才派人上岛看一次。上岛一看，北边是俄罗斯人，南边是日本人，等于那个无主荒地全都让人给占了。今天岛上的石油储量是相当丰富的，71000平方公里，相当于台湾和海南加一块那么大。

也就是说，在大清统治时期，我们东北地区也是靠海的。当时中国东北是靠着两个海，一个是日本海，一个是鄂霍次克海。现在出海口完全在俄罗斯手里，东北出海就出不去了。我们要从东北出海，就得借俄罗斯的水道，它要一关闭你就出不去了。乌苏里江入海口，就在俄罗斯境内，离咱们只有12公里。咱们再往前12公里，就可以入海了。现在这些地方全都是俄国的了。历史上属于中国领土，所以一定要知道根据中俄《尼布楚条约》的话，黑龙江、乌苏里江全是我们的内河。今天是界河，当年是内河。

所以康熙皇帝驾崩后，庙号圣祖，皇帝的庙号，开国称祖，守成称宗。康熙帝“名为守成，实乃开创”，这些地方都是康熙皇帝给弄回来的，包括蒙古。他是千古一帝，都是他弄回来的。这是我们讲的，就是清朝民族关系和对外关系，对这些地区是怎么进行管辖的。

七面大疆域

清朝的疆域很辽阔。

秦朝疆域北到长城，南到南海，西到陇西，东到大海。唐朝则是东到大海，这个没变，北没说，东北到外兴安岭、库页岛。南到南海，这个也没变，西到咸海。而到了清朝，它就不是四个点了，秦唐两朝都是四个点。［见图7-47，p281］

这个时候就不是四个点了，是七个点。清朝的疆域北到西伯利亚。实际上这个《尼布楚条约》是个不平等条约，我们也作了很大的让步。像原来的贝加尔湖，那都是中国的地方，贝加尔湖就是苏武牧羊那个地方，盘古开天地以来，除了苏武在那涮过羊，没人打扰过他的安宁。贝加尔湖深1291米，是世界上最深的淡水湖，让全世界喝60年没问题。纯天然无污染，现在这个地方在我们手里的话，弄条管子通到北京来，咱现在还至于这么惨？敞开了造，往外卖。

沙特阿拉伯这些国家要水吗？一瓶矿泉水，十桶汽油就来了，咱现在的油得多便宜！

三毛钱一升随便加，北京市民凭证供应。那个地方可惜现在被俄国人占着烧柴火，这么粗的原木，一斧子两半，两斧子四半，填炉子给当柴火烧了。咱们的家具都是拿锯末做的，搓完的锯末，压成板子做的。实木家具特别贵，什么宜家的简简单单一实木桌子就要五六百。人家俄罗斯就拿实木当柴火烧，资源太丰富了。你打它一个试试，所以只能表示遗憾了。我们只能想象一下，如果这个地方在我们手里的话。

北到西伯利亚，南到南海诸岛，我们就不光是到海了，连海里面的岛都是我们的，中沙、西沙、东沙，没有北沙。今天西沙完全在中国，东沙和中沙是“国军”驻守，但是随时有弃守的可能。阿扁那会儿一直想弃，国民党估计应该不至于。南沙现在是六国七方，主岛太平岛在“国军”手里，然后咱们占了一些小礁盘，一落潮能露出来，一涨潮就没了，那些小礁盘上还盖了些高角屋。然后就是越南、菲律宾、马来西亚、印尼和文莱，算上咱们六国七方占着这个南沙群岛，一年光从咱这抽走的石油就高达一亿吨。

干嘛不把他们都赶跑，一脚一个踹海里去？因为你别看它是列弱，后面有列强撑着，而且那个地方太远，中国鞭长莫及。南沙群岛离越南600公里，离海南岛2000多公里，没法弄，鞭长莫及。你说你建一个航母打它，也不值。

所以那时北到西伯利亚，南到南海诸岛，东到太平洋，西到葱岭，西北到巴尔喀什湖，今天这个地方是哈萨克斯坦；东北跟唐朝是一样的，外兴安岭、库页岛，东南是到台湾澎湖钓鱼岛。我们得特殊提一下这个地方在那个时候是咱们的，咱们可能那会儿也没认真拿它当回事。现在就不好说了，现在你说是你的，你上面也没人，你也弄不了。不像韩国那个独岛，人家真来劲，咱也不能跟韩国人似的干那事儿，面子不如肚子管用。

所以这是乾隆25年，公元1750年，中国疆域达到鼎盛的时候，面积大概是1300万平方公里。这个非常固定了，它就不像唐朝那些王朝的疆域，一会儿有，一会儿没有，这时就固定下来了。我就这么大，每一寸土地都是我们的，谁也别想强占去。近代以后才逐渐丧失。乾隆25年的时候，这个版图就已经奠定了，就1300万平方公里这么大。这是我们说的清朝的版图，中国的疆域和版图就是清朝奠定的。

那这么大的地方不好管，于是清朝把全国划分为18个行省，5个将军辖区，两个办事大臣辖区，共25个省级行政区和蒙古蒙旗，全国划分为18个省，这18个省里没有宁夏。宁夏当时跟甘肃是连在一块的，所以无宁夏。为每个省设立巡抚一人，进行管辖。巡抚两三省或一省设立总督，在巡抚之上设立总督。清朝一共设8个总督，两江、两广、湖广、陕甘、闽浙、直隶、四川、云贵一共是8个总督。

两江总督最富，因为两江最大，两江是江苏、江西、安徽三省。直隶和四川都只一省。直隶是因为太重要。四川一个省就顶人家好几个省。山东、山西、河南没有总督，只有巡抚。另外就是大家知道这个将军辖区，前面讲过两个将军辖区一个是伊犁将军和乌里雅苏台。三个将军辖区就是黑、吉、辽，辽当时叫盛京。黑龙江、吉林和盛京。大清入关之后，盛京仍然保持了一套官僚机构，一般就是打发快退休、没事儿干，或者是政治斗争失意的官员，让你出任盛京户部尚书，那您这个就算是这一辈子进了养老院了，等于政治生命终结了。盛京又称奉天府，北京是顺天府，府尹是三品，北京当时就两个县，大兴和宛平，加上承德、曲阜，这四个县知县是六品，地位比较高。

然后中央设置理藩院，理藩院设立尚书和侍郎，掌管少数民族事务。这个一定得是由满蒙贵族来担任，汉人是不行的。

历史上很少有中国的对外战争，就大概跟阿拉伯打过一仗。跟高丽那个不算，高丽是中国的地方，就在东北打仗。明清的时候开始有了对外战争。

所以看明清时期它对外关系的特点是经济文化交流。现在《白银资本》、《大分流》这些书，说中国农民是当时最富的农民，比欧洲农民富多了。咱们书上一写，就中国农民穷，农民贫困，无力购买手工业品。那是今天，不是清朝。

那书里说中国对外贸易只占不到3%。中国用的白银是世界的一半，全世界12万吨白银，中国6万吨。中国是个贫银国，中国根本不产银子，白银都是从外面来的，从拉丁美洲来的。如果我们的对外贸易，在我们的财政收入中的比例这么小，那我们得多富啊！就靠茶叶一年就从英国挣六七百万两银子？实际上不是那么回事，那个时候对外贸易还是非常活跃的，量很大，只不过朝廷的政策是闭关，但是量很大。所以那些使节往还，文化交流，这些东西都有。

另外，还有战争。侵略与反侵略的战争。

出海去显摆

第一件事儿就是使节往还，郑和下西洋。

郑和下西洋的目的是为宣扬国威，加强与海外诸国联系，满足统治者对异域珍宝特产的需求。成祖派郑和出使西洋，说穿了就臭显摆去了。成祖的帝位来得不正，他是抢建文帝，抢朱棣，所以他总是心中有愧。成祖继位之后第一件事儿就是把朱棣的大谋士方孝孺给抓起来，削藩的主意都是方孝孺给出的。先生我现在做了皇帝了，你给我写继位诏书，方孝孺断然拒绝。成祖说，这是我们家的事儿，你管得着吗？你这个人那么死心眼，我们都是姓朱的，反正也轮不到你姓方的当，你效忠谁不是效忠？你干这个是周公佐成王，结果方孝孺问，成王安在？成王给烧死了。后来成祖说你甭管了，你就给我写诏书，结果他写的是“燕贼篡逆自立”。成祖把他鼻子给割了，割了之后让他再写，再写还是“燕贼篡逆自立”，割了耳朵。割了耳朵再写，还是“燕贼篡逆自立”。成祖说你不怕我灭你的九族吗？他说你灭我十族，我也这么写。最后就灭十族，中国历史上很罕见的灭十族，连他的学生都杀光了。谁是方孝孺教的谁惨了，全杀光。

明朝皇帝从朱元璋开始，整个家族遗传非常差，全都是心理变态，一群短命鬼，荒唐到极点了。守济南的大将被逮着之后，成祖把他的鼻子和耳朵蒸熟了让他吃，还问他好吃不好吃，回答说忠臣义士之肉当然好吃，然后车裂，家属全都没收为官妓。死了之后，报告到成祖那，下旨：“拖出去，着狗吃了，钦此。”你看故宫里的圣旨都留着呢！他就想，我的帝位来得不正的话，我就得让海外诸国知道我、承认我。让海外诸国奉正朔。你得用我们的年号，这叫奉正朔。

你看朝鲜，它没有自个儿的年号，它用的是中国的年号。我们万历多少年，它也万历多少年，我们光绪多少年，它也光绪多少年。所以用中国的年号就叫奉正朔，你不能有自己的年号。明成祖为了让人知道自己，就派郑和出去干这个事儿。史书上记载，“成祖疑惠帝亡海外”，怀疑建文帝跑了，实际上建文帝是出家了，出家做和尚，一直活到明英宗正统年间，明英宗找到了建文帝。建文帝按照辈分论，应该是英宗的爷爷。因为成祖之后是仁宗、宣宗、英宗，所以它跟仁宗应该是平辈的，等于是英宗的爷爷，活了70多岁才死，但是成祖就怀疑他是跑海外去了。“欲踪迹之，且欲耀兵异域，示中国富强。”要去找到他，并且要夸夸我们中国有钱，因此派郑和下西洋，先后七次，最远到达了红海沿岸和非洲东海岸。

郑散财童子

对郑和的评价。

第一点，属于中国历史上空前的主动外交，比欧洲航海家早半个多世纪。问题是梁启超先生说，西方一哥伦布之后，无数继起之哥伦布，中国一郑和之后，再无郑和。为什么西方一哥伦布之后，无数继起之哥伦布？来钱啊！为什么中国一郑和之后，再无郑和？费钱。600万两白银，国库被挥霍一空。

第二，郑和下西洋的目的不是发展海外贸易，不计经济效益，给明朝造成了巨大的负担。七次下西洋，600万两银子花出去，郑和整个是一个散财童子，走到哪都给人家散钱。只要你奉正朔，看见我这船上没有，银子、绸子、瓶子随便。所以你得奉正朔，中国使臣搁那宣旨“奉天承运，皇帝诏曰”，人家酋长在地下跪着直乐，你们皇上是老大，狗屁！真主安拉才是老大。但是一看船上正往下抬东西呢！老大！郑和来一趟，各国抢着上中国进贡来。中国厚往薄来，怀柔远人，你给我进贡一毛，我还你10块，谁不来啊！最后中国就得下令，你别天天来，我受不了。朝鲜、越南、琉球，一年一贡。你让朝鲜一年来一趟，他能来四趟，他来给点儿破布片什么的，皇帝就要回赠金银财宝，然后他的使团来了，带着高丽参就开始卖，顺便赚一笔。

朝鲜、越南、琉球这三国因为跟中国是同种同文，几乎就是同一国家，所以这三国一年一贡。像泰国那些国家，8年来一次就完了。缅甸8年，阿富汗25年来一次，你别老来，你那个大胡子从来不洗，羊肉味把皇上熏着了。所以郑和下西洋，干这个事儿就是扯钱去了。成祖的时候去了六次，仁宗继位十个月驾崩，宣宗继位之后又下了一次，然后这个事儿就不能干了。到了明朝中期，炼丹的那个嘉靖皇帝的时候，国力衰退，有的大臣提议，为了耀扬国威，仿效当年三保太监故事，咱们再下一次西洋。兵部尚书刘大夏冲进兵部档案馆，拿起郑和下西洋的海图和船的图纸，付之一炬。因为这件事儿祸国殃民，绝不能再干。所以今天郑和下西洋到底路线怎么走的，不知道。船什么样不知道，据说郑和下西洋那个船，一百多丈长，十几丈宽，如果要是真的那么大，那相当于航空母舰了。你想64丈长，18丈宽，一丈是三米，你算算，顶上一艘轻型航母了。

不扯了，这个事儿不能再干了，太费钱了。而且一帮国家奉正朔，叫你老大，你还得罩着它，西班牙、葡萄牙一欺负它，它就求你保护它，你说你管不管？像马六甲那些小国都求你。咱就得到点儿犀牛大象长脖鹿、珍珠，充实了一下皇家首饰盒和皇家动物园，我们就600万两银子扯出去。

你看人家哥伦布、达伽马，什么都没有，哥几个凑钱，弄一艘小破船，带回来一个拉丁美洲，充分体现了出海的价值，你郑和跟人家没法比。

中国籍倭寇

所以打从郑和下西洋以后，这件事儿不能干了，寸板不得下海。你不下海，别人来了，日本人来了，在那时候又叫倭寇。

元末明初，日本的武士商人海盗，骚扰我国沿海，被称为倭寇，咱们国家跟日本挨着，点儿很背。这个日本国在唐朝的时候取法中国，全面仿效唐化。结果它一仿效，关键的两个东西没学中国，一个是宦官制度，一个是科举制度，你不学宦官挺好，所以日本宫廷里的所有的体力活、粗活，都女的干，女的身体一好，生的小孩也有劲儿。不学宦官挺好，但不学科举，这个麻烦大了。科举制是用来选拔人才当官的，日本没有科举制就意味着它的官全是世袭的，世卿世禄，这后来就对中央王朝构成了严重的威胁。日本天皇掌权连二百年都不到，它的政权就落到藤原氏的手里。藤原氏世世代代担任摄政、关白，就相当于宰相，开始了日本两百多年的摄关政治。摄关政治的时候，地方诸侯并起，建立庄园。庄园都需要人保卫，这些人就是武士，武士需求量一多，力量也就越来越大。

公元1192年，日本武士首领源赖朝强迫天皇封他为征夷大将军，建立幕府，日本就开始了幕府时代。第一个幕府叫镰仓幕府，设在离今天东京不远的镰仓地区。当年忽必烈打日本，就是对付的镰仓幕府。日本天皇变成了摆设。1192年到1333年都是幕府时代，1333年正好是中国的元朝，也就是它从中国的1192年南宋开始，到元朝完。这个幕府很短，然后日本进入南北朝时代。因为日本天皇对大权旁落不满，所以利用镰仓幕府衰落的机会，日本天皇对抗镰仓幕府，后来镰仓幕府就灭亡了。镰仓幕府灭亡的过程当中，镰仓幕府的大将足利尊氏建立了室町幕府，这个室町幕府又扶植了一个天皇，等于两边天皇对着干，就形成了日本的南朝和北朝。

这个时候相当于元朝末年，明朝初年，很多战败的武士商人海盗，开始骚扰中国沿海。只不过是那会儿中国国力强盛，这些海盗很快就被打回去了。到了室町幕府第三代将军，足利义满时期，完成了日本国的统一。然后明朝封足利义满为日本国王。咱都不知道日本有天皇，足利义满给中国的皇帝上书的时候，也是“臣日本国王源义满”，这么写的。

足利义满在日本的长崎公开处决了几十名倭寇。这样的话，倭寇就销声匿迹了。结果没想到到室町幕府末年，室町幕府不稳，日本进入到战国时代。今天你看日本出的游戏，讲的都是战国时代，英雄辈出的时代，织田信长、丰臣秀吉、武田信玄全是那帮人。日本进入到战国时代，本来就是一个弹丸小国的日本，分成66个弹丸厮杀，还不包括北海道，只是本州四国九州，66国在那打。打败的人，就跑去骚扰中国沿海了。战国时代就相当于中国明末，而这个时候明朝的国力已经衰微，无力对抗倭寇，所以倭寇猖獗，北起山东，南到广东，整个全线在闹倭寇。

而此时第二个原因是，明朝中期，朝廷误以为“倭患起于市舶，遂罢之”。私人海外贸易受到严厉管制。朝廷认为倭寇是因为私人海外贸易给招来的，所以倭寇在我们今天看起来，史学家现在新的观点看法，他可能更像是一种武装走私集团，谈不上日本侵略军。首先他们就不是日本政府的行为，这个要弄清楚。有的人为了煽动中日民间仇恨，说日本历史上就侵略过中国，比如说倭寇。那个不算，不是政府组织的，况且当时日本也没政府，66国正忙着打仗呢！哪有工夫骚扰中国，没事骚扰你干吗，所以那都是私人行为。另外，现在很多史学家看，这不是侵略战争，可能就是一种武装走私，走私不了，能卖我就卖，卖不着我就抢。后来可能一看，能抢，我干吗带东西来，我就直接抢就完了。所以这一抢，朝廷认为，倭患起于市舶，遂罢之。

问题是你这一罢更麻烦了。福建、浙江，今天你到国外看，最多的就是这两省人，他从唐朝就偷渡，你不让他偷渡有天理吗？我那个地方我不偷渡，我没法活。全是山，全是盐碱地，你让我种地，种个毛。地狭人稠，我不偷渡出去怎么办？我爷爷的爷爷的爷爷的时候就在东南亚谋生，那会儿要什么护照、签证，现在你跟我要签证，有天理吗？他们历来如此，现在你不让他出海，那他没法活。我以海为田，以船为家，你让我种地不会，从来没学过，再说这盐碱滩种什么能长？我只有打鱼贩卖，所以你不让我出海，我想来想去，你的意思就是逼我当倭寇。

这样一来在倭寇里面，就形成了两分真倭，八分假倭，或者一分真倭，九分假倭。十个倭寇里面九个是中国人。那个时候你要记住，谈不上汉奸，是日奸，日本人是给中国人打工的。那会儿日本不如我们，不是说我当倭寇就成了汉奸，而是我雇小日本去给我做买卖去，杀人越货，我干这个。中国人等于就是老板，真正倭寇的头目，汪直、徐海全都是中国人，汪直是安徽的，但是巢穴安在日本的平户岛。倭寇的巢穴在日本，老大都是中国人。

因为日本倭寇武艺高强，所以我中国倭寇雇用他们来帮我敛财，这才组成了那种组织，最后倭寇里有渔民，有落第的书生，有老科举考不上的倒霉蛋，有退休的官员，什么人都有。一帮日本人又不会说中国话，怎么抢，所以大部分是中国人的倭寇集团到中国来才熟门熟路，哪儿有钱，哪儿兵力防守虚弱，都有人勾结。

在这种混乱的情况下，出现了一个牛人，戚继光。

牛人戚继光

戚继光这个人牛，牛到什么程度？他们家建立明朝有功。世袭山东省烟台市城防司令，他17岁就担任了这个职务。17岁登州卫都指挥佥事，烟台城防司令，然后他站在城墙上眺望大海、心潮澎湃："云护牙鉴满，星寒宝剑横。封侯非我意，但愿海波平。"你封我当官我不觉得高兴，只要国家稳定四海安宁我才爽。所以朝廷一看，满足你的要求，你不愿意当抗倭嘛，你去吧！18岁还没成人宣誓，就以参将衔赴浙江抗倭。第一仗就给戚继光上了一课，3000明军对阵800倭寇，倭寇冲来，明军一哄而散，就剩戚继光一个人了。3000人跟倭寇说好了似的，一二三——闪就把戚继光一人撂那儿了，戚继光赶紧爬上一块巨石，连发三箭，击毙三名倭酋，倭寇散去。这家伙不好惹，别理他，散吧。

戚继光一看，这个气哟！明军一无所用，没有任何战斗力。其实也不能怪他们，因为他们都是农民，农民主要都是插秧种地。明太祖特高兴，说朕养兵百万，不费百姓一粒米。你那是个屁兵啊！兵就得吃皇粮，你哪能让他自个儿养猪办宾馆，弄个歌舞团让他演去。你哪能干这个，坦克给人挖煤，鱼雷艇拉着游客，哪能干这个。军队要自己养活自己，军工厂生产冰箱摩托那还能成？所以你是养兵百万，不费百姓一粒米是扯淡，边境三分守城，七分种地，内地两分守城，八分种地，整个一帮穿军装的农民。

日本倭寇是武士。刀法精熟，训练有素。就那个日本刀，削咱那个铁片刀，砍你一百个都没事儿，宝刀东出日本国，那都是精钢打造。所以戚继光一瞅，这个兵不能用，我自个儿招。自己招兵在当时是很冒风险的，明朝跟宋朝是完全沿袭下来的，你哪能自己招兵，得向朝廷汇报。戚继光招兵，招沿海的渔民、矿工，尤其要有劲儿的，最好家里有人被倭寇杀害的，这样的人我一定招你。招募完军队组成戚家军，然后对抗倭寇。

倭寇武艺高强，刀法精熟，单兵作战能力奇强，二战的时候日军也是一样，精于白刃战。你一个一个打，上来就是送死，所以咱们最好的办法是一拥而上，以多打少，十二人一小队，组成鸳鸯阵。倭寇不懂阵法，打仗跟打架似的，拍马过来，来将通名，它还这么着呢！谁跟你通名，一枪崩下来就完了。所以12人一小队就上，小队的第一个不会武艺没关系，有劲就行。拿着一个几丈长的大竹竿子，这个竹竿子叫狼筅，抡圆了保护后面。江南多的是这玩意儿，枝枝杈杈都不切下去，还尖上抹上毒药，挑破一点皮，你小子蹬腿吐白沫沫。我这个大竹竿几丈长，你那个日本太刀也就三尺。竹子又滑，你又不好切，劈断一半，我还是你的四倍长，再劈断一半，一劈形成一个缺口，一扎进去你还有命吗？所以前面拿一个大竹竿，后面长枪、弓箭、短刀，长以救短，短以救长，这个都是戚继光琢磨出来的。

中国古代十大兵书，有两本是戚继光写的，《练兵实纪》和《纪效新书》。孙子不就是一个《孙子兵法》嘛！李靖就是一个《李卫公问对》。岳飞都没有，什么《武穆遗书》，那是小说胡扯。结果十大兵书戚继光写了俩，够文武双全的，而且后来朝廷就调戚继光来防备蒙古，因为明朝当时是北虏南倭之祸，北京这边的长城全都是戚继光修的。戚继光自己说，“南北驱驰报主情，江花边草笑平生，一年三百六十日，都是横戈马上行”，所以他堪称是明朝第一名将，平定了倭寇，属于民族英雄。

牛皮诓澳门

1553年，葡萄牙殖民者租占了澳门。葡萄牙一开始说，它是来给咱中国皇帝进贡的，结果进贡的货物被海水打湿了，上岸晾晾。咱说不同意，他说我就要一块牛皮那么大的地方。中国官员一想，一块牛皮能有多大，你的货物也太少了，那你来吧！结果人家连夜把牛皮给剪了，剪成线，搓成细绳，上岸一围，就这么大地方。中国人一看傻眼了，但是那会儿是很讲信用的，要搁今天，这事儿不会发生。谁答应你的，有合同吗？有合同拿来一撕，不就完了嘛！咱们祖宗就吃了说话算数的亏了。那会儿葡萄牙人这么一弄一撕，就要这么大一块地方。中国说我答应你，君无戏言，君子也无戏言，你就来晒吧！晒完了之后，他跟咱们说了，以后我们老得给你皇上进贡啊，老存在货物被弄湿的事儿，干脆这个地方你就租给我得了，一年500两银子。中国官员一想，就这个破地方，兔子都不拉屎，都见不到人的地方，一年500两银子，行，租给你，但是主权在中国。这是我租给你，我是房主，你给我房租，然后主权是我的。一直到1849年主权都是我的，要不然雅克萨都收回来了，那个地方能收不回来？

其实朝廷并不在乎这500两银子，只不过是因为那能了解西洋，比如说自鸣钟、怀表、鼻烟这些东西，这玩意儿能从那给弄来，有个落脚的地方好便于了解，弄明白点儿西洋的情况。包括林则徐睁眼看世界，得到夷书，夷书就是从澳门来的。跟咱们1949年不收回香港的作用是一样的，所以朝廷不收回也有点儿用那个地方的意思。所谓的主权在我手里，也就是说从1153年到1849年，澳门其实并不是殖民地，归香山县丞管辖。香山县就是中山市，香山县县丞正八品，葡萄牙总督建了香山县县丞，要单腿下跪。他叫总督，咱们给翻译成叫兵头，葡萄牙兵头，见了八品县丞你也得下跪。1849年之后，在英国的支持下，葡萄牙小崽子狗仗人势，狐假虎威把中国人的官员驱逐，捣毁香山县丞的办公署，它就变成了殖民地。咱们过去一说，分开了400多年，400多年的殖民地，不确切，真正的殖民地时间才150年，前面是租界地，被人租出去了。

10 明清文化淘宝

宋明“心理学”

明清时代的官方哲学是理学和心学。宋朝的哲学思想是理学。他是以儒家思想为基础，吸收了佛教、道教的思想而形成的。理学的创立者是北宋的程颐、程颢程氏兄弟。另外还有一个特别有名的就是《爱莲说》这个千古名篇的作者周敦颐，“出淤泥而不染”那哥们儿，也是理学的创立者。集大成者是南宋的朱熹朱文公，他是吸收了佛教和道教思想而形成了新儒学，他吸收了佛教和道教的什么思想呢？

唐朝的时候，儒学一度衰微，那时候儒学衰微的一个重要原因是佛教的盛行。佛家盛行造成了统治者崇佛佞佛，唐朝皇帝要把佛骨迎到法门寺，结果韩愈上表谏迎佛骨，你别把这东西迎进来，因为佛乃夷狄之神，中原不应该信。我们中原有自己的道统，就是我们的孔子，我们应该信孔孟，不应该信这个。韩愈竟然敢攻击佛祖，皇上一生气，你去潮州吧。今天那个地方是开发区，韩愈要去当然快乐，当年那个地方是蛮荒烟瘴之地。韩愈有一首很有名的诗：“一封朝奏九重天，夕贬朝阳路八千。本为圣朝除弊事，肯将衰朽惜残年。”我好端端地为了国之大统，结果给贬到那去。

为什么这个时候他谏迎佛骨，因为儒学受到冲击。到了宋朝，他们有个适应这种冲击的法子，就是索性儒学吸收了佛教和道教的东西。这个吸收法是这样的，南宋的朱熹是理学发展的集大成者，他认为理是宇宙万物的本源，是第一性的。气是构成宇宙万物的材料，属于第二性的。理是第一性，气是第二性，关于宇宙万物本源的问题，明显是吸收了道家的思想。道家认为万物本源是道，道可道非常道，国有四大，天大、地大、王大、道大，一切都是由道来生成。道生一，一生二，二生三，三生万物。结果现在朱熹说理才是宇宙万物之本源，把本来分离的“道”和“理”，搅吧搅吧混合成了道理。

然后，他把天理和人欲对立起来，认为人欲是一切罪恶的根源，提出存天理灭人欲，这明显吸收的是佛，佛不就是教你看破放下嘛。“一切众生，皆有如来智慧德相，但以妄想执著而不能证得。”所以佛家就教你去掉妄想，去掉执著，七情六欲全都当没有，放下四大皆空，六根清静，你就能成佛。结果朱熹说人欲之私皆不能有，都要放下才能顺应天理，那怎么成。你不能娶美女当老婆，要看破一切娶个不男不女的才能顺天理？况且你想要把自己去人欲的观点告诉别人，让别人都接受这个，这种行为本身就构成了一种人欲。等于是朱熹自己也做不到，那别的人不是更难嘛。

无论如何，他还是通过借用了道家、佛家的理论来成功创立了新的儒家。儒学本来是治身的，你用它治世，这个东西说实在有点太理想化。所以儒家讲你这个人要正心诚意然后才能够修身齐家治国平天下。你修齐治平才能做到这一点。他认为所有的欲望都是罪恶的可耻的，你贪图物质享受，贪图功名利禄，所有都是可耻的罪恶的，这样一来造成什么样的结果呢？咱们都学过世界史，很像欧洲文艺复兴之前，那种禁欲主义，他那种禁欲的目的是谁禁欲，让谁存天理灭人欲，是让底下，上面该怎么着还怎么着。皇上不能灭人欲，他该看电视还看，该吃麦当劳还吃，而让底下这么干。这叫为统治阶级来服务。

而且像儒家讲修齐治平之学，修身齐家治国平天下，你这个人要能做到这一点那你这个人就非常了不起了，问题是我做不到这一点，没有什么东西来制裁，没有任何东西能约束我，我这个人完全靠我自己自身的约束力，不像欧洲人有法律，总统犯法也要办了。咱这没有，当官的没人管你，要靠你自身的自制力，你作为官员你应该是楷模，但也只是应该，实际上背地里干坏事还是没人知道，所以相当于培养了一帮伪君子。这么一来理学思想明显对于当时明清那个时代的中国，特别是对经济发展很显然是不利的。

但是你说理学是不是一点好处都没有，也不能这么讲。它毕竟是中国传统文化当中优秀的部分，人的正心诚意，修齐治平，如果真的能克制自己来做到，那就是很不容易了，对你身边的人和对全人类都有好处。你看，民国的时候，中学学校的校歌一般都是这么唱的，“将来治国平天下全靠吾辈”。咱现在校歌基本上没人关心这个了，家国天下谁关心，只顾自己高月薪。你上大学的目的是为祖国？别开玩笑了，这么多年也就周总理说过要为中华之崛起而读书，这还被某些人笑他愣。我说你们现在念书要好好念，将来才能报效国家，你们一定会乐，觉得我脑子飘拖鞋了。搞什么搞，读书还不是为自己，爸妈都这么教育，你好好念书，将来才能赚大钱。自己就更加现实，我读书就是为了招聘的时候人事部一拿到我的简历就掉下巴，明天你来上班，就为这个。人不能这么干，要都这么自私，人才就全出国不回来了，所以理学这个东西对今天并非一点积极意义没有，他还是教人要有知识分子的气节和志向，最终还是要为了天下。

但是在当时，特别阻碍中国商品经济的发展。心学就更厉害了，心学创立者是南宋的陆九渊、明朝的王阳明王守仁把它发展到了极致。吾心即宇宙，吾心之外别无他物，一切不外求。意思是我心里想有就什么都有了，世间万物还不都是在我心里的一个印象而已，那我干嘛那么来事儿，想一想，乐一乐，来个小宇宙爆发，多逍遥。蒋介石是最推崇王阳明的，所以到台北旅游的话，一个必去的景点叫“阳明山森林公园”，阳明山原来叫草山，蒋先生到那之后把它改名为阳明山，因为他崇拜王守仁。所以理学和心学是明清时候的官方思想，这个东西对当时的现状是不利的，一个太理想化，一个太消极，但是实际上一直是官方思想。

启蒙即牺牲

除了理学和心学，也有了早期的民主启蒙思想，首先一位是李贽、李卓吾先生。他的墓就在通州古塔公园底下。他指责批儒家经典，否定孔子。其实孔子就跟咱们以后讲新文化运动一样，孔子是最倒霉的，死了几千年永远不得安宁，谁有点什么事就把他拽出来，要不然就烧香，要不然就上板砖。你后世的这些思想跟孔子有关没关？你读这些书的那个人，天人感应，孔子讲过这玩意儿吗？孔子最烦这个，子不语怪力乱神。你的理学心学，难道是孔子主张妇女裹小脚吗，不可能，孔子都没见过这个，所以他否定孔子是天生圣人。

没办法，谁让儒家都打他的旗号呢，所以就得否他，这一否惹事了，当时你否孔子还了得，别说那个时候了，在台湾，最起码是老蒋在的时候，你否定孔子就得判刑，孔子是中国的基督啊，你骂万世师表，你骂神，还能留你嘛。古人经常这么讲：天不生仲尼，万古常如夜。要不是天降孔夫子，几千年来我们黑糊糊地摸去吧。李贽说，原来古代的人都得提着灯笼走路，因为没有孔子？你现在人不也提着灯笼走路吗，有了孔子，不还得万古常如夜吗。类似于这种话，后来成了李贽被关到监狱里折磨之死的因由。

哲学大爆发

黄宗羲生活在明清之际。他的打扮，头发都是包起来的，为什么？他不剃发，那时候罪过大了，留头不留发，留发不留头，剃头师傅担着担子，后面是装水盆、剃发用具，前面是挂人头的。剃头师傅走街串巷，后面有清兵跟着，扛着鬼头大刀，给你剃不剃，按这一刀脑袋挂上了。剃头是奉旨，但他们穿的衣服已经是清朝的服装了。

其实大清入关之后，要求中国人（就是说汉人）学他，他也不是说什么人都学，有十不从，男从女不从，男人必须是旗装，女人可以穿汉装。生从死不从，你死了以后可以以汉装入殓，要不然你对不起祖宗，当然后来没事还给死人梳头，累不累。阳从阴不从，上坟祭祖或者人死入殓，这些习俗都可依照明朝习俗走。官从吏不从，你看当官顶戴花翎补服纱褂，吏的打扮跟明朝还是一样的。老从少不从，小孩子爱干吗干吗，一旦成年就得按旗人规矩来。另外还有儒从道不从，娼从而优伶不从，仕宦从婚姻不从，国号从官号不从，役税从文字语言不从。

而黄宗羲他就不从。他琢磨这个问题，为什么明朝会灭亡。然后一下找了一个，对君主专制制度进行了批判。他得出君主转制是天下之大害的结论，这是第一点，他得出这么一个结论。原来跟明不明朝，清不清朝没关系，就是因为君主专制，哪一朝搞君主专制都不行。第二提倡法制，反对人制，这个老哥就更厉害了，你们按规矩办事，别按人的意思走，也是反独裁的意思。第三反对重农抑商，提出工商皆本。这人很了不起，对晚清的民主思潮起了一定的影响。他的著作叫《明夷待访录》，梁启超说，想不到我们国家比卢梭早200年就有这么先进的思想问世。

另外一位著名的思想家是顾炎武，强调经世致用，理学更多的是强调人的思想修养。他就是说我只要正心诚意，修身齐家我就能治国平天下，你是一个好人，不见得是一个好官。你看中国历史上凡是作出成绩的官没有清官，包拯、海瑞这些人绝对做不出成绩来。一般都是那种介乎于清官与赃官之间的那种权臣。张居正是典型的，权臣能做出一番成绩。纯赃官也不行，光想贪污了也不行。就是说那种所谓的树立道德的楷模，没有一个是真正能够干成事的，包括中国历史上鼓吹的所有的忠臣，全都没什么大用。岳飞还算能打赢，像文天祥、史可法这些人一点用没有，平时袖手谈心性，临事一死报君王。你死则死了，国家能因为你死就能改变的话，那你能多死几回吗？我们崇拜他的气节，只可惜他干的事没有实际效果。

所以顾炎武就考虑这个问题，为什么我们大明300年来养士之朝，培养这些人全没用？满清一入关，稀里哗啦300年江山社稷就全吹了，咱做经世致用的学问，做点有用的学问。所以他的著作叫《天下郡国利病书》，提出以天下之权寄天下之人，才能天下大治，这也是反对君主专制。这要是往高里说是最早的主权在民的思想。顾炎武思想挺了不起的，另外他有一句话“天下兴亡，匹夫有责”，出自《日知录》，“易姓改号，谓之亡国，”李唐变成了赵宋，这对于李唐来讲只不过是亡国，“仁义充塞而至于率兽食人，人将相食，谓之亡天下”。如果是我们中华文化的道统断绝，这就属于亡天下，国跟天下还是不一样的，所以“保国者，其君其臣、肉食者谋之；保天下者，匹夫之贱，与有责焉耳矣。”保天下那就每个人都要做，所以他认为满清入关对中国来讲，就属于亡天下。因为异族入主中原，中华文化、中华道统要断绝了。但是实际上后来看也没断，因为满清吸取元的教训，很快就汉化了。

满清入关，圣旨就说我国天下得自流寇，我是灭了李自成那个流寇，趁他捣乱的时候我乘虚而入拿下的，不是从你大明手里得的，我为尔报君父之仇，你应该感谢我才对。我与流寇争不是与大明争。他这么说很快就理解了中国政治的奥妙，你快马弯刀厉害，还是干不过四书五经，最后还得匍匐在四书五经脚下。蒙古人就没这么干，所以90年又回去放羊了，真叫水土不服不行。

船山先生王夫之，他是唯物思想家。提出“气者理之依也”，“天下惟气。”理学认为理是第一的，气是第二的。他认为气才是第一的，因为气是物质，所以叫唯物。第二，是静即含动，动不舍静。理学家的主张，像最早比如说董仲舒提出来尊王这东西是中国的道统，道统是不能变的。道之大原出于天，天不变，道亦不变。现在王夫之提出来，静即含动，动不舍静，没有什么东西是不变的。意思是没有绝对不变的玩意儿，沧海都能桑田，要是都不变，哪来这么些朝代更替。第三，发展的观点看历史。政治上叫趋势更新。这个和马克思主义哲学都是相吻合的。

中华四神作

说到文学，明清时期对后世影响最大的就是小说。明清的时候世俗文化占了主流，世俗文化占主流的原因，归根到底是经济发展。咱在宋朝那讲过，经济发展市民队伍扩大，是为了适应市民文化的需要，也就是说实际上明清小说就是在宋元话本的基础上发展起来的。我们来具体地看一下。

第一本书《三国演义》，作者罗贯中，成本时间元末明初，是价值最早的一部长篇历史小说。而且《三国演义》说是七分实三分虚，就这样大清入关之前，八旗将领还拿这个当《孙子兵法》看，看《孙子兵法》看不懂，看《三国演义》就能打仗，诸葛亮空城计，貂蝉美人计，这里面全是这玩意儿，他用这个就可以打仗。最起码我们看一点，《三国演义》是典型的尊刘抑曹，今天一琢磨曹操被人为地矮化了，刘备狗屁不会的东西被人为地抬高了，诸葛亮也被人为地抬高了神化了。你看《三国演义》仔细一琢磨诸葛亮打过胜仗吗，很少吧，除了七擒孟获。最后六出祁山，哪次不是以失败告终，诸葛亮在蜀汉建立9年就去世了，而蜀汉一共存在了43年呢，也就是说没他地球也照样转。

《水浒传》作者施耐庵也是元末明初人士，我国第一部以农民起义为题材的长篇小说。老不读三国，少不读水浒。老了就踏踏实实过几年吧，别和人动心眼了。为什么少不读水浒，目无法制，从小看这个，就是培养少年犯。李逵这样的，放今天枪毙400回了。你动不动就把人杀了，你不管那人该死不该死，自有朝廷法度在，你凭什么动不动拿斧头剁人脑袋？但水浒有他的积极意义，不但体现了封建社会的黑暗腐朽，还为之后的侠义小说奠定了基础。

《西游记》太可爱了，作者吴承恩，明朝。反映了人民蔑视统治敢于斗争，他歌颂的是孙悟空。生物分四等，神人鬼妖。人可以修炼成神，八仙吕洞宾不都是人修炼成的嘛。神仙本是凡人造，只是凡人心不牢。所以人可以修炼成神，人死可以为鬼，鬼再投胎还可以做人，人又可以修炼成神，前三个等级是互相通着的。妖不行，妖永远是妖，孙悟空属于妖，妖猴，大闹天宫造神的反。玉皇大帝，你多厉害，作者强烈传达了这么一个信息，一只妖猴可以造天上皇帝的反，那你人间皇帝算个毛啊，这个意思。当然后来他也设计孙悟空的结局是修成正果了，成了斗战胜佛。明显看得出来，吴承恩崇佛抑道，笔下道士没好人，玉皇大帝是道教的最高神，妖猴造反，没辙，被西天佛祖压到五行山下，高下立判。

《红楼梦》这个太伟大了，作者曹雪芹，后来高鹗狗尾续貂续了40回，当然高鹗好歹算是狗尾续貂，别人续的简直耗子尾巴。一共110回红楼梦，后30回有人说是丢了，有的说是曹雪芹给烧了，没传下来，只留下了几个回目，所以高鹗给续了后40回。时间是清朝，描写贵族家族，由盛到衰，鞭挞了礼教制度揭示社会，他实际上有一点影射整个社会，这种包罗万象的作品非常伟大。《红楼梦》里面写的故事和那种情绪你没法把这个东西给翻译成英文。有一对西班牙夫妇用了20年的时间把它翻译成西班牙文，汉学家翻译成了西班牙文，这很了不起，头一次《红楼梦》被翻译成西班牙文，中国的记者就采访，你翻译《红楼梦》困难大不大，这不是废话吗。中国记者采访都是这种水平，从废墟里救出来，你感觉好吗，多新鲜啊，不好我还回去，你高兴吗我不高兴。你困难大不大，20年翻译困难能不大吗？举个例子，比如你遇到一个什么问题，他说红楼梦里有一个丫鬟叫香菱，香菱这个名字就没法翻译成西班牙文，为什么没法翻译？你不能音译，你要汉语拼音音译洋人不懂这个什么意思，如果意译西班牙没有菱角不知道菱角叫什么东西，最后翻译成“带香味的桉树叶”所以西班牙人一看这名字，哎哟中国人起名真土。“带香味的桉树叶”用汉语说实际上叫香菱，这名字多好听，洋人的名字只能音译不能意译。反过来把洋文翻译成中文，史密斯就成了铁匠，美国总统就是灌木丛，布什灌木丛。

总之这红楼梦可以说是一部百科全书似的东西，不说别的，单说里面的诗词，就都是曹雪芹写的。不同的人写出来的可是不一样的，同样是柳絮，林黛玉一写，“嫁与东风春不管，凭尔去，忍淹留。”薛宝钗一写，“好风凭借力，送我上青云。”你说他一个人得模仿多少人，写一诗词简单，他得模仿多少人写。很了不起。

文化之瑰宝

《儒林外史》，作者吴敬梓，成书时间是清朝，揭露科举。这个有点像文艺复兴时候西班牙那个堂吉诃德，讽刺这个社会的基础。欧洲的社会基础是骑士，中国的社会基础是这帮读书人，科举制度。他就讽刺这个，范进50多中举了，不容易啊，最后还疯了。

《聊斋志异》，作者蒲松龄，一辈子参加科举，还在考。70多了还提着考篮进考场，他就没吴敬梓看得开。他是借写妖狐鬼怪批判社会，而你发现没有，蒲松龄写的妖狐鬼怪好的多还是坏的多，好的多。这个就有强烈的讽刺意义了，所谓的正人君子还不如妖狐鬼怪呢。他最大的成就是便宜了今天说相声和评书的，单口相声里面好多段子都是从聊斋里来。

明成祖时，解缙主编的类书《永乐大典》是我国现存最大的类书。2万多卷，11000多册，现在存世的是300多，中国是200。这玩意儿都是抄写的，不是印刷的，原本与正本皆毁，副本不断散失。据说原本有可能埋在十三陵的长陵里面，跟永乐皇帝一块给埋了，这是他个人的功绩了。所以长陵不敢开发有一个重要原因是怕有《永乐大典》，一挖化成灰了，跟定陵似的，一挖开，龙袍成面儿了，所以今天看到的都是后来修补的，仿制的。五十年代非要挖皇陵，现在皇陵绝对不能挖，什么时候高科技了再想办法。况且这玩意儿你挖也没用，也不能把东西卖了，还得建博物馆弄武警看着，累不累。还不如在土里埋呢。

清朝的《古今图书集成》也是类书，什么叫类书啊？像今天的网站就是电子类书，我想查康熙帝，三字Google一敲出来一大堆，《清史稿》上怎么说，《我们爱科学》上怎么说，《上下五千年》里怎么说，所有跟康熙有关的事全有，他脚板底哪个大一圈，身高三围多少没准都能给搜出来。

乾隆帝的时候纪晓岚纪昀主编《四库全书》，是我国最大的一部丛书，包含经史子集。经是儒家的，史是历史，子就是诸子百家，包括僧道，集是文学作品，比如李太白集或者苏东坡集，类似于这个。这部书也是毁得数量很大，书成之后，抄了七部也没有印，找全国毛笔字写得好的找了几千人，抄了十年抄了七部。这七部书分别放在北京紫禁城的文渊阁，圆明园文源阁，避暑山庄的文津阁，东北沈阳故宫的文溯阁。然后南方有三部，杭州、镇江和扬州。今天四库全书，七部现存四部半，镇江的鸦片战争给毁了，圆明园二次鸦片战争给毁了，然后杭州那个好像剩了半部，现在存四部半，三部半在大陆，一部在台湾。紫禁城藏的在台湾，那部是最好的。皇上要看当然看最好的，咱们现在国家图书馆放的那个是从避暑山庄运来的。四库全书号称是中国文化史上的万里长城，两亿四千万字，你要是凭你一个人一辈子全看完是不可能的。抄了七部，就花了这么多人力、物力，才弄出来这些东西，使用价值很小，不如《独立宣言》了。

再一不再二

16世纪后期，意大利耶稣会传教士利玛窦来华。这个老哥很了不起，他是耶稣会传教士，16世纪的时候正赶上欧洲的文艺复兴，新教起来了，天主教势力也衰微，耶稣会想到欧洲以外的地方弘扬政教，看看我们能不能在欧洲以外找到市场。欧洲人不信教了，我找别的地的人信教，包括往外传播，包括开辟新航路，什么法子都能想，最后他们就来到中国。

肯定先到了澳门，那时候是明朝，16世纪末，想进入中国，中国不让进。这个老哥聪明，学汉语，穿了汉服，读四书五经。给人递一个名片西儒利玛窦如何如何，我也是儒，用儒家的经义解释天主教的教义，这么一来，中国人一看原来儒教声名远播，欧洲人都信我们，好那跟你玩吧。然后他要见皇帝，得到皇帝的批准，他才能传教。他见皇帝怎么见，明神宗，万历皇帝，整天在床上数钱，所以给皇上点新鲜玩意儿。

利玛窦来华，向明朝皇帝敬献了《坤舆万国全图》，当时的一幅世界地图，当然绘制得相当精美了，八音盒、自鸣钟、怀表。皇上没见过这玩意儿，皇上连眼镜都没见过，献上这幅地图的时候，中国人第一次知道原来我们不是大地的正中央，周围也不是蛮夷戎狄，而是很多文明程度不在我们之下的国家。当然利玛窦为了拍中国皇帝马屁，以东京160度经线作为地图的正中央，这么一画中国还是在最中央，然后欧洲在最左边，美洲在最右边，我们这种绘制地图的方法，延用到今天，全世界只有中国这么画地图。你出国看世界地图都不像中国这么画，应该是以哪条线，零度经线为正中心，就变成美国在最左边，中国最右边。

利玛窦就开始在中国传播学问，以徐光启为代表的开明士大夫引进西学。那时候中国的法律很强盗，规定是洋人不准来，来了就不准走，所以这一帮人最后全都死在中国，都埋在车公庄官园批发市场旁边。北京市委党校，现在都在那儿。如果想去探究一番，就进北京市委党校看去，洋教士墓地都在那儿。

中国上一次大规模引进外来文化引进的是什么？在西学东渐之前，大规模引进的文化是佛教！佛教现在已经几乎变成了中国的一种传统文化了。不过对于天主教，明清时候的中国人就不像汉唐时候的中国人对佛教那么疯狂了，我们已经发展几千年了。佛教进入中国的时候是中国最欠缺终极关怀的时候。这个时候就不行了，特别是后来罗马教皇发表诏谕，不允许中国的教徒拜天拜祖宗拜孔子。要在中国不拜天不拜祖宗不拜孔子，你还是人吗？清明节给祖宗磕头你不磕，你是人吗？几千年下来都这么干的，结果你说不能这么干，那你在中国没法混了。

这样一来，雍正皇帝下令禁教，不允许天主教再在中国传播，1723年下令禁教直至1844年中法《黄埔条约》才开禁的。［见图7-48，p282］

古代史部分就且讲到这儿，当然这都是一些大概，其实历史最有趣的都是细节，但是我要愣往细节里讲，我得活得够长，怎么的也得百儿八十年通宵达旦地干。我的初衷还是抛砖引玉，激发大家对历史的兴趣，纰漏之处还请指正。这本书副标题是“中国史上”，说的都是古代史，“中国史下”就开始讲近现代史了，应该会讲得更精彩。

5-28 五代十国分裂局面

五代十国是唐末藩镇割据的继续和发展。唐末的藩镇割据是导致分裂的开始，第二个原因是黄巢起义。907年，朱温废掉了唐朝最后一个皇帝——唐哀帝，建立了“梁”政权，史称“后梁”。五代十国正式开始。

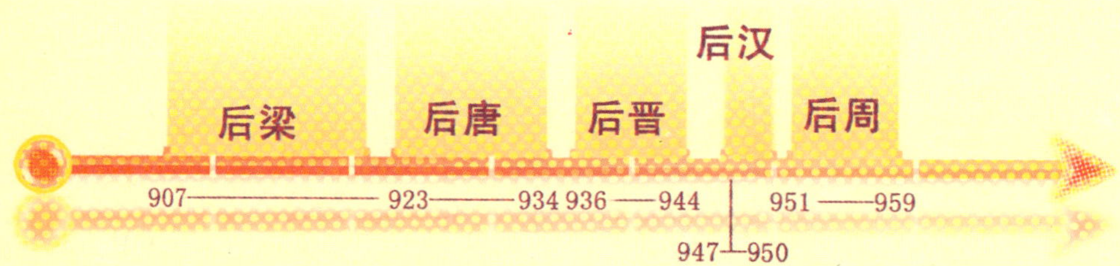

5-29 五个朝代时间和变更顺序

黄河流域53年的时间换了五个朝代，梁、唐、晋、汉、周。

这五个朝代呢一共53年，最长的是后梁17年，最短的是后汉只有4年，4年还换俩皇帝。

5-30 北宋市易法图解

北宋市易法造成的结果就是政府得到的钱，老百姓物价能够便宜点，然后商人吃亏了。所以理财措施都是体现着这个思想核心“民不加赋而国用饶”。

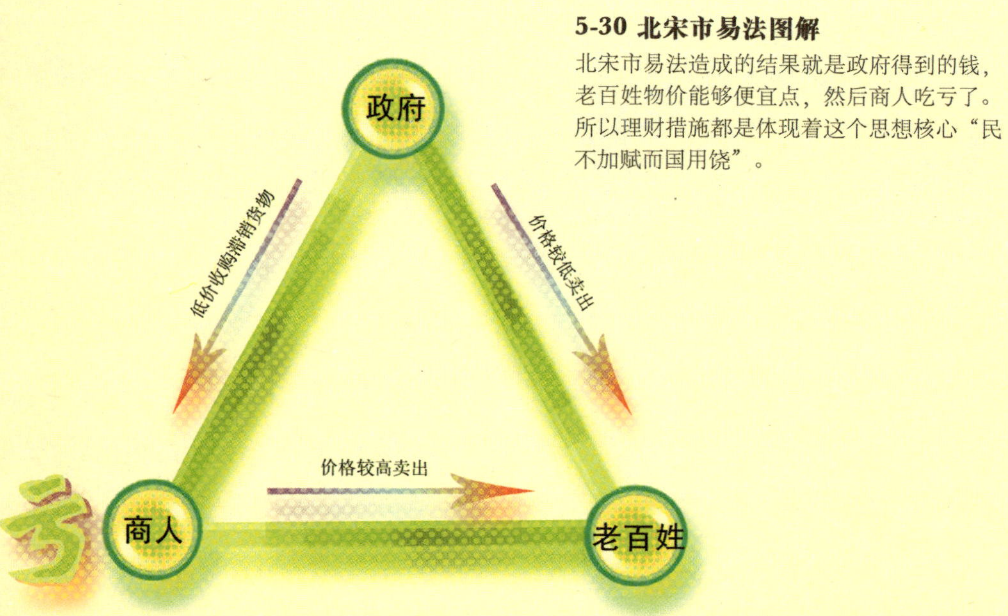

5-31 高粱河激战

（北宋和辽国首次激战）

刚刚取得灭北汉的胜利，宋太宗便过低地估计了辽的力量，想一鼓作气将燕云地区收复，但仓促发动战争，准备不足，结果落得个惨败的结局。这一战，宋军损失惨重，元气大伤。

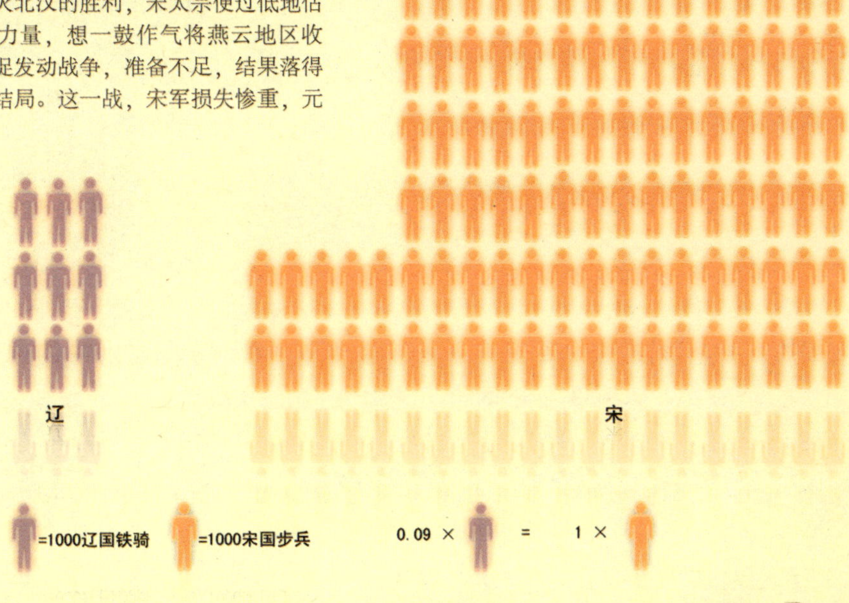

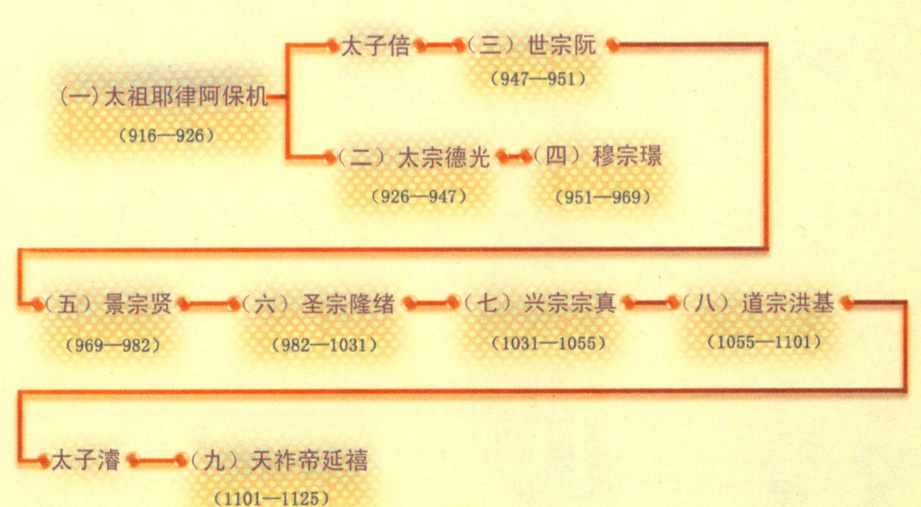

5-32 辽朝（契丹）帝系表

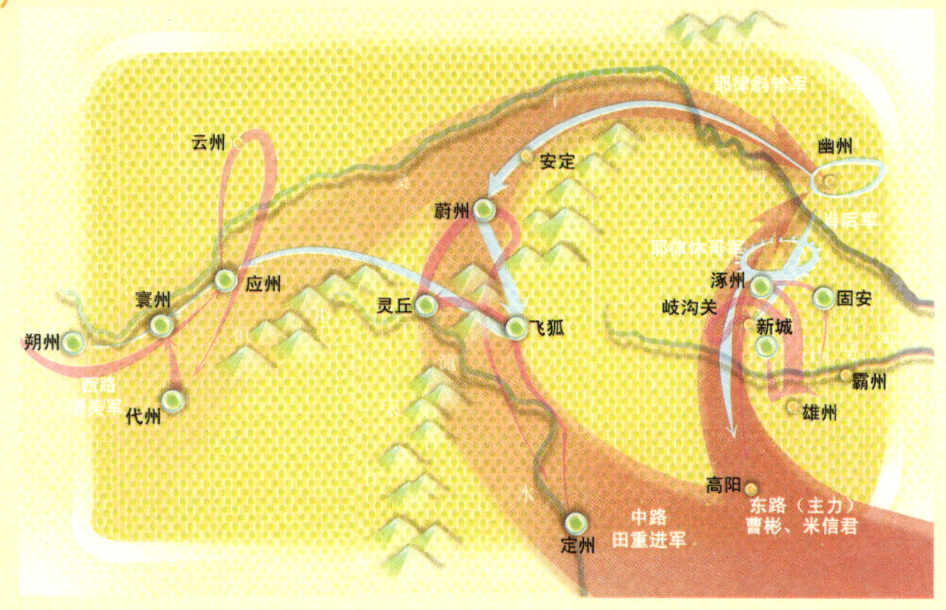

5-33 公元983年，北宋和辽国二次激战

乘人之危，下场却很惨。这样的结果，使得宋统治者确立了“守内虚外”的政策，把主要力量转向对人民的防范和镇压。宋朝不敢再跟辽国打仗了。

5-34 女真人很勇悍，喜战斗

女真人是非常强悍的一个民族，根据《大金国志》记载，说女真人俗勇悍，喜战斗，耐饥渴苦辛，骑马上下崖壁如飞，济江河不用舟楫，浮马而渡。不但人厉害，马也厉害。

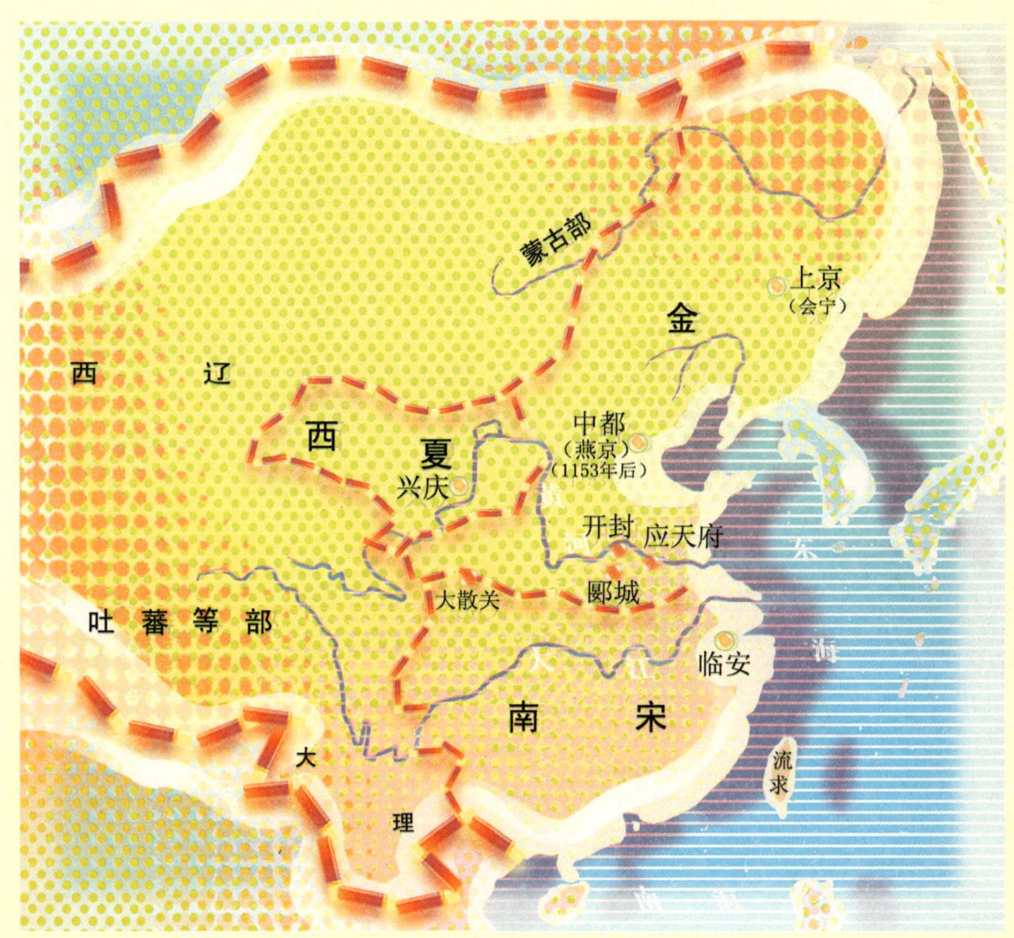

5-35 宋金对峙形势

1141年，南宋和金订立和议，规定东起淮水、西至大散关以北的土地归金朝统治；南宋皇帝向金称臣；每年向金交纳“岁币”。

5-36 蒙古西征

三次西征，不到100万的野蛮蒙古人，统治了4000万平方公里的陆地面积。占地球陆地表面面积的1/3，地球一共陆地表面积1.1亿平方公里，当时几乎有人居住的地方都被蒙古人给占领了。

5-37 蒙古灭宋示意图

忽必烈建立元朝，进攻南宋。1276年，攻破临安，南宋灭亡。中央和地方官制进行了调整。

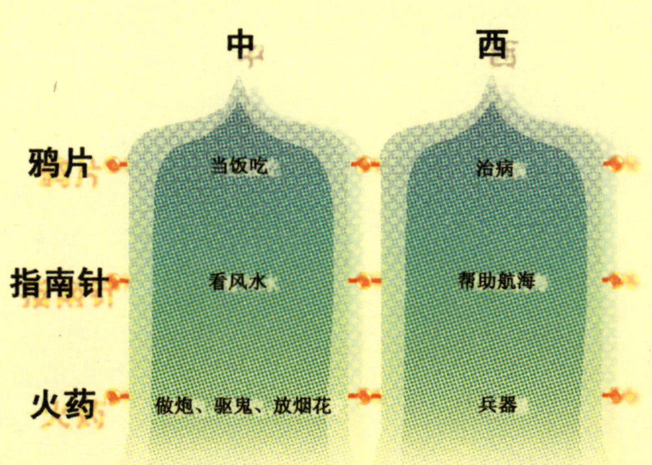

5-38 三大发明中西对比

同一个发明，不同的用法。

6-39 朱元璋进化图

没有皇帝相的朱元璋却做上了皇帝，他是中国历史上出身最寒微的皇帝。

6-40 秦朝、汉朝、隋唐、北宋地方行政机构比较

秦朝的时候地方行政机构是郡县两级，然后到了汉朝郡国并行，郡国也就是辖县。东汉末年开始，出现州郡县三级。隋唐两朝为了减轻人民负担，去了一级，改成州县两级。但因为唐朝疆域太大了，州县不够，所以划天下为二十二个道，进行监察。后来的道就变成了实际的一级掌管，就跟那州的感觉一样了，变成了道、州、县三级。北宋是改道为路，路、州、县三级。

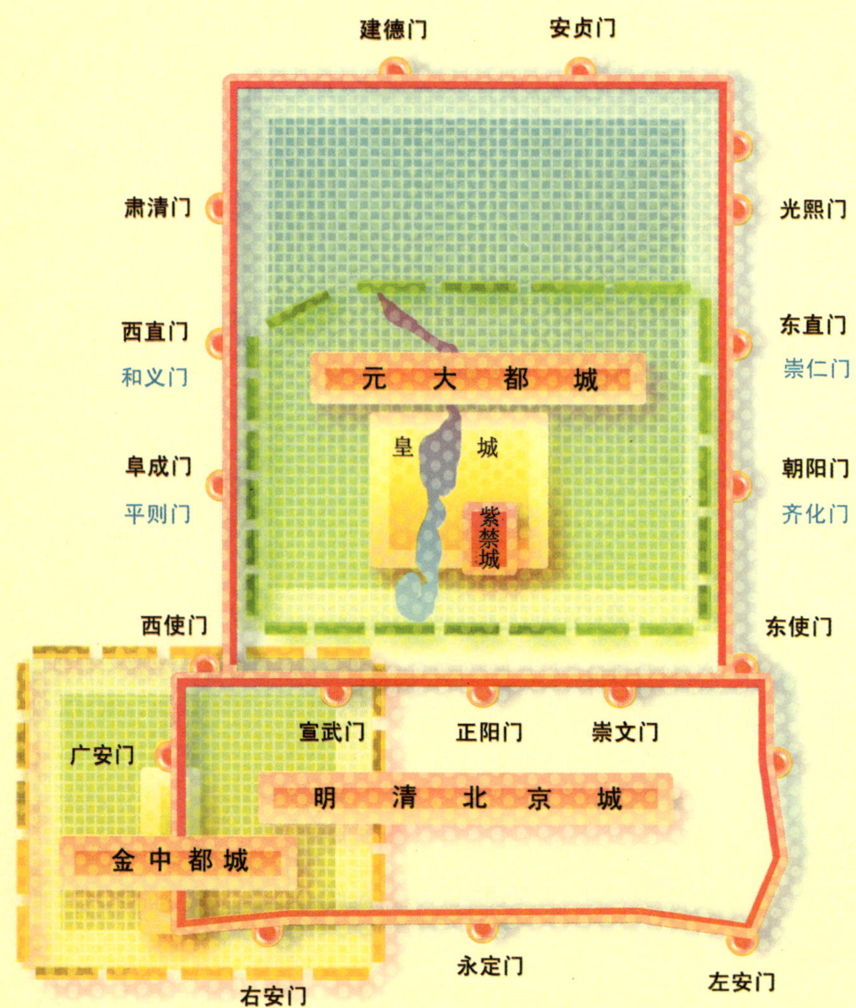

6-41 老北京城门分布图

老北京格局的特色是：皇宫外面有皇城，皇城外面有都城；中轴线突出，东西建筑对称展开；方城十字街，大小四合院，共同构成了环环相扣层次分明的整体格局。如今，现代化的高楼大厦和高速路改变了古城的风貌，但是北京城以紫禁城为中心从南到北贯穿一条全长8公里的中轴线所突出的建筑群体，以及井然有序的对称延伸依然是它最鲜明的特色。

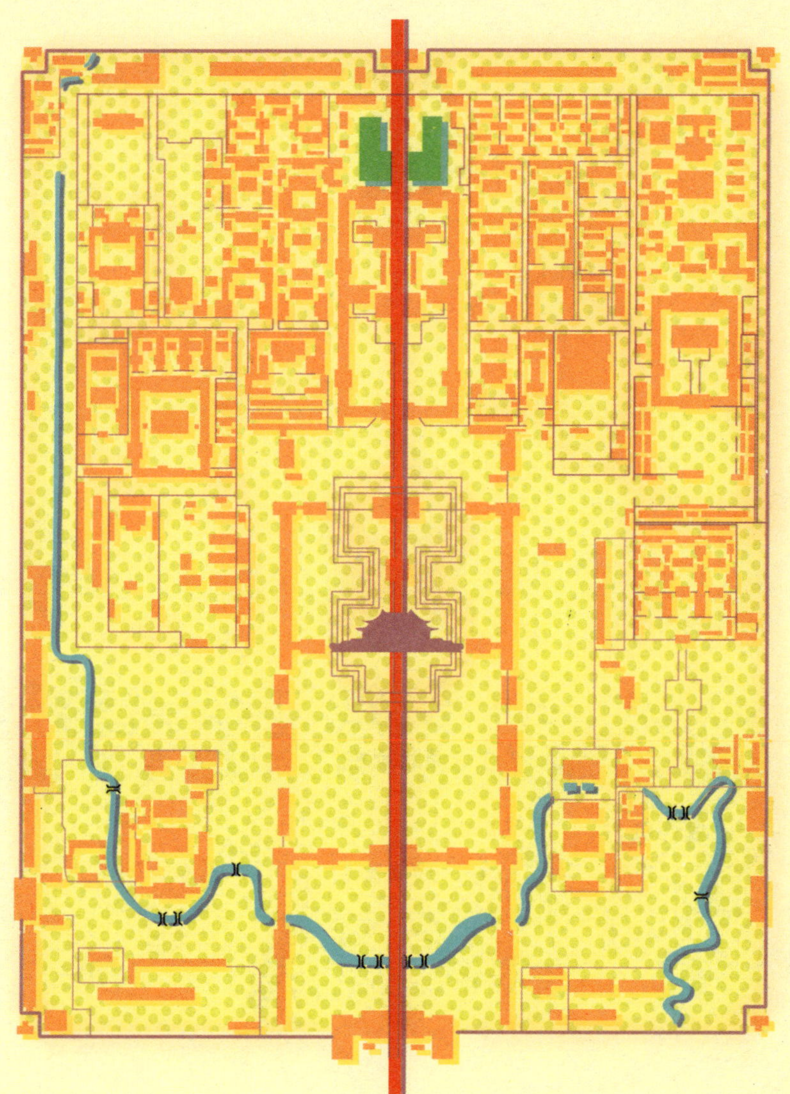

7-42 故宫平面图

故宫旧称紫禁城，是明清两代皇宫，中国现存最大最完整的古建筑群，1988年被联合国教科文组织列为“世界文化遗产”。故宫占地72万平方米，屋宇9999间半，建筑面积15.5万平方米。这个长方形城池有四角矗立、风格绮丽的角楼，墙外有宽52米的护城河环绕，形成一个森严壁垒的城堡。建筑气势雄伟、豪华壮丽，是中国古代建筑艺术的精华。

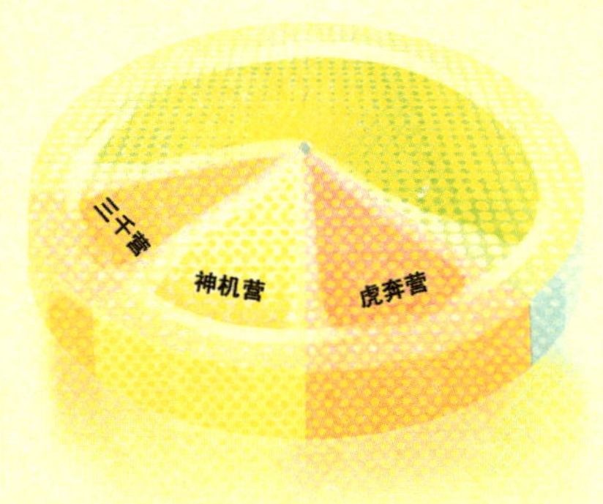

7-43 北京城明军队分配图

当时的北京城，光三千营、神机营、虎奔营这三大营就占了明军总兵力的将近三分之一，就将近50多万的军队，所以它既能保卫京师，又能戍守边疆。

7-44 清朝跟蒙古的关系

清朝在下面，蒙古在上面。蒙古分成漠南、漠北、漠西三部。

平行对比，漠南蒙古就是今天的内蒙古，漠北蒙古就是蒙古国，漠西蒙古就是新疆。确切说是北疆，新疆的北部。

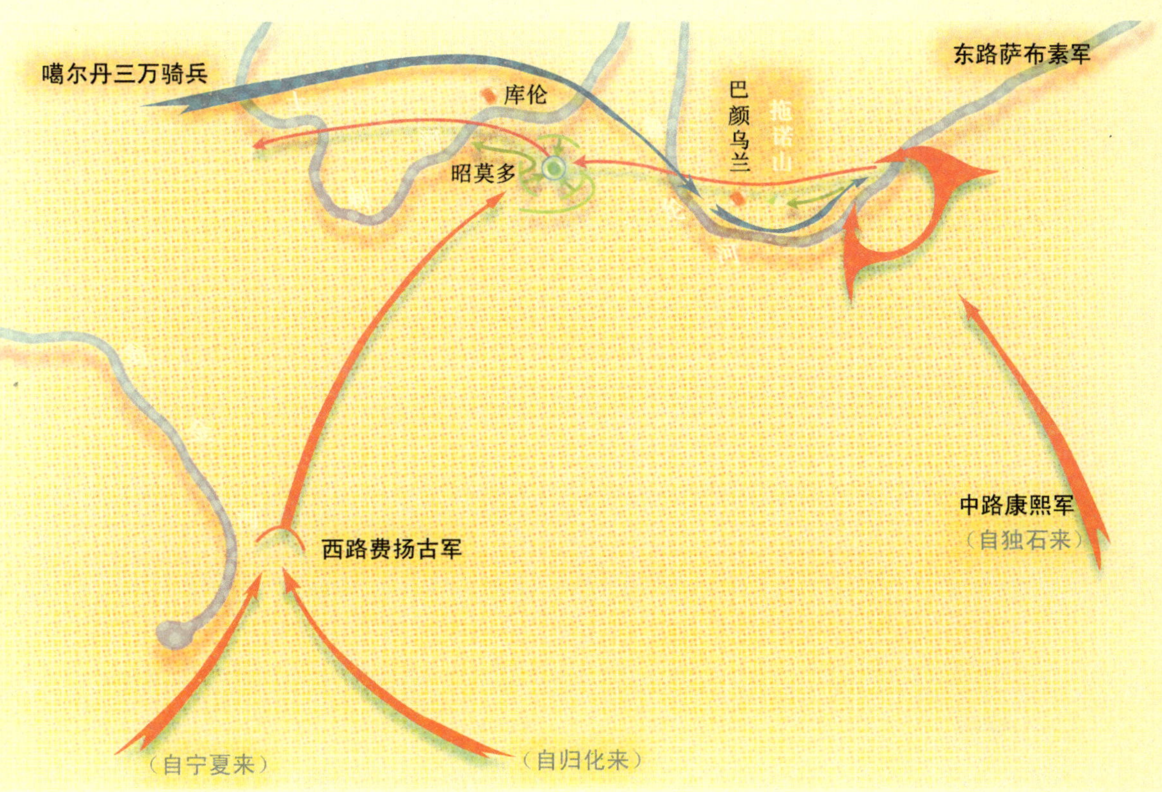

7-45 康、雍、乾三代平定漠西蒙古

康、雍、乾三代，花了70年的时间，才把这个漠西蒙古给平定下来。

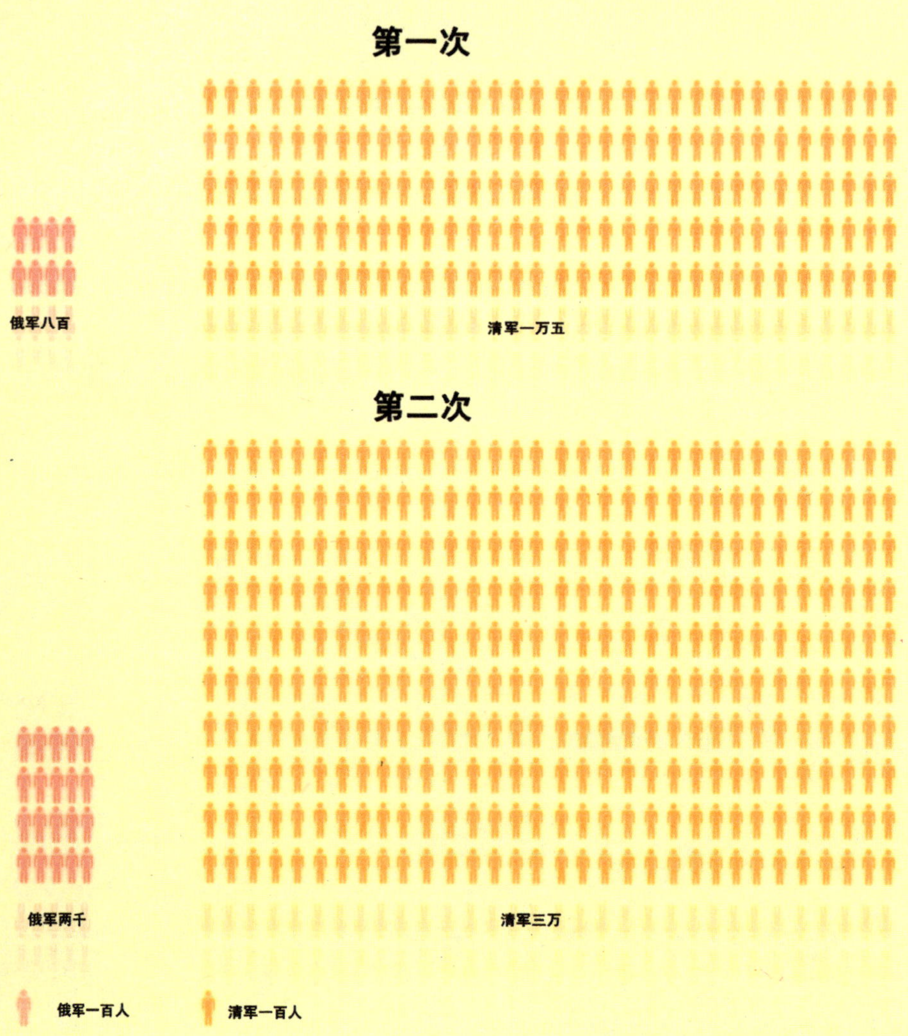

7-46 清军vs雅克萨俄军

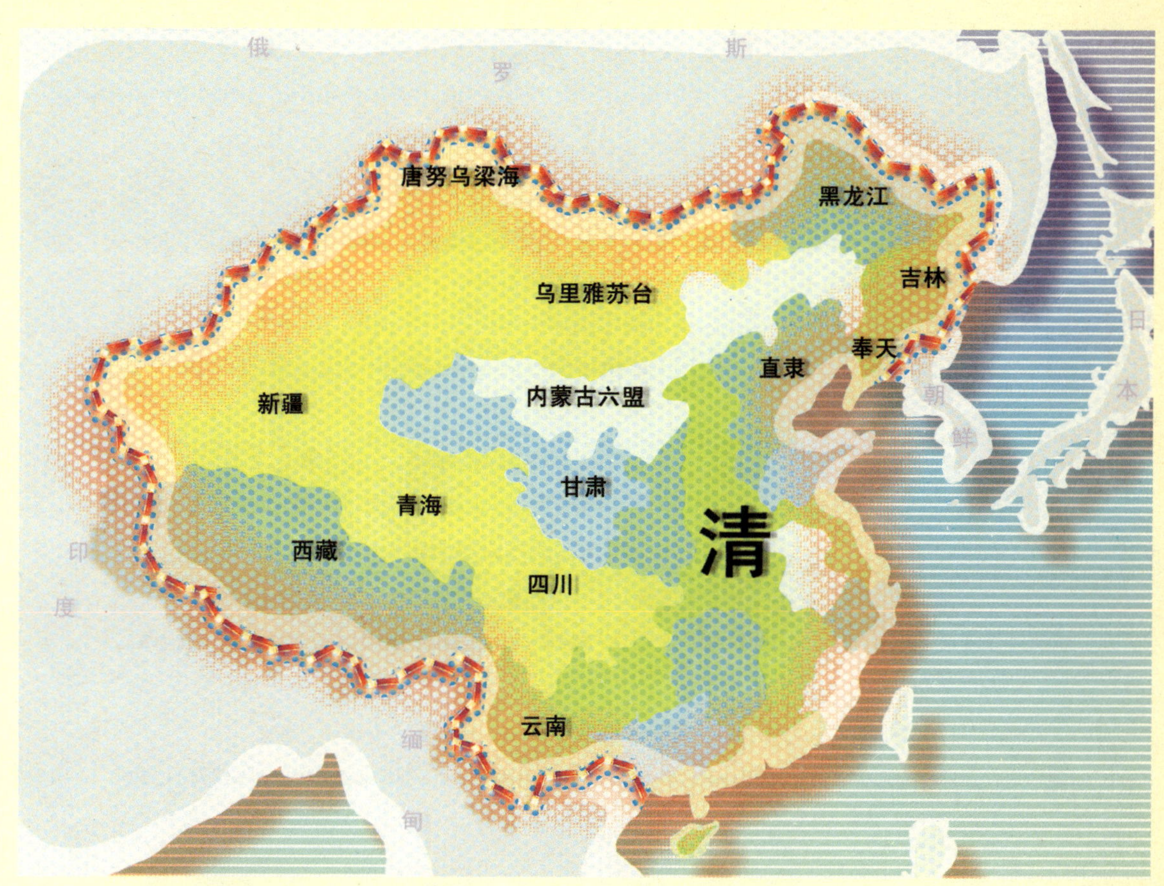

7-47 清朝疆域图

清朝的疆域北到西伯利亚，南到南海诸岛，东到太平洋，西到葱岭，西北到巴尔喀什湖，今天这个地方是哈萨克斯坦。东北跟唐朝是一样的，外兴安岭、库页岛。东南是到台湾澎湖钓鱼岛。

夏
前2070
前1600
公元前2100
公元前2000
公元前1900
公元前1800
公元前1700
公元前1600
公元前1500
西周
商
前770
前771
前1046
公元前800
公元前900
公元前1000
公元前1100
公元前1200
公元前1300
公元前1400
春秋
战国
秦
西汉
前476
前475
前221
前207
前202
公元前700
公元前600
公元前500
公元前400
公元前300
公元前200
公元前100
隋
南朝
北朝
东晋
西晋
三国
东汉
618
589
581
439
420
317
316
280
266
220
25
9
600
500
400
300
200
100
公元
唐
五代
北宋
南宋
元
907
960
1127
1271
1276
1368
700
800
900
1000
1100
1200
1300
清
明
1840年（鸦片战争以前）
1644
1636
1900
1800
1700
1600
1500
1400

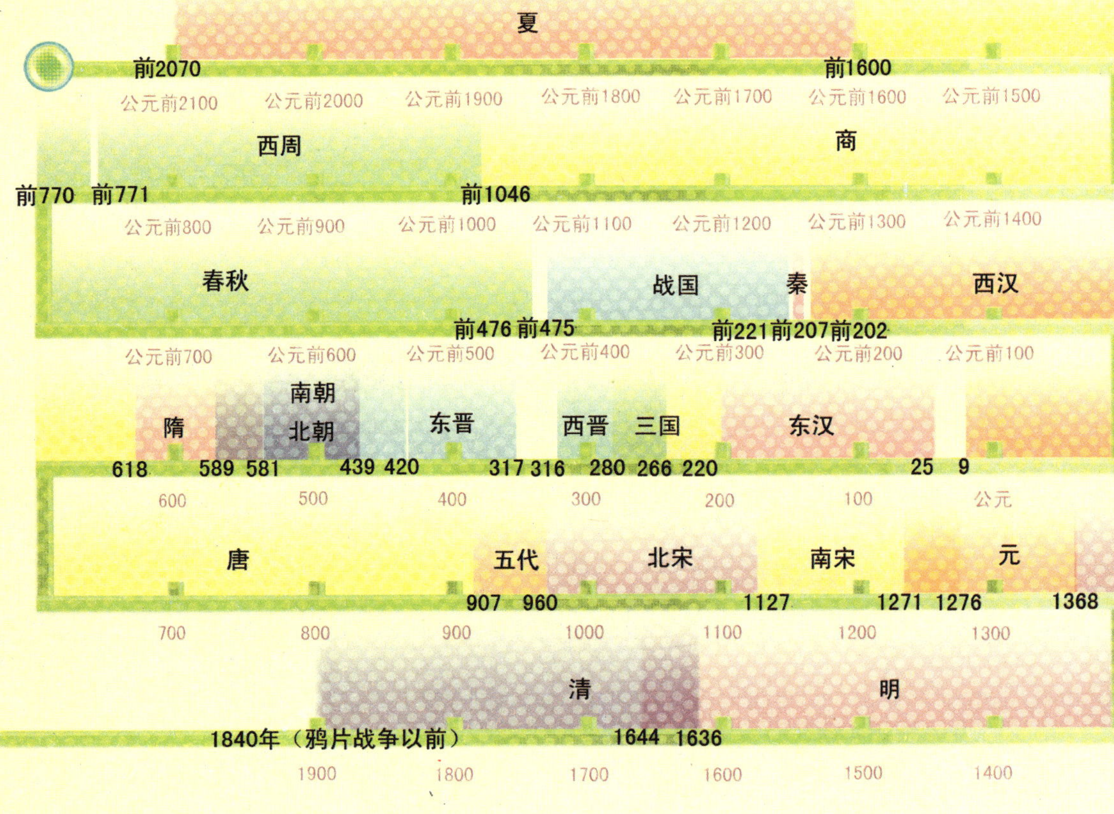

7-48 中国古代朝代表

图书在版编目（CIP）数据

历史是个什么玩意儿. 1 / 袁腾飞著.—上海：上海锦绣文章出版社，2009.8
ISBN 978-7-5452-0447-6

Ⅰ. 历… Ⅱ.袁… Ⅲ.中国—历史—通俗读物 Ⅳ.K209

中国版本图书馆CIP数据核字（2009）第132893号

责任编辑：毛小曼 | 特约策划：苏 静
特约编辑：洪宇澄 鲁冬琼 吕峥 | 特约印制：徐冬梅
装帧设计：IVYMARKTYPOdesign

历史是个什么玩意儿 1
袁腾飞 著

出版发行 上海锦绣文章出版社
地 址 上海市长乐路672弄33号（邮编200040）
经 销 全国新华书店
印刷装订 小森印刷（北京）有限公司
开 本 710mm×1000mm 1/16
印 张 18
字 数 200千
版 次 2009年8月第1版
印 次 2009年8月第1次印刷
书 号 ISBN 978-7-5452-0447-6/J·252
定 价 32.80元